近代日本の経済官僚

波形昭一・堀越芳昭
［編著］

日本経済評論社

まえがき

昨年七月二六日、国会改革関連法が参議院で可決・成立した。同法は政府委員制度の廃止、党首同士による定例討論制度の設置、および副大臣・政務官制度の導入を骨子として、わが国の行政システムを官僚依存から政治家主導へ転換させることをめざしたものである。これらの諸改革は、一九九七年一月、橋本龍太郎首相が第一四〇回通常国会で打ち上げた「六大改革」のうちの一つ、つまり行政改革の一環であり、二〇〇一年の中央省庁再編に向けて順次実施される予定になっており、その成否は今後のわが国における政治のあり方を一八〇度転換させるほどの意味をもっている。それというのも、周知のように、わが国の政治にあって官僚が果たした役割はあまりにも大きく、第一回帝国議会（一八九〇年）からつづく政府委員制度（戦前は大日本帝国憲法第五四条、戦後は国会法第六九条にもとづく）の廃止などということは、これまではとうてい想いもおよばない事柄だったからである。

こうした時代状況を反映して、一九九〇年代後半、巷間には官僚関係の出版物があふれ出した。ちなみに、一九七五〜九九年の二五年間に発表された官僚関係の論文、評論、書評などを日外アソシエーツ社提供の『雑誌記事索引ファイル』によって検索すると、実に一七九七件の多くを数えるが、これを五年刻みで時期別に追ってみると、それぞれの時代性が浮かび上がってくる。たとえば、七〇年代後半から八〇年代前半までの論説件数は、前者が二七四件、後者が二四七件の計五二一件である。この時期は、二度にわたるオイルショックから世界同時不況をへて経済構造調整や行政改革を迫られた時期であり、論説件数は年平均五二・一件と概して多い。これに対して八〇年代後半から九〇年代前半までの時期は、前者が一八三件、後者が一七八件の計三六一件で、年平均三六・一件と減少している。これは、やることなすこと全てがうまくいって、政治や行政に対する世間の目がやや甘くなっていたバブル経済の投影といってよかろう。わけてもバブルの過熱と余熱の時期（八八～九二年）の年平均件数は二九・六件と急減している。ところが、九〇年代後半になると、なんと九一五件に激増するのである。九五年は四九件と従来の趨勢にとどまったが、九六年になって突如一九七件に急増し、以後、九七年の二四三件、九八年の二五四件、九九年の一七二件といった具合である。当然、こうした論説のうち「売らんかな」的な際物が多く、学術的な要請に応えられる内容のものとなると意外に少ないが、官僚が今、世の注目を集めている証左ではある。

ところで、われわれもすでに金融立法史ないし金融制度政策史の共同研究作業（渋谷隆一編著『明治期日本特殊金融立法史』早稲田大学出版部、一九七七年、および同編著『大正期日本金融制度政策史』同出版部、一九八七年、はその成果である）のなかで、日本経済の近代化過程において官僚の果たした役割の著大性、特異性には特別の関心を払ってきた。そこで、今からおよそ一〇年前、官僚、とりわけ「経済官僚」に的を絞った研究会を立ち上げた。しかし、政治学や政治史の基礎能力に欠けるわれわれにとって、「官僚ないしは官僚制とは何かについて、世界的にも日本においても、その概念規定がこれほど区々であるものも少ない。」（鈴木正幸「天皇制官僚」吉田昌ほか編『日本史を学ぶ』4近代、有斐閣、一九七五年、二六九ページ）といわれるごとく、官僚という複雑怪奇なハードルは予想以上に高かった。「いうは易く、おこなうは難い」まま、共同研究はいつまでも準備作業的状況を脱することができなかった。しかし、いつまでも惰眠をむさぼり続けるわけにもいかないため、われわれは問題視角の基準を二〇世紀末の現在問われている官僚問題に求めることとし、その歴史的な参考モデルとして、第一次世界大戦後から一九三〇年代前半までの政党内閣期における経済官僚を分析対象とすることにした。

このようにいうと、あたかも現代ものの歴史的淵源を探るという、世間によくある手法と受け取られかねないので、若干立ち入った説明を加えておきたい。

われわれが前掲の共同研究をおこなっていた一九七〇年代から八〇年代のころは、今から振り返ってみると、日本経済史研究の分野に方法論上の大きな波動が起きていた時期であったように思われる。一九六〇年代後半から七〇年代前半は、それ以前における周密な原蓄期・産業革命期研究をふまえた上で、わが国の早熟的な帝国主義的対外政策（とくに対アジア政策）と国内経済の後進的構造との連関性を、単に外的な世界史的状況規定からだけでなく内的な経済構造の要請から根拠づけることに腐心していた時期であった（長岡親吉「日本における帝国主義研究の問題点」社会経済史学会編『社会経済史学の課題と展望　創立四〇周年記念』有斐閣、一九七六年、参照）。そして、さまざまな見解が交差するなかから、対外政策と国内経済構造を触媒する物質的基礎としての国家資本、さらにその実質的な担い手としての官僚（専門官僚の登場）の重要性を強調する有力な見解があらわれてくる（中村政則「日本帝国主義成立史序論」『思想』第五七四号、一九七二年、中村政則・鈴木正幸「近代天皇制国家の確立」原秀三郎ほか編『大系日本国家史』5・近代Ⅱ、一九七六年など）。したがって当該期の研究は、およそ一九〇〇〜一〇年代を対象時期として、日本における「資本主義確立＝帝国主義転化の同時性」を検証することに心血をそそぎ込んでいたように思われる。

しかし、その後、一九七〇年代後半から八〇年代になると、経済構造＝帝国主義的政策の物質的基礎としての財閥独占体や綿工業独占体の研究が飛躍的に進展し、研究者の関心は、「現代資本主義論」を意識しつつ分析対象時期を一九二〇〜三〇年代（両大戦間期）に移行させていった（石井寛治「日本における金融資本の成立」、伊藤正直「現代資本主義分析の方法をめぐる二、三の論点」、三和良一「日本現代資本主義（戦前期）の研究史」社会経済史学会編『社会経済史学の課題と展望　創立五〇周年記念』有斐閣、一九八四年、参照）。対中国借款や鉄鋼業・電力業などの諸研究も飛躍的に進展し、国家資本あるいは国家資本と私的資本の連関性についても実証分析が重ねられたが、研究者の関心は、もはや「資本主義確立＝帝国主義転化の同時性」にではなく、「独占資本（金融資本）確立＝現代資本主義転化の同時性」へとシフトしていた。すでに戦後日本経済の終息＝構造転換が迫られつつあった七〇年代後半以降になると、その基本的枠組みである「現代資本主義」の歴史的位置づけが重要さを増してきたのであった。ちなみに、政治史研究の分野においても同様の傾向があらわれていた（渡辺治「一九二〇年代の支配体制」日本現代史研究会編『一九二〇年代の日本の政治』大月書店、一九八四年）。

先述したわれわれの共同研究も、課題設定の同時代性という点では、こうした時代の大きな波動に触発され、かつ影響を受けていた。ただ、課題への接近方法が異なっていた。われわれは、経済構造＝物質的基礎の解明を重視する接近方法というよりも、むしろそうした実態的構造を欠いたまま、形態的に急展開する帝国主義的政策（対外政策だけでなく対内政策も含めて）の多面的かつ総合的な解明を重視していた。いわば、「経済＝土台から直ちに立法、政策事象をとらえるのではなく、政治、法律との相互規定関係、さらに思想などの隣接分野をも含めた学際的、総合的なアプローチを試み」（前掲『大正期日本金融制度政策史』「はしがき」）ることによって、この課題の解明が果たされるものと考えていたわけである。

ところで、明治期～大正期・昭和初期における金融立法ないし金融制度政策の共同研究を通して強く感じたことは、前述したように、官僚の役割の著大さであった。内閣・官僚・政党・財界・中小商工業界・労働界・学界・教育界・ジャーナリズム・社会団体などの各勢力が、時代の推移によって影響力・圧力の強弱はあれ、それぞれなんらかの形で後発資本主義国日本の諸政策に影響を及ぼしたが、これらのなかで政策の全生涯（構想→立案→審議・立法、さらにその実施と結果）にかかわったのは唯一官僚だけである。したがって、少なくとも戦前の日本経済を語るとき、官僚分析を欠くということは「画竜点睛を欠く」といわざるをえないのである。

日清戦後、藩閥・士族官僚に代わって国家行政の中枢に座った専門官僚群は、まさに「早熟的な帝国主義政策」を演出したプロデューサー、すなわち「古典的」帝国主義官僚であった。当時にあっては、国家の帝国主義的なあり方はまさに最新式のあり方であったし、そのために見習うべきモデル＝選択肢は欧米先進諸国のいたるところに存在していた。

ところが、第一次世界大戦後になって、事情は一変する。打ち出すべき帝国主義政策の内容が大きく変化したにもかかわらず、見習うべきモデルの探索が容易ではなくなった。欧米先進帝国主義国もまた、大戦後は、未経験な諸問題の処理に翻弄されていたからである。いわゆる「古典的」帝国主義の終焉である。資格任用制によって選抜され、「高度な専門的知識」で武装された専門官僚の真骨頂は、立法権（衆議院・政党）に対してつねに圧倒的優位の力量と合理性を保持し続けることにあったが、その「高度な専門的知識」の補給源が枯れてしまったのである。その上、国内的にはわが国初の本格政党内閣＝原内閣が成立し、以後、犬養内閣崩壊までの足かけ一五年間にわたって政党内閣が続くことになる。政党内閣時代が長期化するにともない、「官僚の政党化」「官僚の代議士化」が急速に進み、政党に対する官僚の圧倒的優位性は相対的に低下し、政党と高級官僚の系列化も深まる。しかし一方の政党側も、内閣・官僚機構を利用して新しい諸施策を次ぎつぎと打ち出すものの、第一次大戦後における内外の激変に対応する態勢を固めきれないまま、慢性不況のなかで政争→党弊に陥っていく。ついに一九三二年五月、犬養内閣の崩壊をもって政党内閣期は終焉した。

「元来官僚ニハ……反政党主義ガ濃厚デ、政党ノ力ガ圧倒的ナ時ニ於テハ伏在スルニ止マルガ、一旦政党ノ力弱体化スルヤ之ガ表面化スル」（青年懇談会・国家革新思想研究会編『新官僚ト其ノ国家革新思想』一九三六年三月、四ページ）とは、いい得て妙がある。再び官僚の活躍する時代が到来したのである。だが、一九三〇年代半ばになると、官僚も大きく変容し、いわゆる「新官僚」「革新官僚」などと呼ばれる専門官僚群の時代になっていた。これら新時代の官僚群、とくに革新官僚群は大恐慌期以降の資本主義の行き詰まりに危機感を強め、これへの対応能力を政党はもとより旧型官僚＝「古典的」帝国主義官僚にも認めなくなっていた。つまり、「従来の官僚概念をこえた統治作用」（橋川文三「革新官僚」神島二郎編『権力の思想』筑摩書房、一九六五年、二五六ページ）を主張し始めたのである。要するに、わが国の官僚認識は、一九二〇年代を中心とする政党内閣期を大きな転換期として、基本的には資本主義の自由原則に依拠する「古典的」帝国主義官僚から、全体主義の統制原則にもとづく統制官僚、いわば「現代資本主義」官僚へと大きく変貌していくことになる。

説明がやや饒舌にすぎたようだが、本書が第一次世界大戦後～一九三〇年代前半の政党内閣期における経済官僚に課題設定した理由は、官僚がある種の閉塞状況をかこっていたこの大転換期にこそ、次の時代の「現代資本主義」官僚が誕生してきた素地があり、それがさらに第二次世界大戦後、戦後改革の「魔の手」を免れながら今日の官僚問題にまで及んでいるのではないか、と考えたからである。本書はあくまで一編の研究書にすぎず、将来におけるわが国の政治の在りようを直接に論じようとしたものではない。とはいうものの、わが国の政治・官僚システムが民主性を縦軸に合理性を横軸に、よりバランスのとれた方向に向かっていってくれることを願うのは、一日本国民として当然の思いであろう。

なお、あらかじめ、本書の作成に当たって配慮した三つの重要点をのべておきたい。その第一は、経済官僚の省庁別範囲を大蔵・農商務・農林・商工・鉄道・内務（社会局）の各中央官僚、さらに海外財務官と朝鮮・台湾総督府の両植民地官僚としたことである。本来ならば逓信官僚も組み込むべきであるが、執筆スタッフ上の制約からこれを断念せざるをえなかった。第二は、とりあげる官僚の階級（官等）別範囲を高等官全体にまで拡げたことである。これまでの官僚史分析が概して親任官や勅任官（局長クラス以上）など高級官僚に止まる傾向にあったが、本書では、実際の行政執行権は課長クラスにあったとの判断から、奏任官以上のいわゆる高等官全体を対象とすることにした。しかし、これは資料上の制約から「いうは易いが、おこなうは難い」課題であって、本書のすべてにわたって、これが達成されたわけではない。第三は、官僚の政策理念と経済政策の関係を重視したことである。「経済」官僚の分析というとき、当然、官僚の政策理念と現実の経済政策がいかなる対応関係にあったかが問われなければならない。したがって、本書でもこの関係を可能な限り追跡することを心がけた。しかし、これも「いうは易いが、おこなうは難い」課題であった。

本書の内容は、これにかけた労苦の割には心許ない。しかしながら、類書のない挑戦的な試みであったことだけは、書き添えておいてよいのではないかと思っている。読者の忌憚のないご叱正を乞うしだいである。

二〇〇〇年四月

（波形　昭一）

近代日本の経済官僚——目次

第１章　大蔵官僚と税制改革

迎　由理男

はじめに

戦前期天皇制の統治構造が多元的構造をもっていたことはよく知られている。軍部、枢密院・元老、政党（議会）勢力などとともに、官僚はその最も有力な一翼を担っていた。官僚は戦前期を通じてつねに有力な権力集団であったけれども、支配的勢力の中での地位と役割は時代によって大きく異なっている。本章が対象とする第一次大戦期から昭和初期の時代は、政策形成過程における官僚の独立性や優位が後退し、政党が国家意思形成に中心的役割を担い、政党内閣の下で官僚の政党化現象が進んだ時期であったというのが、さまざまなバリエーションを含みつつも、通説的見解となっている。しかし、こうした指摘は主として内務官僚の分析を中心になされたものであり、大蔵官僚と政党との関係についてはあまり検討されてこなかったように思われる。(1)

そこで本章では、まず第一に、いわゆる政党内閣期の大蔵省の機構、人事配置、政党との関係などの検討を通じて、大蔵官僚の特徴を明らかにし、第二に、政策決定における大蔵官僚の役割（とその変容）を租税政策を中心に検討して、当該期の大蔵官僚の政策形成における役割を考えてみたい。租税政策を素材とするのは、第一次大戦後の帝国主義的財政機構の構築に当たって、最も重要な地位を占めたのは税制改革であったからである。しかも、この税制改革は諸階層の利害が複雑に錯綜する問題である。財政膨張を基調としつつも異なった財政金融政策を実行しようとする政友・憲政（民政）の両政権下で、大蔵省が複雑に絡み合う利害を調整しつつ、いかに財政政策を取りまとめていったのかをみるのに格好の対象といえよう。

一　大蔵省の機構と大蔵官僚の特徴

（1）　大蔵省の機構

大蔵省は官庁の中の官庁といわれ、大蔵官僚は他の官僚に対して優位にあったといわれている。大蔵省、大蔵官僚が他の官庁、官僚に対して優越的地位にあるといわれるのは、大蔵省、より正確に言えば、大蔵大臣の管轄事項にある。大蔵省官制によれば、「大蔵大臣ハ政府ノ財務ヲ総括シ会計、出納、租税、国債、貨幣、預金、保管金、政府ノ所有又ハ保管ニ係ル有価証券、銀行、信託、無尽及有価証券割賦販売ニ関スル事務ヲ管理シ北海道地方費府県市町村及公共組合ノ財務ヲ監督ス」〔内閣印刷局、一九一四：一五七〕とあり、予算編成、税制の立案と徴税、国債の募集管理、銀行政策、金融政策、地方財政の監督などが大蔵省の管轄である。これらの管轄の中で、とりわけ予算編成権が他省に対してだけでなく、他の支配的勢力に対しても優越的な地位を保証する権限であった。大蔵官僚は予算編成を通じて、対外政策をも含め経済政策全般に関わり、それを調整し、総括する地位に立ち得たのである。

ただ、その予算編成権にも大きな制約があった。陸海軍の統帥権の独立という制約である。陸海軍への財政面からのコントロールはこの統帥権の独立という「聖域」のために、きわめて困難であった。一九一三（大正二）年の西園寺内閣の二個師団増設問題は典型的にこれを示している。[2] ただ、二〇年代には軍縮という風潮の下で（ワシントン体制下で）、大蔵省と軍が直接緊張関係に立つことはなかったといってよい。大蔵省が軍の圧力を受け、予算編成の中で軍予算が別格の取扱を受けるようになるのは三〇年代に入ってからである。公債漸減主義を唱え軍事予算の膨張を一定程度抑制した高橋・藤井財政時代は、軍部と大蔵省が予算編成をめぐって厳しい対立関係に立つことになった時期であった。[3] この対立は二・二六事件によって決着がつき、以後大蔵省は軍に対する予算統制権を完全に喪失してゆくのである。

次に、同省の機構とその推移をみてみよう。大正初期大蔵省は官房と内局の三局（主計局、主税局、理財局）、さらに地方支部分局の税務監督局、税関およびそれぞれの支部部局のほか、外局の造幣局、専売局およびその支部部局などで構成されていた。

大正期こうした機構の変遷をみておくと、第一次大戦期から大戦後にかけて、大蔵省機構は二つの新部局が設置されるなどかなり拡張された。まず、一九一六（大正五）年、官房銀行課から銀行局が独立して内局は四局体制となった。これは銀行行政の拡大に対応したものであった。明治末期から大正初期にかけて、銀行の破綻が相次いだのに加えて、中小商工業問題の発生とともに下級金融機関の法的未整備がさまざまな問題を引き起こしていた。同省は一五年六月無尽業法を制定し、貯蓄銀行法を改正してこれら金融機関への規制や監視を強化する一方、同年八月銀行検査のための専任事務官（銀行検査官）を設置した。そして、こうした規制や監督業務の拡大に対応して、銀行局を設置したのである。

表1-1　大蔵省官吏の構成

（単位：人，%）

部局	1919年						1929年					
	勅任	奏任	判任	雇傭	合計	構成比	勅任	奏任	判任	雇傭	合計	構成比
大臣官房	6	16	104	112	238	1	5	4	28	52	89	1
主計局	1	6	40	24	71	0	1	4	23	14	42	0
主税局	1	7	51	36	95	1	1	7	46	56	110	1
理財局	1	3	46	76	126	1	1	5	35	57	98	1
銀行局	1	4	30	28	63	0	1	14	60	90	165	1
造幣局	2	5	29	120	156	1	2	8	35	129	174	1
専売局	4	130	2,946	2,004	5,084	30	8	182	2,574	2,665	5,429	31
税関	3	25	1,528	209	1,765	10	4	71	1,661	444	2,180	12
税務監督局	5	188	6,398	2,723	9,314	55	6	217	6,129	2,186	8,538	49
その他とも合計	26	402	11,213	5,388	17,029	100	33	564	10,793	6,065	17,455	100
構成比	0.2	2.4	66	32	100	—	0.2	3.2	62	35	100	—

資料：『日本帝国統計年鑑』.

いま一つは、一九一七年二月の大蔵省臨時調査局の設置である。同調査局は第一次大戦による経済情勢の激変に対応して、財政金融政策を調査立案するために設置されたものである。大蔵次官を局長とする同局は、関税部［のち租税部］（部長＝主税局長）と金融部（部長＝理財局長）の二部制をとり、専任の高等官六人、判任官一七人、計二三人が配置された。同局では多くの調査がなされた。租税関係では海外調査や租税負担調査などが精力的になされ、後の税制改革に影響を与えたと考えられる。この点は後述したい。

大戦期に機構が拡張されたのに対し、大正末期以降昭和初期まで大蔵省の機構は全体として縮小した。すなわち、加藤友三郎内閣と加藤高明護憲三派内閣の行政整理によって、人員の削減と一局二課制が実施され、かなりの課が廃止あるいは統合されたのである。この間の部局の新設としては預金部の設置のみにとどまっている。この預金部はもともと国庫課内の一係にすぎなかった預金係を部（部長は勅任）に昇格させたものである。郵便貯金を原資とする預金部資金をより公正かつ効率的に運用するためになされたいわゆる「預金部改革」に対応したものであった［大蔵省財政史室、一九九八：七三五］。

部局ではないが、一九二四年に注目するべき官職として各省に政務次官と参与官が設けられた。政務次官は、大臣を助け政務に参画し帝国議会との交渉事項を掌理するものとされ、また、参与官は大臣の命を承け帝国議会との交渉に参与するものとされた［内閣官房、一九五五：二三七］。いずれも議会対策を担当する自由任用ポストで、政党人がそのポストに就いた。彼らは税制改革案立案のために大蔵省内に設けられた税制調査会にも加わり、立案過程においても一定の影響を与えたと考えられる。また、人事への介入を通じて政党の影響力を省内に及ぼしかねない制度であった。

次に、この間の大蔵省官吏の規模と構成をみておこう。表1－1は一九一九年と二九年の大蔵省の人員を示したものである。人員は二九年で総計一万七四五五名、大戦期からほとんど増員はない。その大部分は判任官と雇（全体の九七％）であり、勅任官と奏任官は合わせて三・四％を占めるにすぎない。配置部局でみれば、人員の大部分は、税務監督局（税務署）、税関などの現業部門に属している。政策部局の四局の人員は主計局では局長、書記官、事務官の高等官が四名、判任官が三三名で、主税局では兼務者および技師を含む高等官が八名、判任官が四六名であった。現業部門を別にして、政策部局はコンパクトなスタッフであったといえよう。現業部門を中心とする鉄道（二一万三〇〇〇名）・逓信（一九万六〇〇〇名）両省や植民地官庁（朝鮮総督府四万八〇〇〇名、台湾総督府三万五〇〇〇名）などと比べると、人員ははるかに少ないが、外務省（二〇〇〇名）や内務省（四五〇〇名）などよりかなり多く、官吏数からいえば、大蔵省は中規模の官庁であった。

（2）　大蔵官僚の特徴

大正期の官僚は明治中期以前の藩閥官僚と区別して、専門官僚と呼ばれている。専門官僚とは、鈴木正幸によれば、

「その出自において藩閥的結合に基礎をおかず、高度の専門的知識をもち、資格任用によって登用され、実質的には東京帝国大学出身者によって構成され、その機能において、藩閥的利害を超えて帝国主義的政策体系を立案・遂行してゆく官僚群」［中村・鈴木、一九七六：四五］をいう。こうした専門官僚が官僚機構の中で主要ポスを占めるようになるのは内務官僚にあっては、日露戦後、経済官僚ではそれよりも早く、ほぼ日清戦後であったといわれる［升味、一九六八：一六六。中村・鈴木一九七六：四五‐四六］。専門官僚が主要ポストを占める過程は同時に、官僚の政党化の過程であった。政党内閣が帝大出身の彼らを主要ポストに抜擢していったからである。

こうした大蔵官僚の特徴を人事、派閥、政党との関係、専門性などといった視点から検討してみよう。まず人事について。大蔵省の高等官採用方針は帝大時代の成績を重視したといわれる(4)。実際、帝大の大蔵省入省者には高文の上位合格者やいわゆる銀時計組が多い。一八九五（明治二八）年以降一九一八（大正七）年までの入省者の席次をみると、銀時計組が一一名、高文試験の上位合格者（一〇位以内）一四〇名中、四九名が大蔵省に入省している(5)。

帝大生の側にも内務省とともに、大蔵省をエリート官庁とみなす風潮が生まれていた。例えば後に大蔵省事務次官になった松隈秀雄（一九二二年入省）は次のように述べている。「当時やはり内務省か大蔵省というのがどちらかというとエリートの部類で、これに続いて農商務省……。それからちょっと格が下がると逓信、文部、それから鉄道省。鉄道省なんかになって来ると『これは半分商売だ』というような感じを持っておったですね。」［内政史研究会（松隈）、一九七一：七］また、河野一之（一九三〇年入省、事務次官）も「役所の花形とすれば、まず内務省更に大蔵省、それから商工省であったと思います」［同（河野）、一九七一：三］と述べている。

入省後の人事は入省順の順送り人事が一般的であった。松隈秀雄は大蔵省と内務省の人事の違いを「大蔵省は行司の世界、内務省は力士の世界である」［同（松隈）、一九七一：一七～一八］と評している。力士は実力次第で上位に上ることができるが、行司は順送りでしか出世しない。政党、政治家と結びつき一気に知事や内務部長に昇進することもしばしば起こった内務官僚と違い、大蔵省では基本的には順送り人事が一般的であったのである。「私の感じでは、大蔵省人事は保守的すぎる感じはあったが、公平の点では各省でいちばんのように思われた」[賀屋、一九六三：二四]と賀屋興宣が述べたのも大蔵省におけるこうした人事のルールを指していたのであろう。人事に政党出身の政務次官や参与官が関与したという事例もないから、大蔵省の人事は年功序列を基準に自立的になされていたと考えてよい。

入省後退職時まで同一官庁に帰属するのが基本であった。退職後高等官は、表1－2に示したように、貴族院の勅選議員や政府系企業とくに政府系金融機関のトップに就くことが多かった。こうした退任後の保証は彼らの地位を強化し、大蔵省への現役官僚の帰属意識を高めるとともに、大蔵省にとっても経済政策にこれら機関を動員し円滑に行っていくうえで有益であったのであろう。

人事に関連して組織でつねに問題となるのは派閥である。賀屋は「大蔵省には、そういうもの（派閥―引用者）の影は各省に比較いたしますと割合に少なく、人事が公平に行なわれていました」[大蔵省大臣官房調査企画課、一九七八：九]と主張している。たしかに、内務省の政友会系と憲政会＝民政党系といったような派閥は大蔵省にはなかったし、派閥による人事の壟断と言った事態もそれほどめだたなかったが、この時代、大蔵省には明らかに主流派といわれる人々が存在していたのも事実である。

有竹修二によれば、大正から昭和初頭の大蔵省の中心は黒田英雄であり、その後主流派を構成したのは主税局閥プラス三土閥であった[有竹、一九六九：二二〇]。黒田英雄は一九〇五年大蔵省に入り、一一年西園寺内閣の山本達雄蔵相の秘書官となって以降、二〇年銀行局長になるまで八年一〇カ月間秘書官を勤めた。二三年に主税局長に転じ、二七年田中内閣の高橋是清とその後継者の三土忠造のもとで次官となった。田中内閣崩壊後辞職したが、犬養内閣の成立とともに、再び高橋蔵相の次官を勤めている。高橋是清の下で二度にわたって次官を勤めたことからも明らかなように、彼は高橋に信頼され、高橋が人事に興味を持たなかったため、人事は彼の思いのままで「大蔵省の人事は黒田人事であり、その意味での批判が省内外に行われた」[同、二二三]といわれるほどであった。

当時の雑誌も、黒田は自由自在に人事を行い、その人事は「無理の累積である」と述べ、次のような例をあげている。

主要官僚の経歴

大蔵省退任後の主要経歴
貴，加藤友三郎内閣大蔵大臣，日銀総裁
貴
興銀副総裁
産組中金副理事長，鮮銀総裁，中華匯業銀行理事
貴
貴，勧銀総裁，枢密顧問官
台銀副頭取，満鉄理事
日本銀行監事
衆
衆
北拓頭取
衆，逓信大臣
貴
岡田内閣書記官長，第二次近衛大蔵大臣
満鉄副総裁，南方開発金庫総裁
日本製鉄常務
満州興業銀行総裁
北支那開発理事，金属回収統制会社社長
岩井商店副社長，塩業組合中央会会長
岡田内閣大蔵大臣
庶民金庫理事長，無尽統制会理事長
勧銀理事
庶民金庫理事長，東北興業会社総裁
朝鮮殖産銀行理事，同副頭取
日銀副総裁，北支那開発総裁，小磯，東久邇内閣大蔵大臣
台銀副総裁，地方銀行統制会理事長
産組中金副理事長
勧銀理事，興銀副総裁
平沼，東条内閣大蔵大臣
対満事務局次長，企画院次長，企画院総裁，貴，蔵相兼企画院総裁
企画院総裁，貴，書記官長
対満事務局次長，日銀理事
第十五銀行副頭取，帝国銀行頭取
第一次近衛，東条内閣大蔵大臣
鈴木内閣大蔵大臣
逓信次官
日本曹達専務
勧銀理事，農林中金副理事長
戦金副総裁，同総裁
普通銀行統制会理事長，日銀理事，共同融資銀行頭取
日銀副総裁

はそれぞれ貴族院，衆議院議員を示す．

制度・組織・人事』1981年，伊藤隆『昭和初期政治史研究』1969年など．

表1-2　大蔵省

氏　名	高　文 合格年次	大　蔵　省 最終ポスト	退官年	欧米 赴任	政党・結社関係	姻戚・閨閥
市来乙彦	1896	次官	1918	0		
神野勝之助	97	次官	22	1.03		
松本重威	98	主税局長	23	1		
野中　清	99	専売局長官	23	0.07		
森　賢吾	1900	財務官	27	＊		
西野　元	02	次官	24	2.09		
森俊六郎	02	理財局長	20	0.02		
今北策之助	03	専売局長官	29	0		
小野義一	03	次官	24	3.06	政友会	
田　昌	04	次官	27	＊	民政党	枢密顧問官・田健次郎の甥
松本　脩	04	銀行局長	28	＊		渡辺千冬(浜口内閣法相)の女婿
勝　正憲	05	東京税務監督局長	26	＊	民政党	
黒田英雄	05	次官	34	1.05	政友会系	
河田　烈	07	次官	31	2.08	民政党系，月曜会	
佐々木謙一郎	07	専売局長官	34	0		
保倉熊三郎	07	造幣局長	34	0		
冨田勇太郎	08	財務官	36	＊	辛酉会(国本社系)	
大久保偵次	08	銀行局長	38	7		
平野亮平	08	専売局長官	32	0		
藤井真信	09	次官	34	2.09	月曜会，国威会系	
青木得三	09	主税局長	31	1.10	民政党系	
中島鐵平	09	専売局長官	36	0		
佐野正次	10	専売局長官	34	0		
川越丈雄	10	次官	36	0		
金子隆三	11	預金部長	36	1.05		
津島寿一	12	次官	34	＊		
和田正彦	13	銀行局長	37	1.10		
関原忠三	13	理財局長	38	1		
荒井誠一郎	14	専売局長官	36	2.06		
石渡荘太郎	15	次官	39	0		石渡敏一（枢密顧問官）の長男
青木一男	16	理財局長	34	3.03	月曜会	
星野直樹	16	満州国総務長官	40	0		
荒川昌二	16	財務官	41	＊		斎藤実の従弟
入間野武雄	16	銀行局長	40	0.04		
賀屋興宣	17	次官	27	1.08		勝田主計の女婿
広瀬豊作	17	次官	41	1.09		
山田龍雄	17	造幣局長	37	0		
花田政春	17	専売局長官	41	0.07		
大矢半次郎	17	主税局長	40	0		
大野龍太	17	次官	40	0		
相田岩夫	18	預金部長	42	2.04		原嘉道枢密院議長の女婿
谷口恒二	20	次官	44	0.05		浜口雄幸の女婿

注：欧米赴任の数字は赴任年月（1.05は1年5カ月），＊印は駐箚財務官経験者を，経歴の貴，衆
資料：大蔵省百年史編纂史室『大蔵省人名録』1973年，戦前期官僚制研究会『戦前期日本官僚制の

民政系と見られた青木得三を主税局長から横浜税関長に追ひやりその後へ腹心の中島鉄平を持つてきた。……また井上蔵相に可愛がられた文書課長の荒井誠一郎を本省から名古屋税務監督局長に追ひやり、また井上のお先棒をかついで煙草元売捌制度を廃止したといふので平野専売局長官を追ひ出してしまつた。それのみではない、最近には理財局長の冨田勇太郎を居たたまれなくして遂に海外財務官に追ひやつてしまつた［三木、一九三四：四一～四二］。

黒田が帝人事件で収監、起訴された後、大蔵省内で主流派を形成したのは主税局閥と三土閥であったといわれている。有竹修二は、「主税局閥というのは星野（直樹─引用者、以下同様）、石渡（荘太郎）、イルマノ（入間野武雄）三人男、三土派というのは賀屋（興宣）、青木（一男）、津島（寿一）」らであり彼らは「陸軍の統制派みたいなもの」で「優秀でまたスクラムを組むからますます強くなる」［内政史研究会、一九六四：二六］と述べている。今井一男（一九二七年入省）は主税局閥と言われた人々に対してもっと辛辣に、次のように評した［同、一九七四：八五］。

石渡荘太郎、それから星野直樹……。この人とか、それから帝国銀行のあとで頭取になった入間野武雄という、これは主税局の三悪人と言われていましたが、この連中は横に組んでやっぱり派閥主義の基礎を作った人と言えましょう。石渡さんは比較的人間が大きいように見えたですけれども。

三土閥というのは、政友会の衆議院議員・三土忠造が関わる三菱（菱友会）の奨学金に連なる人々を指している。三菱奨学金を受給したのは青木一男、賀屋興宣らで彼らはOB会の主要メンバーであったといわれる。三土はこの奨学金受給者の人選を行っていた［広瀬、一九六二：七九］。津島寿一は三土と同郷であった。三土は高橋是清蔵相のもとで参事官、大蔵政務次官を勤め、田中義一内閣で高橋辞任後大蔵大臣に就任しており、高橋とともに最も大蔵省に影響力のあった政友会議員であった。

この二つのグループを結んだのが青木と石渡であり、彼らの上に立つ藤井真信であった。彼らを藤井派と呼ぶ雑誌

もある。(6)

こうした大蔵省の中心的なメンバーが主要ポストから一掃されるのがいわゆる馬場人事である。二・二六事件後、広田内閣の蔵相に就任した馬場鍈一は積極財政を実行していくために、大蔵省の主要人事を一新し、主税局長であった石渡を内閣調査局調査官に、青木一男を対満事務次長にそれぞれ転出させ、やや遅れて主計局長の賀屋も理財局長に移動させた。そして、次官には津島寿一に替わって対満事務局次長の川越丈雄、主計局長には理財局長から広瀬豊作、主税局長には内閣調査局調査官から山田龍雄が就任した［有竹、一九六九：二一七］。

馬場蔵相の下で主要ポストに就いた人々と賀屋や青木、石渡あるいは彼らを率いた藤井らとの間に財政に対する考え方に差があったのであろうか。この点について、賀屋は「こうして大蔵省の幹部は、軍部抑制派から迎合派に変わったわけである」［賀屋、一九六三：二四〇～二四二］と述べ、自らを軍部抑制派、広瀬や山田らを軍部迎合派と位置づけている。確かに、二・二六事件で倒れた高橋是清は公債漸減主義を唱え、軍部の要求を一定程度抑えてきた。高橋を支えたのが藤井であり、賀屋であって、「健全財政」論は彼らの合言葉であった。いわゆる高橋財政は公債日銀引受による積極財政で知られ、彼が就任以降財政規模保は急速に膨張したものの、その後期にはむしろ財政支出の抑制が目立っている。

これに対し、馬場蔵相の下で主計局長に就いた広瀬豊作は次のように高橋財政を批判している。「高橋財政の積極性は、この出現の当初に全幅的に発揮されたとはいえ、その後の国民経済の発展並びに国債情勢の変化に順応した弾力性のあるものとは遺憾ながら言い難いものであった。……むしろ人為的に租税その他収入が抑制せられた……」［大蔵省大臣官房調査企画課、一九七七：一四九］。また、こうも述べている。「高橋財政は当初においては極度に困窮した国内経済の復旧を図る上においては適当なる施設を行ったが、その後数年間、当初の政策を墨守した感があり、この間国民経済の進展並びに国際経済の複雑化、更に進んでは庶民階級の要望に対して、しいて耳を被うが如き感が

主要局長

主税局長	理財局長	銀行局長
松本重威	神野勝之助	森俊六郎
〃	森俊六郎	小野義一
	小野義一	黒田英雄
〃	〃	〃
黒田英雄		
〃	〃	松本　脩
〃	富田勇太郎	〃
〃	〃	〃
〃	〃	〃
〃	〃	〃
〃	〃	〃
〃	〃	〃
藤井真信	〃	〃
〃	〃	〃
〃	〃	保倉熊三郎
青木得三	〃	〃
〃	〃	大久保偵次
中島鐵兵	〃	〃
〃	〃	〃
	津島寿一	川越丈雄
〃	青木一男	荒井誠一郎
石渡荘太郎	〃	〃
〃	〃	〃
山田龍雄	広瀬豊作	和田正彦
	賀屋興宣	
石渡荘太郎	関原忠三	〃
大矢半次郎	〃	入間野武雄
〃	大野龍太	〃
〃	相田岩夫	〃
〃	〃	〃
〃	〃	〃
松隈秀雄	竹内新平	松隈秀雄
		相田岩夫
〃	〃	〃
〃	山住克己	〃
田中　豊	式村義雄	山際正道
池田勇人	〃	迫水久常
前尾繁三郎	〃	式村義雄

消極両路線」中村隆英編『戦間期の日本経

あった」〔同、一五二〕。

第二次大戦後の座談会での発言であるという点を考慮しても、広瀬らは賀屋らの財政政策に批判的であったことが理解できよう。広瀬の義父は勝田主計であり、彼も勝田の親軍的な考え方を受け継いでいたのかも知れない。

しかし、広瀬らが積極財政論者で、軍部迎合派だったとしても、軍部抑制派を自認する賀屋や青木、石渡自身、新官僚と呼ばれ、軍との関係を積極的に持ち、後に広瀬や河田ともども戦時財政の担い手になっており、彼らの間にそれほど大きな政策理念上の相違があったとは考えられない。政府による広範な委任事務を認め、後の経済統制への先鞭をつけたといわれる外国為替管理法案は青木一男が「精魂を傾けて立案」〔青木、一九六九：五三〕した法案であったし〔伊藤、一九八六：二二〇〕、後にみるように、馬場税制改革を実質上準備したのは高橋財政下の石渡主税局長の立案作業であったし、一九四〇年の戦時税制もまた実質上彼の手によるものであった。また、戦時財政を推進したの

表1-3　大正昭和前期の大蔵省次官・

内　閣	内閣の性格	大蔵大臣	期　間	次　官	主計局長
寺内	その他	勝田主計	1916.12 - 18.9	市来乙彦	西野　元
原，高橋	政友会	高橋是清	18. 9 - 22. 6	神野勝之助	西野　元
加藤友三郎	貴族院，政友会	市来乙彦	22. 6 - 23. 9	西野　元	田　昌
				〃	〃
第2次山本	その他，政友会	井上準之助	23. 9 - 24. 1	〃	〃
清浦	超然内閣	勝田主計	24. 1 - 24. 6	〃	〃
加藤高明	護憲三派	浜口雄幸	24. 6 - 26. 1	小野義一	河田　烈
				田　昌	〃
第一次若槻	民政党	〃	26. 1 - 26. 6	〃	〃
〃		速見整爾	26. 6 - 26. 9	〃	〃
〃		片岡直温	26. 9 - 27. 4	〃	〃
田中	政友会	高橋是清	27. 4 - 27. 6	黒田英雄	〃
〃		三土忠造	27. 6 - 29. 7	〃	〃
浜口	民政党	井上準之助	29. 7 - 31.12	河田　烈	藤井真信
第二次若槻	民政党	〃		〃	〃
犬養	政友会	高橋是清	31.12 - 32. 5	黒田英雄	〃
斉藤	その他，政友会	〃	32. 5 - 34. 7	藤井真信	賀屋興宣
岡田	その他，民政党	藤井真信	34. 7 - 34.11	津島寿一	〃
		高橋是清	34.11 - 36. 2	〃	〃
		町田忠治	36. 2 - 36. 3	〃	〃
広田	その他	馬場鍈一	36. 3 - 37. 2	川越丈雄	〃
					広瀬豊作・
林	その他	結城豊太郎	37. 2 - 37. 6	賀屋興宣	谷口恒二
第一次近衛	その他	賀屋興宣	37. 6 - 38. 5	石渡荘太郎	〃
〃	その他	池田成彬	38. 5 - 39. 1	〃	〃
平沼	その他	石渡荘太郎	39. 1 - 39. 8	大野龍太	〃
阿部	その他	青木一男	39. 8 - 40. 1	〃	〃
米内	その他	桜内幸雄	40. 1 - 40. 7	〃	〃
第二次近衛	その他	河田　烈	40. 7 - 41. 7	広瀬豊作	〃
第三次近衛	その他	小倉正恒	41. 7 - 41.10	谷口恒二	木内四郎
東条	その他	賀屋興宣	41.10 - 44. 2	〃	植木庚子郎
		石渡荘太郎	44. 2 - 45. 2	松隈秀雄	〃
小磯	その他	津島寿一	45. 2 - 45. 4	田中　豊	〃
鈴木	その他	広瀬豊作	45. 4 - 45. 8	山際正道	中村建城

資料：大蔵省百年史編集室『大蔵省百年史』別巻，1969年，原朗「1920年代の財政支出と積極・
済分析』山川出版社，1981年.

表1-4　大蔵省次官，主要局長，課長の平均在任年数

職　名	1914～19年		1920～35年		1914～35年		1936～45年	
	就任者数	平均年数	就任者数	平均年数	就任者数	平均年数	就任者数	平均年数
大臣	6	1.00	13	1.23	18	1.22	16	0.63
次官	6	1.00	9	1.78	14	1.57	10	1.00
主計局長	2	3.00	5	3.20	7	3.14	6	1.67
予算決算課長	4	1.50	6	2.67	9	2.44	6	1.67
司計課長	3	2.00	10	1.60	12	1.83	10	1.00
主税局長	2	3.00	6	2.67	7	3.14	6	1.67
国税課長	2	3.00	6	2.67	7	3.14	6	1.67
関税課長	1	6.00	4	4.00	4	5.50	8	1.45
理財局長	3	2.00	5	3.20	7	3.14	13	0.77
国庫課長	4	1.50	4	4.00	7	3.14	5	2.00
国債課長	4	1.50	6	2.67	9	2.44	9	0.88
銀行局長	2	3.00	7	2.29	8	2.75	8	1.25
特別銀行課長	1	6.00	4	4.00	4	5.50	7	1.43
普通銀行課長	3	2.00	5	3.20	7	3.14	5	2.00
局長課長全体	31	2.88	68	3.01	88	3.28	89	1.45

注：同一人物が，いったん別の部署に転じた後，再び同一の職に就いた場合にも人数に加算した．
資料：前掲『大蔵省百年史』別巻．

は賀屋や石渡であったことはよく知られている。

次に、大蔵官僚と政党との関係をみよう。まず、内閣の変動と官僚の異動との関連を表1－3によって見ると、次官を除き、主要局長は内閣の変動とほとんど関わっていないことが看取できよう。この点は表1－4の次官、主要局長、課長の在職年数をみても確認できる。一九二〇（大正九）年から三五年までの期間、大蔵大臣が平均在職期間一・二三カ年に対し、局長課長全体で在任期間が平均三・〇一カ年となっており、大臣の在職期間に比べて官僚の同じポストに対する在職期間がかなり長くなっているのである。ただ、三五年以降、とくに太平洋戦争期は在任期間が短く、内閣の変動ごとに局長クラスも異動していることが多い。これはこの時期大蔵大臣に大蔵官僚が順次就任し、順送りに局長クラス以下も異動することが多かったためである。

次官はほぼ内閣ごとに交替する慣習がこの時期すでに出来上がっていたようであり、政党内閣との関わりから、政党との関連が強い。加藤高明内閣の次官小野義一以後の四人の次官は政友会か民政党いずれかに極めて近い

人々であった。すなわち、小野義一、田昌、河田烈は民政党系、黒田英雄は政友会系といわれていた（ただし、小野はのちに政友会に入党している）。

しかし、内務官僚が月曜会（政友会系組織）あるいは七日会（民政系組織）などに加わり、旗幟を鮮明にしたのに対し、大多数の大蔵官僚はこうした組織に加わらなかったし、政党と積極的な関わりを持つことがなかった。七日会に加わった中島弥団次（一九一三年内務省入省、同四年大蔵省へ）や、浜口雄幸に近く、民政党の応援演説などを行った青木得三（一九〇九年入省、主税局長）は例外的であった。この点は官僚自身の発言でも確認することができる。例えば、星野直樹（一九一七年入省、企画院総裁）は「（大蔵省は）割合に政党というものに関係はなかったし、政党の方も大蔵省というところは、政党という活動はしない、活動することを期待しないといったところだね。」［内政史研究会（星野）、一九六四：六］と回想しているし、青木得三も「大蔵官僚というのはどっちかといえば学究的と言いますか学者肌と言いますか、そういう肌合いの人がありまして、政党色の強いなんというのは、私が例外であって、普通の大蔵官僚は政党色などはあまりないほうですね。」［同（青木）、一九六四：三］と述べている。したがって、松隈秀雄が「特に政党によって政策が大きく動いたこともあるけれども、それがために人を動かすということはない。たとえば金解禁の時なども、同じ理財局長の下に金の解禁もやれば、また解禁して具合が悪くなって、金の輸出再禁止を一人の理財局長がやっているんです」［同（松隈）、一九七一：一七～一八］というような事態が生じることになる。

大蔵官僚が政党と直接関わらなかったといっても、彼らにまったく政党色がなかったわけではなく、むしろ民政党的な考え方を持つ傾向が強いといわれている。「財政といふ仕事が消極的性質を持ち、積極的な、悪くいへば無軌道で放埓な政友会には組し難い。万事、物事の辻褄を合せ、無方針、無規律を嫌ふ。」［有竹、一九四九：三五］からである。星野直樹も「どっちかというとインフレーション政策をやっているのは政友会で、堅実なやり方をやろうというのが民政党なんだね。役人としては、だいたい、堅実派なんだね。だから実際みんな、われわれもそうなんだけれ

表1-5　大蔵省出身の衆議院議員

氏　名	高文合格年次	最終官歴	退官年	所属政党	選挙地域
浜口雄幸	1895	大蔵次官	1916	憲政会・民政党	高知
長島隆二	1902	理財局長心得	13	無所属→政友会→無所属	埼玉
池田敬八	〃	印刷局長	27	民政党	三重
小野義一	03	大蔵次官	24	中正倶楽部→政友会→無所属	高知
岡本実太郎	〃	広島専売局長	20	憲政会・民政党	愛知
大山斐嵯麿	〃	函館煙草販売所長	?	政友会	岡山
田　昌	04	大蔵次官	27	民政党	兵庫
勝　正憲	05	東京税監局長	26	民政党	福岡
西脇　晋	07	主税局属	16	憲政会・民政党	愛知
宇賀四郎	08	台北州知事	31	民政党	千葉
篠原陸朗	09	熊本税監局長	30	民政党	千葉
安田耕之助	〃	大阪税監局直税部長	25	民政党	京都
中島弥団次	13	内相秘書官	27	民政党	東京
太田正孝	12	主計官	19	政友会	静岡
駒井重次	20	銀行検査官	32	民政党	東京

資料：前掲『戦前期日本官僚制の制度・組織・人事』，衆議院事務局『衆議院議員党籍録』1957年.

ども選挙でもなったら投票しているのは皆民政党の方なんだ。」［内政史研究会（星野）、一九六四：七］と証言している。

実際、大蔵官僚出身の政治家をみてみると、民政党系が圧倒的に多いことがわかる。すなわち、表1－5に示したように、同省出身の衆議院議員は浜口雄幸以下一五名に上るが、うち一一名が憲政会・民政党所属の議員なのである。これらの中で大正末期から昭和初期に退職した者が九名を占め、小野義一を除き八名が民政党所属となっている。小野義一（中正倶楽部→政友会→無所属）も当初は浜口雄幸のバックアップも受けて当選し、護憲三派内閣の浜口蔵相の下で次官を勤めていた。こうした大蔵省出身の民政党議員は一九三〇（昭和五）年には浜口内閣時の総選挙で九名を数えている。元大蔵官僚の若槻礼次郎や浜口雄幸、とくに浜口の影響が極めて大きかったことが窺えよう。

以上のように、政党政治が確立する中で、政党に親近感をもちそれに加わる官僚もいたが、美濃部達吉が指摘するように、政党への官僚の従属は一方で官僚の自立心を促さずにはいない［美濃部、一九三一：五］。右翼的組織で活動する官僚や政党からの自立を目指す組織に加わる官僚が出てくるのもこの時期である。大蔵官僚の一部勢力が加わったのは、平沼騏一郎を中心とする国本社系の組織である。これら組織にはかなりの中堅官僚が参加していたが、大蔵省からは河田烈（辛酉会、月曜会）、冨田勇太郎（辛酉会）、青木一男（月曜会）、藤井真信（月曜会）などが名を連ねていた。河田や冨田が参加した辛酉会は、平沼を中心とした中堅官僚の座談会で、台頭する共産主義に対する対処などと合わせて、これらの台頭を許した政党政治をどうするかなどが議論されたという。また月曜会は、各省から勅任官でない少壮官僚が加わったといわれている［伊藤、一九六九：三五三〜三五七］。河田が新官僚の主導する岡田啓介内閣の書記官長に抜擢されたのは、このような関係からであったともいわれる［有竹、一九四九：一八八］。また、青木一男は一九三三年ころから岸信介（商工官僚）や安倍源基（内務官僚）、安井英二（内務官僚）などとともに、陸軍省の鈴木貞一（のち企画院総裁）としばしば会合していた［古川、一九九〇・四：一二］。

しかし、大蔵官僚の一部が私的結社に加わったとはいっても、内務官僚の活動と比べると大きな違いがあった。官僚の種々の組織に参加する大蔵官僚は少なく、組織内で主導的な立場に立つこともなかったし、内務官僚あるいは経済官僚でも農商務官僚が積極的に自らの主張を公に展開しているのに対し、この時代の大蔵官僚は政策構想などをほとんど明らかにすることはなかったのである(7)。こうした意味では大蔵官僚は極めて禁欲的であった。

次に大蔵官僚の専門性についてみよう。当時の大蔵官僚は入省後組織的に学問的トレーニングを受けることはなかったようであるし、海外研修も制度化されていなかった。ただ、高等官の過半は一年以上の欧米出張あるいは海外駐箚財務官付の海外駐在官として欧米に滞在経験を持っていた（表1－2参照）。彼らは職務を通じて欧米の財政金融の動向をいち早く吸収し、それを政策専門知識として生かすことができたが、滞在年数が短く財政政策あるいは金融政策を理論的に学ぶという機会をもたなかったと考えられる。

さて、大蔵官僚は採用後税務署などの地方部局に配置され、地方税務監督局勤務などを経て、本省の政策部局のい

表1-6　主要大蔵官僚の同一官職在任期間

氏　名	職　　名	在任期間	氏　名	職　名	在任期間
河田　烈	銀行局普通銀行課長	2カ月	石渡荘太郎	主税局臨時土地賃貸価格調査課長	8年
	主計局予算決算課長	7年5カ月		主税局国税課長	3年6カ月
	主計局長	4年10カ月		主税局長	1年3カ月
	大蔵次官	2年5カ月			
川越丈雄	主計局司計課長	1年	神鞭常孝	関税課長	8年11カ月
	主計局決算課長	2年2カ月		横浜税関長	5年1カ月
	主計局予算決算課長	8年4カ月	中島鐵平	関税課長	5年1カ月
	預金部長	1年5カ月		主税局長	2年11カ月
	銀行局長	7カ月	黒田英雄	秘書官	3年11カ月
	対満事務局次長	1年2カ月		秘書官	4年11カ月
	大蔵次官	10カ月		国庫課長	11カ月
関原忠三	主計局司計課長	6年10カ月		銀行局長	2年7カ月
	大臣官房会計課長	3年10カ月		主税局長	4年3カ月
	理財局長	1年4カ月	森俊六郎	銀行課長	5年7カ月
賀屋興宣	主計局司計課長	2年8カ月		銀行局長	2年6カ月
	主計局予算決算課長	1年5カ月		理財局長	1年9カ月
	主計局長	2年	小野義一	銀行局長	1年9カ月
	理財局長	8カ月		理財局長	3年4カ月
	大蔵次官	4カ月	富田勇太郎	国庫課長	5年2カ月
松本重威	主税局長	6年9カ月		理財局長	10年
勝　正憲	主税局国税課長	3年8カ月	津島寿一	臨時調査課長	4年
藤井真信	主税局国税課長	2年5カ月		国庫課長	3年4カ月
	東京税務監督局長	6カ月		財務官	6年8カ月
	主税局長	1年11カ月		理財局長	4カ月
	主計局長	4年10カ月	青木一男	預金部運用課長	2年1カ月
	大蔵次官	1カ月		秘書官	2年9カ月
野津高次郎	主税局内国税調査課長	4カ月		理財局国庫課長	5年11カ月
	主税局国税課長	4年6カ月		理財局長	1年7カ月
	広島税務監督局長	2年8カ月			
	東京税務監督局長	2年11カ月			

資料：前掲『大蔵省百年史』別巻.

ずれかに配置される、というのが一般的であった。地方での職務期間は比較的短く、二、三年で異動している。しかし、本庁では同一ポストでの在職期間はかなり長いし、異動もほぼ同一部局内であることが多い。この点を表1－6によってみよう。同表は主要官僚の秘書官、課長職以上の在任年数をみたものであるが、これによれば、ほとんどの官僚が同一部局内で長く勤務していることがみて取れよう。例えば、富田勇太郎は国庫課長を五年二カ月、理財局長を一〇年勤めており、少なくとも一五年以上理財局を担っていた。青木一男も課長になって以降は秘書官の時期を除きすべて理財局畑であった。同様に、河田や川越、賀屋は主計局畑、松本重威や石渡荘太郎は主税局、大久保偵次や大野龍太は銀行局畑をもっぱら歩いているのがわかる。こうした同一部局内での長期にわたる職務を通じて、大蔵官僚は職務能力＝実務能力を身に着けていくのである。

一般に日本の官僚はゼネラリストが優位に立ち、職場能力が重視されやすいといわれるが、大蔵官僚の場合、長期の同一部局内での職務を通じて、高い職務能力を習得していたと考えられよう。

二　税制改革と大蔵官僚

(1)　臨時財政経済調査会と大蔵省

政党内閣期の大蔵官僚の役割を当該期の税制改革の検討を通じて明らかにしたい。両大戦間期の税制改革で、画期をなすのは一九二〇（大正九）年の税制改革と臨時財政経済調査会の設置、三五年の改革および一九四〇（昭和一五）年の改革である。以下では、四〇年の改革を除く諸改革と二九年の地方税制改革（地租・営業税委譲）問題、および三〇年代前半の大蔵省の増税構想を検討し、大蔵官僚の役割と行動様式をみる。まず、二〇年代の租税改革論議の出発点となり、改革論議の土台となった案が作成された臨時財政経済調査会における大蔵官僚の動向をみよう。

臨時財政経済調査会は「国家永遠ニ亙ル根本的調査」[8]を行うために原内閣によって設置された審議会である。同調査会のメンバーには財界、政界、官僚、学会など日本の支配層の代表が網羅されていた。「税制整理ニ関スル根本方策」を審議した諮問第五号委員会での審議内容と経過については先行研究［藤田、一九四九：三五四。高橋、一九六二：一二一。金澤、一九八四・七：九九。池田、一九八四：一一三］で明らかにされているので、ここではこれら研究を踏まえながら、大蔵官僚の役割に焦点を絞って検討していこう。

諮問第五号委員会に課せられた課題は、租税収入を減じない範囲で、中央地方にわたる抜本的な租税改革を行い、国民負担の均衡を図ることによって、財政経済の基礎を堅固にすることであった。具体的には、中央財政では直接税については、所得税を中軸にしてこれに配する補完税を確定すること、間接税については社会政策上の視点から軽減あるいは改廃を図ることであり、地方税については負担の均衡を図りつつ税源を整備することであった。周知のように、これらの課題に対し、審議を付託された特別委員会は、所得税に対する補完税として一般財産税を創設し、地租営業税は地方税に委譲する、という答申案を作成して調査会に報告した。しかし、総会で一般財産税創設に対する強硬な批判など議論百出し、同案は採択されるに至らず、政府の参考案として政府に提示するにとどまったのである。

諮問第五号の審議を付託された特別委員会で答申案作成に中心的な役割を担った委員は神戸正雄、小橋一太、馬場鍈一、三土忠造である。表1－7に示したように、これら四人は調査項目案や直接国税の体系案、直接国税案の起草委員を兼ね、特別委員会での議論をリードしたのである。特に、神戸正雄はすべての小委員会の委員となっただけでなく、会議でも意見書を提出し、答申案作成の推進者となるなど答申案作成にきわめて大きな役割を果たした[9]。

それでは同特別委員会で大蔵官僚はどのような役割を担っていたのであろうか。結論からいえば、特別委員会の改革案は大蔵省で構想されたものであり、大蔵省は改革案の実質的な推進者であった。一九二〇年六月に諮問された諮問第五号には、答申自体にすでに基本的な改革の骨子、すなわち「（一）所得税ノ外尚地租及営業税ハ之ヲ存置シ之ニ相当ノ改善ヲ加ヘテ負担ノ均衡ヲ図ルコト　（二）地租及営業税ハ之ヲ全廃シテ一般財産税ヲ設ケ所得税ト相並テ課税ノ均衡ヲ相互ニ補完セシムルコト　（三）地租及営業税ハ之ヲ全廃シ土地、家屋、証券、営業等各種ノ所得ニ対

表1-7　臨時財政経済調査会諮問第五号に関する委員会委員

氏　名	職　業　等	小委員会委員	
林博太郎	東京帝国大学教授	◎	
郷誠之助	東京株式取引所理事長	②	
高橋光威	衆議院議員		
浜口雄幸	衆議院議員		
犬塚勝太郎	農商務省次官		1920.7辞任
藤山雷太	東京商業会議所会頭	④	
前田利定	貴族院議員		
神野勝之助	大蔵次官	①	22. 6 辞任
水町袈裟六	元大蔵次官，元日銀副総裁	①	
末延道成	東京火災海上保険社長	③④	
神戸正雄	京都帝国大学教授	①②③④	
関田嘉七郎		④	
小金井為造		④	
小橋一太	内務次官	①③④	
井上辰九郎	若尾銀行副頭取		
星野　錫	東京商業会議所副会頭		
桑田熊蔵	東京帝国大学講師		
横井時敬	東京帝国大学教授		
気賀勘重	慶応義塾大学教授	③	
馬場鍈一	法制局参事官	②③④	
米山梅吉	三井銀行常務		
山本悌二郎	衆議院議員	①	
和田豊治	富士瓦斯紡績社長	②③④	
田中隆三	農商務省次官		20. 7 指名
三土忠造	衆議院議員	②③④	20.10指名
添田敬一郎	内務省地方局長		20.11指名
奥平昌恭	貴族院議員		21. 4 指名
波多野承五郎	衆議院議員，元三井合名重役		21. 5 指名
浜口吉兵衛	衆議院議員	④	21. 6 指名
岡本英太郎	農商務省農務局長		22. 6 指名
西野　元	大蔵次官		22. 6 指名

注：小委員会の番号は①調査項目案起草委員，②直接国税体系案起草委員，③直接国税案起草委員，④間接税調査委員，◎は委員長.

資料：臨時財政経済調査会『臨時財政経済調査会要覧（第三号）』5～13頁.
人事興信所『人事興信録』第6版，1921年.

シ其ノ種類毎ニ特別所得税ヲ課シ尚此外ニ此等ノ所得ヲ総合シタル一般所得税ヲ設クルコト」(『臨時財政経済調査会要覧』)という三案が提示されていたが、この原案は二〇年四月二〇日付けで、大蔵省内で作成されていたのである(『昭和財政史資料』Z—八〇九—二二)。また、直接国税体系案の起草小委員会の三原案も松本重威が作成し、ほぼ原案通り小員会案とされている[10]。これらの中で、直接国税の体系を整え、地方税の体系を建てるためには、国に財産税を起こし、国税たる地租営業税はこれを地方に委譲するのがもっとも適当である、というのが松本重威の変わらぬ主張であった[11]。

要するに、臨時財政経済調査会では事前に官僚によって政策課題が決められ、官僚によって原案が作成されたのである。審議では官僚OBが審議をリードし、大蔵官僚は黒子役に徹しながら、自己の意思を国家意思に変えていったといえよう。

大蔵省が抜本的な改革に踏み出したのは議会内外での改革の圧力もあるが、大蔵官僚が租税の現状に大きな問題点を認識していたからであろう。わが国租税制度に関する大蔵官僚の現状認識について見てみよう。第一次大戦期に臨時調査局の手によって租税負担調査がなされたことはすでによく知られている[12]。この調査を分析して、大蔵官僚は次のように税制の欠陥を指摘した[13]。

租税負担ノ不均衡ハ主トシテ税制ノ欠陥ニ在ルコト明ニシテ是等ノ事情ニ適応シ負担ノ均衡ヲ期センガ為ニハ税制上ニ適当ノ改正ヲ加フルヲ要ス而シテ租税負担ノ不均衡ヲ来スヘキ税制上ノ欠陥ハ其ノ主要ナル点概ネ左ノ如シ

一、収益税特ニ地租ノ負担甚タ軽カラサルコト

二、従テ下級者ニ対スル負担重キニ失スルコト

三、営業以外ノ動産資本ニ対シ収益税ノ課税ナキコト

四、所得税ハ事実上直接税ノ中心タラス却テ収益税ノ補充的関係ヲ有スルコト
五、地方税ノ制限ノ宜シキヲ得サルコト
六、特ニ地方税ハ土地ニ対シ過重ナルコト
七、特別地方税ノ賦課其ノ当ヲ得サルコト

この資料から、大蔵官僚が国税地方税を通じた抜本的な税制整理が必要であること、租税整理は所得税を核とすべきだと考えていることを読み取ることができる。こうした著しい税制の不均衡が生じたのは、基本的には急速な資本主義の発展にともなう所得構造の変化に現行の租税制度が対応していないことを示していた。すなわち増大する法人所得や利子配当所得に対しては軽課され、中小地主、農民あるいは中小商工業者には硬直的な収益税が重課されていたのである。

大蔵官僚の調査をもとに勝田主計（事務次官、大蔵大臣）によって立案された「経済立国策」ではもっと明確に、「将来多々益々弁スヘキ膨脹力ヲ有スル税制タラシメ」るため、抜本的な税制改革が主張されていた。それによれば、第一次大戦規模の戦争に備え、これに耐え得る財政力を構築するには、まず所得税の整備強化が図られるべきだとし、個人所得に対する配当賞与控除の廃止などが説かれたほか、営業税の地方税委譲、国税に対する地方付加税の廃止、地方交付金制度の創設、土地増加税の導入、綿織物消費税・石油消費税・通行税・醤油税の廃止などが実行されるべきだというのである。(14) 勝田にとっては税制改革は帝国主義的財政膨脹に絶え得る「膨脹力ヲ有スル」税制の創出でなければならなかった。

大蔵省が本格的な税制改革作業に入ったのは一九一八年末からである。(15) その直接のきっかけは、第四一議会で財政整理に関する建議案が可決されたためであったが、前述のごとく大蔵省内では税制整理は不可避と考えていたうえ、今後予想される歳出増に耐えうる弾力的な税制を確立する必要にも迫られていたから、同省ではいち早く調査に着手

した。

この調査の後、一九二〇年所得税改正法律案と酒税増徴案が議会に提出された。所得税改革案（および酒税増徴案）がまず議会に提出されたのは、軍事費支出のための税収を確保する必要があったからだが、それが単に税率改正にとどまらず大幅な改正となったのは、大蔵省にとって最も重要なことは、負担の公平を図りつつ、所得税を軸とした弾力的な租税制度を樹立することであったからだと考えてよい。

すでに明らかにされているように、この改革は、従来実質上免税であった配当所得を、個人所得に合算して課税するとともに、法人の留保所得や超過所得に課税するなど法人企業課税制度を整備し、資本利子所得課税を強化する一方、勤労所得控除の引上げ、扶養家族控除の創設、免税点の引上げなど低所得者への配慮を行って社会政策的見地から一定の負担の均衡を図るというもので、法人所得や利子配当所得の増大という所得構造の変化に対応させようとしたものであった［高橋、一九六〇・一：一五〇〜一五九］。政府大蔵原案自体、資本利子所得を低率の分離課税としていたうえ、議会の審議過程で配当所得に四〇％の控除が認められたから資本軽課という性格を払拭できなかったけれども、好況を背景に、大蔵省が租税政策の基調を法人課税強化による弾力的税制の樹立と不均衡の是正に置いていたことは確認できよう。

所得税制が一応整備された後、課題となったのが補完税と地方財政の問題をはじめとするその他の一般税制整理の課題であった。これらについては、「大蔵省ニ於テモ……成案ガ出来マスレバ、ソレヲ財政調査会（臨時財政経済調査会のこと—引用者）ニカケテ審議」（高橋是清大蔵大臣、衆議院委員会議録、一九二〇年一月三一日、一月三〇日）するとされた。したがって、財政経済調査会への諮問の時点で、大蔵省内では「成案」ができていたと考えるのが自然であろう。その「成案」が諮問第五号特別委員会で審議のために松本重威によって提出された前述の三案である。

ところで、臨時財政経済調査会で支配層の合意を得ることができなかった税制整理の課題は一九二六年加藤高明内閣で果たされることになるが、同内閣までの各内閣でも、議会内外の強い要望を背景に、税制整理の準備作業を続けている。とくに、加藤友三郎内閣では調査会答申案をもとに精力的に調査が続けられた。二六年改革時の大蔵官僚の動向を検討する前に、これらの動向をみておこう。

加藤友三郎内閣では税制整理に関する事項を調査するため、西野元大蔵次官を会長とし、大蔵・内務・農商務・法務等の高等官を委員とする税制調査委員会が大蔵省内に設置された。同調査会は「地租委譲を実行するものと云ふ前提の下に調査研究を重ねる」[16]とされ、「本委員会ハ先ツ地租委譲ノ方法及其ノ利害得失並直接国税ノ体系ヲ如何ニスヘキヤヲ調査シ其ノ結果ニ依リ各税目ノ内容ニ付キ細目ニ渉リ調査スル」[17]ことを決定した。同委員会では大蔵官僚の率直な議論が展開されている。

議論の資料の一つとして大蔵省幹事が準備した『直接国税の体系』（一九二三年八月三日）には大蔵省の税制に関する考え方がよく示されている。これによれば、現在の租税制度は経済事情の現況に適応せず国民負担の適正を得ておらず、根本的整理の必要があるのは朝野の一致するところであり、とりわけ地租委譲論の解決は急を要するが、わが国税制の根本に関わる問題だけに、この問題は直接国税の体系と切り離すことができないとして、「直接国税の体系」から議論を展開する。そして、直接国税の体系いかんは要するに所得税の補完税としていかなる税種を選定すべきかに帰着するとして、補完税として①地租営業税を廃して財産税を創設、②地租営業税を廃して特別所得税を創設、③地租営業税を存置した上、家屋税利子税を創設、④地租営業税を廃止し新税を起こさず相続税を充てる、という臨時財政経済調査会の三案とほぼ同様の案が考えられるとするのである。

さらに、同資料は地租のみを委譲する場合と地租・営業両税を委譲した場合の直接国税の体系案をたて、それぞれを比較検討している。検討の資料として提出されたために結論は出していないが、地租営業税を委譲し、両税に代えて一般財産税を所得税の補完税として創設するのが最も合理的であるという大蔵官僚の認識を、容易に読み取ることができる。後の立案作業の関係で興味深いのは、地租のみの委譲について、田主計局長が「本案ノ特徴及欠点ヲ比較スルニ結局現在ノ制度ヨリモ更ニ不適実ノ制度トナルト云フニ帰着スルニアラスヤ」と質問したのに対し、黒田主税局長は「大体ニ於テ此ノ案ハ直接税ノ体系トシテハ優良ノモノトハ認メス少クトモ現在ノ制度ニ対シ改善セラレタル所ナシト云フヲ妨サルカ如シ[18]」と答えている点である。同委員会の作業は八月末まで続けられたが、関東大震災のため中断し、結局実を結ぶことはなかった。

（2） 政党内閣下の税制改革

一九二六年の税制整理

次に一九二六（大正一五）年の税制整理過程についてみてみよう。加藤高明内閣は税制改革のために、二五年四月大蔵省内に蔵相（浜口雄幸）を会長とし、大蔵省官吏の他内閣、関係官吏を委員とする税制調査会を設置、六月末にはこの税制調査会で税制整理方針と直接国税整理綱要、間接国税整理綱要などがまとめられた。一方、憲政会でも同時に調査が進められ、その要綱は調査会案とほぼ同じであった［池田、一九八四：一二二］。

大蔵省の調査会案は、「歳入ニ著シク増減ナカラシムル範囲内ニ於テ（一）租税ノ体系ヲ正シ負担ノ均衡ヲ図ルノ理論ト（二）税務行政執行上ノ便否ト（三）現下財政上ノ実況ニ対スル顧念ト、此三者ヲ出来得ル限リ調和セシメムコトヲ期ス」との方針の下に、以下のような整理案を立てた[19]。

(1)直接国税の体系は現行制度を維持し、所得税を中心とし補完税として地租および営業税に適当な改善を加えて存置し、新たに軽度の資本利子税を起こす。

(2)産業の発展を助長し及び負担の均衡を図るために、①法人の留保所得に対する累進課税を撤廃し一〇〇分の五の比例税とする、② 営業税は課税標準を外形標準から純益に改める、③ 地租の課税標準を賃貸価格に改め田畑地租に対し相当の減税を行う④ 賃貸価格決定までの期間、現行税率四・五%を一%引下げる。

(3)国民の負担を軽減し社会政策的効果を上げるため、① 所得税の免税点を一二〇〇円に引上げる、② 地租に免税点を置く（さしあたり一市町村内における地価二〇〇円未満の所有者）③ 個人営業税の免税点を営業純益四〇〇円とする、④ 相続税の免税点を引上げる、⑤ 綿織物消費税を免除し通行税、醤油税、自家用醤油税、売薬印紙税を全廃する。

(4)租税の体系を整え負担の均衡を得かつ歳入減の補塡のために資本利子税及び清涼飲料税を起こす。

(5)歳入の減少を補塡するため相続税、酒造税、麦酒税などを増徴する。

同案がほぼ憲政会の意向に沿って立案されていたため、周知のように閣議は分裂した。新たに組織された憲政会単独内閣の下で、同案は後に作成された地方税制整理案とを合せ、第五一議会に提出され、政友本党との提携の結果、二点の修正をへて成立した。その二点とは地価の免税点を自作農の地価二〇〇円未満の土地としたことと、義務教育費国庫負担の財源に当てるために地租の税率引下げを取りやめたことである。

以上の整理案の特徴は、まず何よりも地租、営業税の地方税委譲が放棄され、臨時財政経済調査会で「姑息ノ感ナキヲ得ズ」として退けられた案を採用したことである。同案は蔵相浜口雄幸の主導によって作成され、憲政会は年来の主張を実現したわけだが、大蔵官僚はどのような論理でこの案の立案を行ったのであろうか。大蔵省はすでにみたように、補完税として地租営業税はふさわしくないと考えていたが、「国税整理要綱」と同時に大蔵官僚によって作成されたと見られる「地租委譲論ニ就テ」[20]で、この時期の地租委譲について次のように述べている。これによれば、「主トシテ実行上ノ方面ヨリ観察スルニ現在ニ於ケル我国財政経済ノ実状ニ照シ地租ノ地方委譲ハ得策ナラス」、とされその最大の理由として委譲による歳入減の補塡問題をあげている。すなわち、消費税の増徴は社会政策上の観点から限界があり、所得税の増税も不況の現状を考えると不可能である。結局、財産税か特別所得税を創設する以外にないが、この新税の創設は「経済界ニ対シ容易ナラサル変動ヲ惹起セシムルノミナラス国民負担ノ激変ヲ招」くので「新税ノ創設ハ仮令主義ニ於テ之ヲ肯定スヘシトスルモ我国経済界ノ極メテ不況ナル今日ニ於テ決シテ其ノ時期ヲ得タルモノト謂フヘカラス」というのである。大蔵省にとっては税収の確保は何よりも優先するし、不況下の資本への新たな課税は避けなければならなかった。

というよりも、この一九二六年改革の狙いの一つは法人企業の資本蓄積を促進することであった。留保法人所得に対する累進課税を廃して、法人の資本蓄積の促進を図ること、これがこの改革案の第二の特徴なのである。二〇年の所得税改革では累進課税とされた法人の留保所得は今回の改正では配当所得と合算され、普通所得として一律五%の比例税が課されることになったのである。

なるほど、同族会社に対する課税強化が図られ、資本利子税が創設されたけれども、同族会社への課税強化は中小の同族会社への強化であるに過ぎなかったし、資本利子税は「純然タル資産所得ニシテ理論ノミヨリスレハ地租営業税トノ均衡上相当高キ税率ヲ適用スヘキモノナリト雖我国現下ノ経済状態ニ照シ又本税ノ新税タル点ニ鑑ミ特ニ斟酌ヲ加ヘテ之ヲ百分ノ二ノ軽率ニ止メ(21)」られたのである。

大蔵省試算による所得税減税の中身を見ると、第一種所得税の減税は留保・配当区分廃止による減税と法人所得へ二重課税を避けるためになされた第二種所得控除による減税、合せて八四五万円、同族会社への増税三〇七万円、その他を合せ差し引き四〇〇万円の減税であるのに対し、第三種所得減税六二〇万円となっている〔大蔵省、一九五七：一一九六〕。社会政策的効果を狙った第三種減税を別にして、第一種減税は明らかに非同族大企業に対する優遇措置であったといっていい。この点について、留保所得減税だけを見ると、大蔵省の調査によれば、鐘紡は一九二四年一二月期では留保所得税が一〇〇万五〇〇〇円であったが、新税が導入されれば七三万三〇〇〇円減のわずか二七万二〇〇〇円、三井銀行は三〇万六〇〇〇円からほぼ半減して一六万一〇〇〇円となるのである(22)。

第三に社会政策的減税と負担の不均衡が一定程度是正されたことである。すなわち、通行税、醤油税、売薬税の廃止、綿織物消費税の免除などの大衆課税の削減、所得税、相続税の免税点の引上げ、少額所得者の扶養控除の充実などによって社会政策的減税を行った。また、地租の課税標準を地価から賃貸価格に改めるとともに、免税点を設け、また営業税を廃して営業収益税とすることによって、負担の不均衡（農村重課）は多少改善されることになった。地租についていえば、免税点二〇〇円はほぼ一町規模に相当するが、こうした小地主の負担が軽減され、さらにおよそ二年をかけてなされた賃貸価格調査によれば、東京や大阪をはじめとする六大都市では地価に比べて宅地を中心に賃貸価格は大幅に上昇したが、他の地域では、山口と鹿児島を除き現地価に対して大幅に低下し、したがって新地租実施時点で負担が軽減されることになったのである(23)。

しかし、さしあたり地租の一％軽減は財源確保のために見送られたうえ、直接税における社会政策的減税の効果を相殺する間接税の増徴がなされたから、資本軽課、中間層重課という租税負担構造は基本的には変わらなかったといっていい。

一九二九年改革作業

次に一九二九（昭和四）年田中内閣でのもとでの地租委譲案を中心とする税制整理案の立案過程を大蔵官僚に焦点をあててみてみよう。両税委譲問題ついてはすぐれた先行研究があるので、これらに依拠しながらみていくことにしたい。

田中内閣は一九二七年六月大蔵省内に税制調査会を設け、地租委譲を中心とする税制整理に着手した。同調査会は地租委譲の方法、営業税委譲の可否、委譲後の直接国税および地方税の体系などを検討し、一九二七年一二月「税制整理要綱」を決定した。政府はこれにもとづいて地方税改正法律案を第五四議会に提出したものの、本会議に上程される前に議会は解散となった。総選挙後、議会運営上から二七年四月政友会は実業同志会と政策協定を結んだ（いわゆる「政実協定」）［山谷、一九七三：五〇］。両党の最も重要な協定項目に営業収益税の地方委譲が盛られていたため、協定内容に沿って税制整理案を立案する必要が生じ、二八年六月から両税委譲に関する立案作業が再び税制調査会で進められ、同年一二月整理要綱が公にされた。この要綱に基づき第五六議会に両税委譲関連法律案が提出されたが、周知のように、衆議院で可決されたものの、貴族院で審議未了となり、両税委譲は実現しなかったのである。

まず、大蔵官僚を中心に立案された一九二八年の委譲案を見よう。二八年一一月末、調査会は、①地租は市町村に委譲する、②課税標準は賃貸価格とし府県でこれを決定する、③営業収益税は委譲せず直接国税の体系は地租を委譲したままに存置し国税と地方税とを通して負担の均衡を図る、などとする要綱を取りまとめた（「地租委譲ニ関スル要綱」）。

ここで興味深いのは、営業税委譲の可否を検討したのち、地租のみを委譲するとした点である。一九二三年の大蔵省内の税制調査会では前述のごとく、黒田主税局長が地租のみの委譲は「少クトモ現在ノ制度ニ対シ改善セラレタル所ナシ」として退けていたのである。営業収益税の委譲を断念せざるを得なかったのは、おそらく財源問題であっただろう。地租委譲の財源については、震災復旧費の公債支弁への切り替えを前提として、義務教育費国庫負担を減額する、所得税付加税を廃し国税として徴収する、国庫補助あるいは分担金を減ずるなどの案が考えられたが、国庫補助の削減など歳出の抑制によってなされることとなった。

「政実協定」後の立案過程をみよう。政府の税制整理案の特徴についてはすでに明らかにされている［藤田、一九四九：四一七〜四二六］ので、ここでは大蔵省とこの整理案との関連だけをみてみよう。大蔵省は主として委譲後の国税整理案の原案作成を担当した。調査会の大綱は、両税委譲後の直接国税の体系については新税を創設せず、所得税の改正によって対応するというものであったが、大蔵省原案[24]では補完税（特別所得税）の創設を骨子とするものであった。すなわち所得税の税率を一部改正するほか、新たに①法人所得、②公債・社債・銀行預金などの利子、③個人所得の資産所得及び営業所得に比例税を課すというもので、臨時財政経済調査会の第二案（所得税の補完税として特別所得税を創設）と同類の案であった。しかし、政友会政務調査会の「補完税ノ創設ヲ見合セ所得税ノ改正ニ依リ補完税創設ト同様ノ目的ヲ達スルコトトシ度シ」[25]という主張によって、大蔵省案は政友会政務調査会の一般所得税改正案の中に盛り込まれることになったのである。政友会が特別所得税の創設に反対したのは、新税創設の非難を避けること、特別所得税が低所得者に負担過重になること、税制の単純化にかなうこと、などの理由からであった[26]。

大蔵省主税局で原案が作られる際、比較的低所得者に重課になりがちな特別所得税を設けるべきではないとする案[27]もあったが、主税局長、国税課長ともに特別所得税の創設を支持した。しかし、税制調査会発足当時蔵相の高橋是清が代わり財源として財産税が理想的であると述べ[28]、大蔵省も補完税として最もふさわしいと常々主張してきた「財産税」創設を説くものは主税局内では皆無であった。

地方税については内務省が原案を作成し、税制調査会で大蔵省との調整が図られた。その際両省間で委譲財源の使途をめぐって論争があったが、これも内務省案に落ち着いている［池田、一九八四：一三二］。

結局のところ、一九二九年税制改革作業では、大蔵省は自ら批判的であった地租の単独委譲案を作成し、政実協定後には両税委譲を前提にして立案された新税創設案が政友会案にとって替わられ、立案の主導権を握ることはできなかったのである。ここには、池田氏も指摘するごとく、政党内閣下にあって、属僚として税務技術に関する専門的知識を発揮するにすぎない大蔵官僚の姿を見出せよう。

ただ、両税委譲は大蔵官僚の租税理念からしても望ましいものであったというのは、この立案に携わった石渡荘太郎の次の言葉から明らかであろう。「地租営業収益税ノ委譲及所得税付加税ノ廃止ニ依リ国税ト地方税トハ各々其ノ税源ヲ確立シ相犯スコトナキ原則ヲ樹立シ得ベク誠ニ国家百年ノ計ヲ樹ツル絶好ノ時期ニシテ此ノ機会ヲ失シテハ将来容易ニ其ノ時期ナキコト[29]」。

以上のごとき政党内閣下の二つの税制改革過程をみると、ほとんど同じ大蔵省のスタッフが両税委譲に関して相異なった立案作業を行っていることを確認することができる。こうした事実に「非政治主義を纏い党派性を忌避するパッシブな官僚像」[池田、一九八四：一五二]をみることができよう。しかし、属僚としてこうした矛盾した作業を強いられながらも、大蔵省案の税制改革案は財政膨張に対応した税収の安定的確保、資本蓄積の促進（金融資産や大法人への軽課）を優先し、負担の不均衡の是正はこれらの範囲内で実施するという点で一貫していたともいえよう。一九二〇年代の不況期、負担の不均衡が深刻化したにもかかわらず、大蔵省は不況であるがゆえに資本蓄積的な所得税制を維持強化していかざるを得なかったし、増大する歳出増に対応するために負担水準の維持は不可欠であった。したがって、二〇年代の税制改革は部分的には地租、営業税の軽減などが図られながらも、この税収減と所得税収の停滞を補うためにつねに間接税の増徴が同時になされ、基本的には資本軽課と中間層への重課が続けられたのである。そして、政友・憲政両政府は不均衡是正の程度と手段には違いがあったとしても、かかる租税構造の維持には基本的な相違はなかったのである。

（3） 高橋財政下の税制改革調査

最後に政党内閣期と比較する意味で、高橋財政下の大蔵官僚による税制改革調査をみておこう。高橋財政は恐慌からの回復を図るべく積極的なスペンディング政策をとり、その財源を日銀引受による赤字公債発行に求めた。しかし、歳出増が恒常化する以上、巨額の歳入欠陥は早晩税収増で補填しなければならない。一方で、昭和恐慌は中小地主や自作農層に大打撃を与え、従来その所得を税源としてきた一九二〇年代の税制は根本的な改革を迫られていた。すなわち「現行租税制度ハ数次ノ改正ヲ経テ漸次其ノ体系ヲ整ヘ来タリタリト雖、未ダ必ズシモ完璧ナリト謂フヲ得ズ、殊ニ最近数年来ニ於ケル経済界ノ変遷ニ伴ヒ、之ガ改正ニ付相当考慮ヲ要スト認メラル丶点モ尠カラズ、且ツ巨額ノ歳入欠陥ヲ露シアル財政ノ現状ニ鑑ミ、国税、地方税ヲ通ジ租税制度ノ全般ニ亘リ根本的調査ノ必要ヲ認メ(30)」ることになったのである。政府は一九三四（昭和九）年度から財政税制の整理を断行することとし、その準備のために税制準備委員会を大蔵省内に設置した(31)。

同委員会、とくに幹事を務めた主税局では、高橋蔵相が増税に消極的であったにもかかわらず、石渡荘太郎国税課長を中心に精力的な討議が続けられた。今その一端を見ると、国税課では課員が各自五〇〇〇万円から二億円までの増税試案を出し、それを比較考量して、税制整理案が作られている。各自試案段階では、現行税の増徴のほか、新税としてガソリン税、奢侈税、有価証券移転税、財産税、製造者消費税などが構想され、地方税対策として調整交付金制度の導入も考慮されている。「税制整理案（一億五〇〇〇万増税案）」の特徴を見ると、所得税では第三種所得を三〇％と大幅に引上げ（法人所得三％増、第二種所得二％増）、また株式配当所得控除率を半減させる一方で、課税最低限を八〇〇円に引下げた。累進税率も従来の〇・八～三六％から〇・七～五〇％とし、大幅に引上げた（合計六九〇〇万円増徴）。これに対し、地租は引下げ（一〇〇〇万円減）、営業収益税についてはそのままとしている。煙草専売を含む間接税については酒税、織物消費税、砂糖消費税の引上げ及び煙草値上げによって四六〇〇万円増を見込み、残り燐寸税、奢侈税、ガソリン税の創設によって三六〇〇万円の税収を見込んでいる。

地租の軽減はわずかで、旧来の税制を維持しつつ税収増を図るといった性格が強い［神野、一九七九：一一］とはいえ、地租の引下げや営業収益税の増税を見送る一方、所得税の累進税率の大幅引上げや、株式配当所得控除の引下げなど資産重課を図っているという点で、この整理案は経済危機に対して、旧来の税制をより弾力的なものに修正しようという意図を読み取ることができよう。

この時期多くの整理案が立案されたが、これらの整理案は閣議に提出されることもなかった。その事情を松隈秀雄は次のように述べている。「毎週一回、主税局長室で会議をしました。それで、新しい税としてはどういうものがあるかということで、財産税とか、個別消費税より、やや広い範囲の一般消費税のようなものも検討したのです。それである程度の増税案というものを主税局長室の案としてまとめたのですけれども、それを次官室で省議にかけて、一方、健全財政の関係で主計局なんかも加わって、そういう増収案は賛成だということで省議はまとまるのですけれども、大臣のところへ持っていくと――ことに高橋大蔵大臣になると、この不況のときに増税するなんていうことはもってのほかだ、牛はもっと太らせてから食べたらいい、やせている牛をなんであわてて料理する必要があるのかと押されて、公債政策一本やりでした」[平田・忠・泉、一九七九：二二]

ここから明らかなように、蔵相高橋[32]が消極的であるにもかかわらずこの時期大蔵官僚は積極的に増税案を議論し、所得税の種々の資産重課案をはじめ財産税、一般消費税、特別利得税などが検討された。一〇億円を超える増税まで立案されたという。

大蔵官僚がこのように積極的に租税改革を議論したのは、それだけ財政破綻に対する危機意識が働いたからであろうが、その積極性が非政党内閣下であったのも興味深い。組閣に河田烈書記官長が中心的な役割を担い、蔵相に藤井真信が就任した岡田内閣時に、実現したのは臨時利得税だけであったけれども、大規模な増税構想が大蔵官僚主導で練られたのである。戦時体制を想定しつつ立案された馬場税制改革案と旧来の基本的な租税制度を維持しつつ昭和恐慌に対処するというこれら構想とは大きな違いがあるが、馬場改革案立案に中心的な役割を担った松隈秀雄によれば、こうした三年間にわたる準備によって「馬場税制の構想を相当首尾一貫するように整えることができた」[内政史研究会（松隈）一九七一：九三]のである。

おわりに

以上、大蔵官僚の特徴と政策形成における役割を人事配置、政党、専門性などの検討と租税政策の検討を通じて行ってきた。明らかにし得たことを以下にまとめて結びとしたい。

大蔵省は政党内閣期にも、人事の自立性を保ち、年功序列型の昇進システムを採っていたし、大蔵官僚は予算編成権を背景にした強力なテクノクラート集団であった。しかし、その専門的知識は理論的なものというよりは、主として同じ職場での長期にわたる実務によって習得された実務的な専門知識であった。

政党との関連でいえば、政党との関係は一般的に希薄であったが、憲政会（民政党）への親近感が強く、同党から衆議院議員へ出馬する者が多かった。一方で幹部の政友会への接近という形で政党化が進んでおり、かかる事実は出身者を政党の領袖に送り込み、あるいは政党領袖と結びつき政策を遂行していかざるを得ない状況をよく表しているといえよう。

一九二〇年代になると、すでに指摘されているように、元老が官僚機構の頂点に立ち支配的諸階層間の利害調整を図りながら政策を決定する寡頭制的メカニズムに代わって、政党政治の展開によって、調査会方式により支配階層間の利害の調整を図りつつ政党が意思決定するというメカニズムが定着する。審議会は利害調整の場として機能するわけだが、税制改革でも臨時財政経済調査会で政策立案がなされた。

この調査会では事前に官僚によってアジェンダが決められ、官僚によって原案が作成された。審議過程では大蔵官僚は黒子役に徹しながら、自己の意思を国家意思に変えていったのである。租税改革では調査会で合意形成に失敗し、その限りではのち税制改革をめぐって、大蔵官僚は中身の違った立案作業を強いられることになるが、もともと参考案として答申に取り入れられた諸案は大蔵官僚によって準備されたもので、この三案が後の改革案の土台となっていた。

すなわち、一九二〇年代の税制改革過程を検討すると、税制改革は各政党の重要政治課題であり、政治主導で租税改革が推し進められたけれども、基本的には臨時財政経済調査会案の枠内で以後の案が立案されており、政党による政策の選択は結局大蔵省の立案した三案からなされたのである。

国税地方税体系という視点からみると、最も合理的なのは補完税を財産税とし、地租営業税を地方税とする案であったが、大蔵省にとっては弾力的な税収が確保され、不均衡が一定程度解決されればよかったのであって、他の二案もかかる意味では大蔵省の是認しうる案であった。一見、一九二六年改革と二九年両税委譲案は地方税制からみると大きな違いがあり、大蔵官僚は異なった政党内閣のもとで、属僚として相反する立案作業を余儀なくされた。けれども、大蔵省にとって税制改革の優先課題は現在の歳入水準の維持と資本への軽課（したがって旧中間層への重課と間接税依存＝旧来の租税構造の維持）であって、これらを前提に負担の不均衡を一定程度是正するという意味からは矛盾はなかったのである。

一九二〇年代を通して、税制改革は現象的には政治主導でなされたとしても、政策の選択肢を提供し、歳入確保と資本蓄積政策を前提にしながらその枠内で政党内閣の方針を法案化した、という意味では大蔵省（大蔵官僚）は立案の主導権を握っていたのである。

ところで、政策立案作業は政党出身の大蔵大臣の下で行われ、その限りでは大蔵官僚は禁欲的なテクノクラートとして機能するにすぎない。したがって、国税体系としては姑息な手段として臨時財政経済調査会で退けられた案を憲政会内閣のもとで再び立案を余儀なくされたり、「直接税ノ体系トシテハ優良ノモノトハ認メス少クトモ現在ノ制度ニ対シ改善セラレタル所ナシ」と自ら述べた地租のみの委譲法案を政友会内閣で立案するような事態が生じた。こうした事態は大蔵官僚にもしだいに政党政治の限界を感じさせずにはいなかったはずである。とりわけ、昭和恐慌期になると経済的危機を背景に、すでに述べたように大蔵官僚の一部が政党政治に批判的な右翼的結社に加入し始める一方、大蔵省内でも蔵相を動かして危機に対応した税制改革作業が進められ、新たな税制の枠組みが準備されるのである。

【注】

(1) 管見の限りでは、この時期の大蔵省(官僚)の特徴あるいは大蔵省・大蔵官僚と政党(あるいは政党政治)との関連について言及しているのは、山村勝郎、加瀬和俊、池田順の諸氏である。山村氏は、むしろこの時期、内閣の中で大蔵省の役割が大きくなったこと、大蔵官僚が資本主義的合理主義者であり、国際的視野で判断する能力を備えていたことなどを指摘している[山村、一九七一:二三二]。一方、加瀬氏は一九二〇年代における経済政策は各種審議会を媒介にして形成されたが、これは政党政治下での官僚(経済官僚)の対応形態であったとされ、審議会における官僚の主導性、したがって経済政策立案主体としての官僚の主導性を指摘している[加瀬、一九八三:三八九~三九〇]。逆に池田氏は、地方税制改革を素材に、政党内閣の下で政治的価値判断を避け、政党の方針に追従するきわめてパッシブな大蔵官僚の行動様式を明らかにしている[池田、一九八四:一四〇~一四二]。以上の論者の間には、政策立案主体としての大蔵官僚の役割に大きな隔たりがあるといっていい。なお、渡辺治氏は直接大蔵官僚を分析対象とはしていないが、一九二〇年代の官僚について興味深い位置づけを行っている[渡辺、一九八二:一四四~一五五]。

(2) 大正二年西園寺内閣で、陸軍は中国、朝鮮における兵力増強のために二個師団増設を主張したが、行財政整理を優先する大蔵省は、西園寺首相の支持を得て、これを拒否した。これに対し、上原陸相は「統帥権の独立」を理由に単独「帷幄上奏」を行って辞表を提出、陸軍が後継陸相の推薦を拒否したため、西園寺内閣は総辞職を余儀なくされた。

（3）当時の大蔵省の状況を賀屋興宣は次のように述べている。「国家の大局から云っても経済の上から考えてもどうあっても力の続く限り軍部を予算で押さえて行こうと云うのが其根本の考え方であった。（中略）軍部と大蔵省の予算の喧嘩はいわば政府部内の喧嘩である。……軍部はもともと政府と内輪である可きものが事実は政府最大の敵国とも云うべき実状にある。統帥権の独立と云うことがある。其の威勢は絶大である。国防方針については内閣と云えども何も云えない力ない存在であった。（中略）根本の国策で軍部を統制し得る内閣ではなかった。争えば内閣側若しくは財務当局の負けとなる。即政府部内にあって財政的に財政技術的に争ふ以外に或程度にでも軍部を押さえる道が残されて居ないのである。」（賀屋興宣「健全財政の人柱――藤井真信を懐う――」『明窓』第四巻第一一号、一九五四年一一月一一七〜一一八頁）。

（4）石渡荘太郎の伝記によれば、「当時、大蔵省の大学採用の方針として、八十点以上の成績でないと採らぬことになっていた」（石渡荘太郎伝記編纂会『石渡荘太郎』一九五四年、一〇一頁）といわれる。

（5）戦前期官僚制研究会『戦前期日本官僚制の制度・組織・人事』（東京大学出版会、一九八一年）所収の「高等試験合格者一覧」による。

（6）鈴木茂三郎は、津島寿一（次官）、石渡荘太郎（秘書課長、国税課長）、入間野武雄（会計課長）、賀屋興宣（主計局長）、青木一男（理財局長）、山田龍雄（予算決算課長）、湯本武男（理財局国庫課長）を藤井派と呼んでいる（『改造』一九三四年一一月）、このほか、河野一之によれば三羽ガラス、四天王、五人男といった呼び方があったらしい。三羽ガラスとは賀屋、青木、石渡であり、四天王とは彼らに星野直樹が加わり、五人男とはさらに大野龍太を加えた人々であったという（内政史研究会「河野一之氏談話第二回速記録」『内政史研究資料』第九八集、一九七一年三月、九四頁）。

（7）一九三〇年代前半頃まで、雑誌などでの大蔵官僚の発言はほとんど制度の解説に終始している。しかし、三〇年代後半になると革新官僚の毛利英於菟などが新体制運動のイデオローグとして、積極的に発言している。

なお、私的結社に参加した大蔵官僚は新官僚とされているが、彼ら以外に新官僚とされている大蔵官僚は石渡荘太郎、加屋興宣、星野直樹である［古川、一九九〇：五］。

（8）「第一回総会ニ於ケル原内閣総理大臣演示要領」臨時財政経済調査会『臨時財政経済調査会要覧（第一号）』一八頁（国立公文書館所蔵）。
（9）神戸については金澤史男氏によって、「ドイツ正統派財政学の日本における後継者」という評価がなされている（金澤文男「神戸正雄」佐藤進編『日本の財政学』ぎょうせい、一九八六年、六三頁）。
（10）諮問第五号特別委員会会議録。なおこの法案にはプロイセンの制度が大きく採りいれられていた。以上の点から、金澤史男氏は「両税委譲を骨子とする特別委員会の租税改革構想は、大蔵・内務官僚（とりわけ内務官僚の積極性が推察される）を主体として、ミーケルの改革段階におけるプロイセン制度が継受されようとしたとみることができる」（「両税委譲過程の研究」『社会科学研究』第三六巻第一号、一九八四年七月、一〇八頁）と指摘されている。
（11）「国民新聞」一九二五年五月二日。
（12）大蔵省臨時調査局『租税負担調書』一九一七年。同調査をもとに高橋誠氏が租税負担構造を分析されている（高橋誠「現代所得税制の展開」『経済志林』第二八巻第一号、一九六〇年）。
（13）臨時調査局租税部内国税掛「各業別租税負担情況調査要領」一九一七年一二月『勝田家文書』第一二冊―一六。
（14）「経済立国策」（年次不詳）『勝田家文書』第三二冊―三。
（15）主税局長の松本重威は「此度の税制整理は重大なる問題であるから、次の議会の始まる前に充分訂正の暇あらしめるために手回しよく着手して居る、否当局に於ては最早去年の末から調査に着手して居る」と述べ、整理の目的は「国民の負担均衡を得、公正にし、整然たらしめるに外ならない、是れ即ち税制整理の根本方針」と述べた（「税制整理の方針」『東京経済雑誌』第七九巻第二〇〇五号、一九一九年五月一七日、一三頁）。
（16）「市来蔵相談」『東京朝日新聞』一九二三年六月一九日。
（17）「税制調査委員会調査順序」一九二三年六月『昭和財政史資料』一一〇四三―四二。
（18）「税制調査委員会議事録」第八回、同。
（19）「税制整理方針」六月三〇日『昭和財政史資料』一一〇四〇―一一。

(20)「地租委議論ニ就テ」一九二五年六月三〇日『昭和財政史資料』二―〇二七―四。
(21)「国税ノ整理ニ付テ」一九二五年一〇月『昭和財政史資料』二―〇四〇―一一。
(22)「留保所得ニ関スル調」『昭和財政史資料』二―〇三一―四一。
(23)大蔵省の調査によれば、地価に対し新賃貸価格は全国で一二・五%減であったが、東京が四七・一%、大阪が五・四%、山口が一三・三%、鹿児島が八・〇%増加した（大蔵省主税局『土地賃貸価格表』一九二九年一〇月による）。また、六大都市の改正前後の地租額を見ると、新地租は平均で現行地租額の一・七八倍となっている（大蔵省主税局『土地賃貸価格調査ニ関スル問答書』一九三一年一月）。新地租は都市部とくに大都市で増徴され、免税点をも考慮に入れると、農村の小地主や自作農層の負担を軽減したといえよう。
(24)「国税整理ノ大要」昭和三年一〇月三〇日『昭和財政史資料』二―〇四一―一六。
(25)「補完税創設案ト所得税改正案トノ比較」一九二八年一〇月三〇日、同。
(26)「所得税改正案」（政友会政務調査会案）一九二八年一〇月一八日、同。
(27)石渡事務官一九二八年六月一日「税制整理案」『昭和財政史資料』二―〇四一―一二。この石渡案は①地租、営業収益税を地方に委譲し、所得税の税率の改正（法人税二%増、個人所得税を所得額別に増率幅を増加して増徴）行い新税は設けない、②資本利子税は存置する、③所得税付加税は廃止する、というものであった。
(28)『東京朝日新聞』一九二七年五月二五日。
(29)前掲、石渡「税制整理案」。
(30)「税制整理案要綱」一九三三年九月二九日『昭和財政史資料』Z八〇九―七。
(31)「昭和九年度より財政税制の整理を断行するに当りまづその準備のため税制改正に関する事務的の調査機関を設置する要ありと認め主として大蔵内務の関係官を以てする税制改正準備委員会を設置することとした」（閣議での斎藤首相の発言、『東京朝日新聞』一九三三年一二月二八日）。
(32)高橋蔵相が増税に消極的であったのは、農村の不況が依然続いていること、産業も「まだ本格的の建直りといへない」ためで、「産業界の推移、農村の状況を見極めて増税の時期を決すべきである」というにあった（『東京朝日新聞』一九三三年一〇月一日）。

【参考・引用文献】

青木一男［一九六九・一二］「金解禁問題を中心として」『ファイナンス』第五巻第八号。

有竹修二［一九四九］『昭和財政家論』大蔵財務協会。

有竹修二［一九六九］『昭和大蔵省外史』中巻、財経詳報社。

池田順［一九八四］「政党内閣下の二つの地方税制改革と官僚」日本現代史研究会『一九二〇年代の日本の政治』大月書店。

伊藤修［一九八六］「戦後日本金融システムの形成」近代日本研究会『官僚制の形成と展開』山川出版社。

伊藤隆［一九六九］『昭和初期政治史研究』東京大学出版会。

大蔵省［一九五七］『明治大正財政史』第六巻。

大蔵省財政史室［一九九八年］『大蔵省史』第一巻、大蔵財務協会。

大蔵省大臣官房調査企画課［一九七七］『大蔵大臣回顧録』大蔵財務協会。

大蔵省大臣官房調査企画課［一九七八］『聞書戦時財政金融史』大蔵財務協会。

加藤和俊［一九八三］「経済政策」一九二〇年代史研究会『一九二〇年代の日本資本主義』東京大学出版会。

金澤史男［一九八四・七］「両税委譲論展開過程の研究」『社会科学研究』第三六巻第一号。

賀屋興宣［一九六三］『私の履歴書　第十九集』日本経済新聞社。

神野直彦［一九七九・六］「馬場税制改革案の形成過程」『ジュリスト』六九二号。

高橋誠［一九六〇・一］「現代所得税制の展開」『経済志林』第二八巻第一号。

高橋誠［一九六二・三］「日本所得税制の史的構造」東京大学『社会科学研究』第一三巻第六号。

内閣印刷局［一九一四］『職員録』。

内閣官房［一九五五］『内閣制度七十年史』大蔵省印刷局。

内政史研究会［一九六四・九］「星野直樹氏談話速記録」『内政史研究資料』第二四集。

内政史研究会［一九六四・一二］「青木得三氏談話第一回速記録」『内政史研究資料』第二五集。

内政史研究会［一九七一・二］「松隈秀雄氏談話速記録」『内政史研究資料』第九三集。

内政史研究会［一九七一・三］「河野一之氏談話第一回速記録」『内政史研究資料』第九八集。

内政史研究会［一九七四・七］「今井一男氏談話速記録」『内政史研究資料』第一九四集。

中村政則・鈴木正幸「近代天皇制国家の確立」［一九七六年］『体系日本国家史五　近代Ⅱ』東京大学出版会。

平田敬一郎・忠佐市・泉美之松［一九七九］『昭和税制の回顧と展望』上巻、大蔵財務協会。

広瀬真太郎［一九六二］『三土忠造』（私家版）。

藤田武夫［一九四九］『日本地方財政発展史』河出書房。

古川隆久［一九九〇・四］「革新官僚の思想と行動」『史学雑誌』第九九編第四号。

升味準之輔［一九六八］『日本政党史論』第四巻、東京大学出版会。

三木保夫［一九三四・七］「大蔵省の新陣容」『改造』第一六巻第八号。

美濃部達吉［一九三一・八］「政党政治に於ける官僚」『中央公論』第五二三号。

山谷正義［一九七三・四］「実業同志会についての一考察」『歴史評論』第二七五号。

山村勝郎［一九七一］「大蔵省―機構と役割」細谷千博・今井清一・斎藤真・蝋山道雄『日米関係史2』東京大学出版会。

渡辺治［一九八二・一一］日本帝国主義の支配構造――一九二〇年代における天皇国家秩序再編成の意義と限界――」歴史学研究会『民衆の生活・分化と変革主体』青木書店。

第2章　農業・農業団体政策と農林官僚

堀越　芳昭

はじめに

本章の課題は、戦前期全体を視野に入れつつ大正・昭和初期を中心として、産業経済省のひとつであった農商務省・農林省の農業・農業団体政策における、官僚機構およびその主体たる農林官僚の変遷・構造、その特質を解明することである。

食糧政策や土地政策などの農業政策および農業団体政策に関して、それぞれすでに膨大な研究蓄積と研究資料があるが、官僚機構や農林官僚に焦点をあてた研究はそれほど多くはない。しかし農業政策をはじめ国の政策はその機構と人事を通じて形成・実施され、その機構と人事が政策の形成にはねかえってくる。また政策の実施過程において、その機構や人事によって有効にも無効にもなりえるし、変容・修正も行われる。そういう意味で、官僚機構と官僚に焦点をあてた研究は先行研究に対し一定の意義をもつであろうし、官僚制度のあり方が問われている現在、重要な意味をもつと思われる。

そこで以下では、まず農林官僚機構の変遷について省庁あるいは部局の推移だけでなく「課」の変遷に着目して概観し、ついで農業・農業団体政策と官僚機構との関連を「課」に降りて考察し、さらに産業組合政策における官僚機構と農林官僚について本省・地方、高級・下級等の総体を対象として検討し、最後に総括として農林官僚全体の構造的特質を明らかにしていく。

一　農林官僚機構の変遷

ここでは、部局を中心とした省庁の変遷、および農林官僚機構の中心機関であった農務局についてその課制の変遷をみていく。

（1）　農商務省・農林省・農商省の変遷

戦前期農林官僚機構の変遷を省庁の編成からみれば、一八八一（明治一四）年四月成立〔農商務省〕→一九二五（大正一四）年四月成立〔農林省〕→四三（昭和一八）年一一月成立〔農商省〕へと推移してきた。

農商務省の創設以前、明治初期の農林行政は、大蔵省・民部省→内務省の設置（一八七四年一月）によって内務省の勧業寮、のちに内務省勧農局において掌られていた。その後、八一年の官業払い下げによる産業政策の模範官営方針から民業保護への転換により、それまで大蔵・民部・工部・内務の諸省に分管されていた農商工行政の統合を図るために、八一年四月農商務省が創設せられた。

農商務省→農林省→農商省における主な部局体制は次のように変遷していった。当初、農商務省は、官房・書記局・農務局・商務局・工務局・山林局・駅逓局・博物局・会計局の一官房八局体制がとられていた。その後、水産局の設置（一八八五年二月）、地質局の設置（八五年一二月）、書記局・駅逓局・博物局の廃止と総務局・鉱山局・専売特許局の設置により、一官房一〇局体制になった（八六年二月）。さらに、総務局の廃止（九一年八月）、商工局（九〇年六月商務局と工務局の統合）の商務局と工務局の分離（九七年六月）を経て、九八年一一月農商務省新官制（勅令第二八二号）により大臣官房・農務局・商工局・山林局・鉱山局・特許局・水産局の一官房六局体制となった。後に、商務局・工務局の分離統合再統合やいくつかの新設部局があったが、この一八九八年の部局体制が基本的には一九二五年の農商分離まで継承されていく。すなわち、臨時外米管理部設置（一九一八年四月）→臨時米穀管理部改称（同年八月）→食糧局へ昇格（二一年五月）→畜産局設置（二三年四月）→食糧局廃止（二四年一二月）へと推移して、一官房八局体制（大臣官房・農務局・商務局・工務局・山林局・鉱山局・特許局・水産局・畜産局）が農商分離直前の農商務省における部局体制であった。

農林省は、一九二五年四月一日、大臣官房・農務局・山林局・水産局・畜産局の一官房四局体制として、商工省の大臣官房・商務局・工務局・鉱山局・（外局）特許局の一官房三局一外局とが分離して創設された。この分離は農林官僚主導によるものとされている[1]。たしかに農商分離による農林省の独立によって農林行政の独自性が発揮されていくことになり、直接的にはのちにみるように食糧政策・米価政策の対立にその分離の契機を求めることができるが、他方で商工行政の相対的優位、その独立化の要請が背景にあったと思われる。その後の商工省の拡充・発展はそのことを如実にあらわしている。

農林省の独立後、蚕糸局の設置（一九二七年五月）、米穀部の昇格（三二年六月）、経済更正部の設置（三二年九月）、米穀局の昇格（三四年四月）、外局としての馬政局の設置（三六年七月）へと農林省の部局は拡充し、四一年一月農林省新官制（勅令第六一号）によってつぎのように再編成された。すなわち、農務局・畜産局・経済更正部が廃止され、総務局・農政局・食品局・資材部が新設され、食糧管理局が外局として昇格し、大臣官房・総務局・農政局・山林局・水産局・蚕糸局・食品局・資材部・外局：食糧管理局・馬政局の一官房六局一部二外局の体制になった。この新しい体制は農林省独立後の最も大きな改革で、戦時体制下の農林官僚機構の確立でもあった。これによって、一八八一年以来六〇年間続いた、農商務省および農林省の中心的部局であった農務局の役割は終わりをつげることになった。このことは、のちにみるように、石黒忠篤や小平権一らによる、大正期・昭和初期における農林省の独特の「石黒農政」あるいは「農本主義」的農政さらには「産業組合主義」も終焉を迎えたことの象徴的出来事であった。

一九四三年一一月、軍需省の創設とともに、商工省の一部と農林省が統合して、大臣官房・総務局・農政局・山林局・水産局・繊維局・生活物資局・物価局・外局：食糧管理局・馬政局の一官房七局二外局からなる農商省が創設された（勅令第八二二号）。その後、資材局・要員局（外局）の新設、物価局の廃止（四五年三月）を経て、敗戦時には一官房七局三外局の体制になっていた。

ところで、以上のような部局の変遷以前に「課」の変遷があり、「課」の動向にまで降りていかなければ農業政策の全体像は十分に把握することができない。とりわけ、専門部局が設けられなかった土地政策や農業団体政策においては、とくにこうした部局のみの推移からではとらえられないのである。

そこでつぎに、農商務省・農林省の中心的部局であった農務局における課制の変遷をみていきたい。というのはこの農務局を中心とした農商務省・農林省こそ、大正末・昭和初期の農業政策・農業行政の中核的役割を果たしてきたからである。

（2）農務局課制の変遷

農林官僚機構である農商務省・農林省における農林行政の中心的部局は農務局であった。代表的な農林官僚である石黒忠篤[2]は、農務局副業課長→農務局農政課長→農務局長→農林次官→農林大臣へと農務局を中心として、日本農林行政の中枢を歩んでいった。同じく小平権一[3]は、農務局農務課長→農務局農政課長→農務局米穀課長→農務局長→農林次官へ、また荷見安[4]は、農務局農務課長→農務局産業組合課長→農務局農政課長→農務局経理課長→農務局米穀課長→（米穀部長→米穀局長）→農林次官へと歩んでいったのである。こうした三人の官歴は農林行政の中枢的な最高官僚の歩みであり、それはいずれも農務局を中心としていたのである。

一九四一年総務局と農政局に分局され、農務局が消滅することになるが、その後を含めて農務局課制の主な推移を示せば表2－1のとおりである。

ここで重要なことは、部局の設置に先立って「課」が設置されているということである。例えば、蚕糸局（一九二七年設置）は、一九〇五年の農務局蚕糸課の設置にさかのぼることができ、農務局繭糸課への改称（二四年）を経て、独立局に昇格したものである。もちろんこの蚕糸局への昇格は蚕糸業問題の段階的変化を象徴するものであるが、しかしわが国の蚕糸政策は蚕糸局の発足したときに始まったのではなく、農務局蚕糸課設置以来の役割も軽視することはできないのである。

同じく食糧政策との関連でみると、米穀局の設置は、直接的には米穀部の昇格によるが、しかしその起源を農林省発足前の二四年に設置された農務局米穀課に求めなければならない。

土地政策との関連では、農務局農政課小作分室設置（二〇年）、農務局小作課の設置（二四年）が注目される。そし

表2-1　農務局課制の主な変遷

年　月　日	農務局課制の推移
1881(明14) 4. 7	農務局（報告課・陸産課・水産課・地質課・庶務課）
85(18) 1. 26	農務局（樹芸課・畜産課・水産課・庶務課）
86(19) 2. 26	農務局（樹芸課・蚕茶課・畜産課・獣医課・編纂課）
93(26)11. 9	農務局（農事課・蚕茶課・畜産課・水産課）
98(31)11. 1	農務局（農政課・農産課・畜産課・牧馬課）
1905(38) 4. 1	蚕糸課設置
06(39) 6. 1	耕地整理課設置／牧馬課廃止
17(大6) 9. 15	副業課設置（1920年8月24日廃止）
19(8) 5. 17	開墾課設置
20(9) 8. 24	農務課設置（1925年4月1日廃止）
20(9) 9. 9	農務局農政課小作分室設置
21(10) 5. 7	農務局（農政課・農務課・農産課・蚕糸課・畜産課・緬羊課）
23(12) 4. 1	畜産課・緬羊課の2課は新設の畜産局（5課）へ吸収
24(13) 9. 10	小作課設置（同年12月20日廃止）
24(13)12. 20	耕地課・米穀課設置（←食糧局（5課）廃止） 農務局（農政課・農務課・農産課・繭糸課・耕地課・米穀課・経理課）
25(14) 4. 1	農林省創設 農務局（農政課・農産課・繭糸課・副業課・産業組合課・耕地課・米穀課・経理課）
30(昭5) 6. 13	肥料課設置
32(7) 6. 29	米穀課・経理課→米穀部に移管
32(7) 9. 26	経済更正部設置（総務課・産業組合課・金融課・副業課） 農務局（農政課・農産課・繭糸課・耕地課・肥料課）
41(16) 1. 21	総務局（総務課・企画課・団体課・金融課・価格第1課・価格第2課） 農政局（農政課・経営課・耕地課・農産課・特産課・畜産課・保険課） 経済更正部廃止
41(16)12. 5	総務局に物資動員課・更正課設置、企画課廃止
42(17)11. 1	総務局に資材課・油脂課・企業課設置
43(18)11. 1	農商省創設：農務局廃止 総務局（総務課・物資動員課・団体課・企業課・整備課・資材課・油脂課）（金融課・価格課廃止） 農政局（農政課・経営課・肥料統制課・耕地課・農産課・特産課・畜産課・飼料課農業保険課）
45(20) 7. 8	総務局：団体課・整備課の廃止，復活した価格第1課・価格第2課を統制課とする. 農政局：経営課・農業保険課の廃止

資料：『農林水産省百年史』別巻，農林統計協会，1981年，より作成.

て農業団体政策では農務局産業組合課の設置（二五年）が重要であるが、土地政策や農業団体政策の大きな画期をこれらの「課」の創設に求めなければならない。

いずれしても、同表のように農務局の課制の変遷は激しく、その新設・移管・廃止は主として課単位で行われていることに注意されなければならない。部局の新設は、課の拡充・昇格、課の統廃合として行われるから、農林官僚機構の変遷をみる場合、単に部局の動向だけではなく、部課とくに課の動向に目を向ける必要がある。まさに課を中心とした機構変遷にわが国の官僚組織の特徴を認めることができるのであり、課が省庁の基礎組織となっているのである。部局の動向のみならず、課の動向をみないかぎり、農業・農業団体政策の全体像を把握することができない、といってもよいであろう。

二　農業・農業団体政策と官僚機構

農林官僚機構は、〔農業政策＝法制定〕→〔機構・組織〕→〔人事〕として展開していく。したがって、農業政策の展開との関連で農林官僚機構をみていかなければならない。

ところで、農商務省・農林省の所轄は、農業、林業、水産業にわたり、農業政策においても、耕地、水利、肥料、副業、米穀、蚕糸、畜産、開墾、金融、農会・産業組合等の農業団体、農村問題、小作問題、農業保険、園芸、技術など多岐にわたるが、農業政策において重要なのは、①食糧政策、②土地政策、③農業団体政策であろう。

①食糧政策は、国全体の基本政策であり、食糧の安定的確保は最優先の課題である。それは生産・流通・消費の全

体におよぶ。②土地政策は、日本の零細農耕と土地所有制度の特質から農業政策の根幹的なものである。そして、③農業団体政策は、農業の担い手としての農業者の組織政策であるという意味で農業政策の集約的なものである。

とりわけ、大正期をはさんだ明治末期から昭和初期は、食糧問題も小作問題も大きな社会的経済的問題となり、その解決手段として農業団体とりわけ産業組合の役割が高まった時期であった。まさにこの三つの農業政策が同時に進行していくのがこの時期の大きな特徴であったのである。以下ではこの三つの政策とその官僚機構についてみていく。

(1) 食糧政策と官僚機構

わが国の食糧政策は、米の輸出から輸入に転じた一八九七(明治三〇)年以降、食糧自給を達成するために国内生産増強、植民地米の増殖といった生産政策を展開しつつ、米価政策として関税政策(明治後期)→米価調節政策(大正前期)→米価維持政策(大正後期・昭和前期)へと展開してきたとみることができる。

明治後期の関税政策は、農業保護的要素をもっていたが、〔輸入増大→正貨流出〕を防止することが最大のねらいであった。地主・農業側は輸入関税を高くして米価が上昇することを期待し(一九〇五年、米・籾輸入税)、資本・商工業側は関税を低めることで米価の下落・労賃の低下を求めた(一三年、米・籾輸入税廃止法)。そして、食糧政策は米価の騰落に左右されて、米価の調節に奔走することになる(一五年、米価調節令)。

大正前期の米価調節政策は主として米価高騰期に採られるが、一九一七年九月暴利取締令(農商務省令第二〇号)、一八年二月米麦の輸出制限(農商務省令第四号)、同年四月外米管理令(勅令第九二号)、同年八月穀類収用令(勅令第三二四号)、同年一〇月米・籾輸入税免除(緊急勅令第三七三号)、と省令ないしは勅令による米価調節策は十分な効果を発揮しなかった。一七年以降の米価高騰はついに一八年八月三日米騒動の勃発にいたるが、米価は米騒動終焉後も二〇年まで上昇し続けていった。

こうした米騒動の経験と第一次世界大戦時の食糧不足といった教訓から、食糧自給の必要性と米価の安定化が必須の課題となり、国家の介入による食糧政策が展開していくことになる。国家支出による米の買い入れおよび売り渡しを可能とする米価政策の立法、すなわち米穀法が公布施行されたのは一九二一年四月四日のことであった。しかし、この時期以降は米価の低落期に入り、米穀法による買い入れは二一年六月と二三年二月の二回行われたものの米価の価格維持としては時機を逸し、かつ買い入れ量も少量であったためその効果をあげることはできなかった。これはのちにみるように商工系官僚主導による米価政策の所産でもあったのである。

ところで、明治末期以降の輸出入政策による食糧政策は正貨流出防止の要請からの食糧政策であり、その意味で消極的なものであった。その時の担当部局は商工局であった。

その後、米価調節を中心とした食糧政策は臨時外米管理部→臨時米穀管理部→食糧局において掌られたが、依然として商工系官僚を主導とした輸出入や流通を中心とした対策であった。しかし食糧局の廃止（二四年）は同時に農務局米穀課の設置となり、ここにおいて食糧政策の基調は米価維持政策に転換することになる。重要なのは、農商分離による農林省の創設以前に農務局米穀課が設置されたことである（表2－2）。

さて、食糧政策をめぐる農林系官僚と商工系官僚についてみてみよう。明治・大正期の食糧政策の担当部局は主として商工系官僚によって担われていた（表2－3）。臨時外米管理部・臨時米穀管理部の主要職員として、部長は、片山義勝（商工系官僚）、岡本英太郎（中立系官僚）、道家斉（農林系官僚）が歴任し、商工系、中立系、農林系官僚など同管理部の色合いは必ずしも明確ではないが、課長クラスに降りてみるならば、それは商工系官僚によってすべて占められていたことが明白となる。すなわち、同部調査課長の立石信郎、大塚健治、長満欽司、業務課長の河合良成、内米課長の副島千八、外米課長の同じく河合良成、長満欽司、大塚健治はすべて高等試験合格者の有力な商工系官僚

表2-2　食糧政策に関する農林官僚機構の変遷

年　月　日	部　局　・　課　制　の　変　遷
1918(大7) 4. 25	臨時外米管理部設置（調査課・業務課）
18(7) 8. 16	臨時米穀管理部に改称（調査課・内米課・外米課）
21(10) 5. 7	食糧局設置（業務課・調査課・経理課・耕地整理課・開墾課）
24(13) 12. 20	食糧局廃止 農務局米穀課設置
32(昭7) 6. 29	米穀部（計画課・資料課（調査課）・米穀課・経理課・米穀事務所）
33(8) 11. 13	米穀部（米政課・調査課・内地課・外地課・経理課・米穀事務所）
34(9) 4. 1	米穀局（米政課・調査課・内地課・外地課・経理課・米穀事務所）
39(14) 12. 23	米穀局（監理課・企画課・資料課・配給課・内地課・外地課・経理課・米穀事務所）
41(16) 1. 21	食糧管理局（第1部：総務課・企画課・資料課・経理課・ 第2部：米穀課・食糧課・外地課）
45(20) 2. 8	食糧管理局（総務課・検査課・経理課・米穀課・麦類課・藷類課・外地課）

資料：『農林水産省百年史』別巻，農林統計協会，1981年，より作成.

表2-3　食料政策関係の農林系官僚と商工系官僚

氏　名	在任期間	高等試験合格年次	主要官歴	区　分	官僚階層
【臨時外米管理部・臨時米穀管理部】〔1918. 4.25～1921. 5. 6〕					
部　長					
片山義勝	1918. 4.25～1918. 8.15	1904	戦時保険局長	商工系	②
岡本英太郎	18. 8.16～ 19. 1.10	1898	農商務次官	中立系	①
道家　斉	19. 1.10～ 20. 6.24	—	農務局長	農林系	②
岡本英太郎	20. 6.24～ 21. 5. 6	1898	農商務次官	中立系	①
調査課長					
立石信郎	1918. 4.26～1918. 8.15	1908	貿易局長	商工系	②
立石信郎	18. 8.16～ 19. 5.17	08	貿易局長	〃	②
大塚健治	19. 5.17～ 20. 3.12	10	保険部長	〃	③
長満欽司	20. 3.12～ 21. 5. 6	07	商工関係，農務局長	〃	②
業務課長					
河合良成	1918. 4.26～1918. 8.15	1910	農林次官(戦後)	商工系	①
内米課長					
副島千八	1918. 8.16～1919. 7. 9	1907	商務局長	商工系	②
副島千八	19. 7. 9～ 21. 5. 6	07	商務局長	〃	②

氏　名	在　任　期　間	高等試験合格年次	主要官歴	区分	官僚階層
外米課長					
河合良成	1918. 8.16～1920. 1.17	1910	農林次官（戦後）	商工系	①
長満欽司	20. 1.17～ 20. 3.12	07	商工関係，農務局長	〃	②
大塚健治	20. 3.12～ 21. 5. 6	10	保険部長	〃	③
【食糧局】〔1921. 5. 7～1924.12.19〕					
局　長					
長満欽司	1921. 5. 7～1922. 7. 1	1907	商工関係，農務局長	商工系	②
副島千八	22. 7. 1～ 23. 4. 1	07	商務局長	〃	②
宮内国太郎	23. 4. 1～ 23. 8.29	03	工務局長	〃	②
三浦實生	23. 8.29～ 24. 1. 9	07	山林局長，香川知事	中立系	②
川久保修吉	24. 1. 9～ 24.12.19	08	資源局長官	商工系	②
業務課長					
馬場由雄	1921. 5. 7～1924.12.19	1914	農務課長	農林系	③
調査課長					
平田慶吉	1921. 5. 7～1923. 4. 1	1911	東京営林局長	農林系	③
竹内可吉	23. 4. 1～ 24. 1.22	16	商工次官，軍需次官	商工系	①
高橋武美	24. 1.22～ 24.12.19	14	畜産局長	農林系	②
経理課長					
入江　魁	1921. 5. 7～1924.12.19	—	水産局事務官	中立系	③
耕地整理課長					
片岡　謙	1921. 5. 7～1924.12.19	—		農林系	③
開墾課長					
有働良夫	1921. 5. 7～1924.12.19	—		農林系	③
【農務局米穀課】（1924.12.20～32. 6.29）					
米穀課長					
井野碩也	1924.12.20～1925. 3.31	1916	農林次官	農林系	①
井野碩也	25. 4. 1～ 27. 5.25	16	農林次官	〃	①
小平権一	27. 5.25～ 29. 7. 9	13	農林次官	〃	①
田淵敬治	29. 7. 9～ 29. 7.13	16	蚕糸局長	〃	②
荷見　安	29. 7.13～ 32. 6.28	15	農林次官	〃	①

注　：官僚階層は，①最高官僚（次官経験者），②高級官僚（局長・長官経験者），③中級官僚（部課長経験者），④中堅官僚（産業組合主任官などの実務者），⑤下級官僚（専任属官・嘱託員）に区分した．以下の表においても同様．

資料：『農林水産省百年史』別巻，農林統計協会，1981年，秦郁彦『戦前期日本官僚制の制度・組織・人事』東京大学出版会，1981年，その他より作成．

であったのである。

そして、食糧局の主要職員として、局長は、長満欽司、副島千八、宮内国太郎、三浦實生、川久保修吉のうち中立系の三浦を除いてすべて商工系官僚で占められていた。業務課長の馬場由雄と調査課長の平田慶吉は農林系官僚、竹内可吉は商工系官僚、高橋武美は農林系官僚、経理課長の入江魁は中立系官僚であるが、耕地整理課長の片岡謙、開墾課長の有働良夫は農林系官僚であった。農業生産に関わる耕地整理課長や開墾課長は別としても、農林官僚が台頭しつつあったというものの、この時期の食糧政策の担当部局であった食糧局全体は商工系官僚が主導権を握っていたということに変わりはなかった。

一九二五年四月一日の農商分離による農林省の創設によって、食糧政策の主導権は商工系官僚から農林系官僚の手に移った。しかし、じつは農商分離以前にその主導権の移動が行われていたことに注目したい。すなわち、分離前年の二四年食糧局が廃止され、代わって農務局米穀課が設置されたが、これが食糧政策が商工系官僚から農林系官僚の主導へ移管した機構上の変化であり、その決定的メルクマールであった。この農務局米穀課長は、生粋の農林系官僚である井野碩也、小平権一、田淵敬治、荷見安が歴任しているとおりである。

食糧政策が農林官僚主導の米価維持政策に転換していくのは、一九二五年三月米穀法第一回改正（法律第三六号）以後のことであった。二六年以降、三一年にかけて米価下落が長期におよび、三一年三月米穀法第二回改正（法律第三一号）により米価の公定価格が設定され、米価維持政策がより強化された。

そして農務局米穀課は一九三二年六月米穀部に昇格し、三三年三月米穀統制法（法律第二四号）を公布し、過剰傾向にあった米穀に対し移入米の統制を行うための諸立法を成立させていった。かくして米価は安定していった。三四年に米穀部は米穀局に昇格し、さらに四一年一月食糧管理局に改組されるが、その翌年に戦時立法としての食糧管理法（四二年二月、法律第四〇号）が成立する。四一年一月のこの機構改革は、機構改革が政策（立法）に先行するという点で注意しなければならない。食糧管理が実質的に進められていたとはいえ、食糧管理局の成立→食糧管理法の成立といった転倒的推移は官僚制の独走の極みであった。のちにみるように、農業団体法の成立に先立って総務部団体課が創設されたのもこの機構改革においてであった。

（2）土地政策と官僚機構

農業政策のもう一つの重要課題は、小作問題・土地問題であった。明治・大正期の地主制の発達は、大正期に入って全国的な小作争議を引き起こした。

ここに本格的な小作対策・土地政策が展開されていくことになる。石黒忠篤農政課長の下で、一九二〇年九月九日農商務省農務局農政課分室が、小作調査の農商務事務官専任一人、属専任二人、技手専任二人、その他嘱託数名をもって設置された（いわゆる「小作分室」、分室長・小平権一）。ついで農商務省内に小作問題の調査審議機関として、二〇年一一月二七日「小作制度調査委員会」が設置された。同調査委員会では、小作権の設定、その第三者対抗力、小作審判所、小作監督官の設置など民法（私的所有権）の修正として小作法案が構想されていた。これはきわめて進歩的な方向で検討されていたが、成立にいたらず、二三年五月七日「小作制度調査会」（農商務大臣を会長とし関係各庁高等官、学識経験者で構成する調査審議機関）設置により、結局は二四年七月二二日「小作調停法」（法律第一八号の公布（一二月一日より順次施行）となった。二四年九月一〇日農務局に小作課が設置され、初代小作課長に石黒忠篤がついた。小作官専任四人および小作官補専任四人が配置されたが、同課は同年一二月一日行政整理により廃止されるにいたった。

そして地方に小作官がおかれた。一九二四年九月一七日勅令第二一四号により、北海道小作官（奏任）一人、小作官補（判任）一人が設置され、さらに勅令第二一五号によって、府県に小作官一九人、小作官補二七人がおかれた。その後、二六年六月一日小作官五人、小作官補五人が増員され、さらに三九年一二月一一日小作官三人、小作官補三三人が増員され、四一年末現在小作官五〇人、小作官補八六人が全国各地で活躍していた。小作調停法にもとづく小作争議解決においてこれら小作官の果たした役割はきわめて大きかった。(5)

小作対策としては、一九二六年五月二四日「小作調査会」（農林大臣を会長とし関係各庁高等官、学識経験者で構成する調査審議機関）が設置され、①小作法案および、②自作農地法案が成案をみたものの、内閣法制局の審議にいたらずふたたび流産する。二七年三月一〇日農林省農務局は小作法案を公表し、三一年二月九日小作法案を衆議院に提出したが、貴族院で会期ぎれの審議未了になり、三たび流産する。

土地政策では、小作法案が成立せず、実体のない手続法としての「小作調停法」のみが成立したということは、小作対策にとって大きな後退であった。しかし、これによって設置された小作官制度は、小作調停および小作問題解決に対し大きな役割を演じた。小作の実情を踏まえた公正な調停、調停による協調体制の形成はしばしば地主側の譲歩を強いるものであった。公正かつ誠実な小作官は実体法としての小作保護法がないまま、争議の調停を通じて事実上の小作法案の実現を図っていたのである。これら全国にはりめぐらされた「小作官ネットワーク」は石黒忠篤ら農林省本省の小作保護をめざす農林官僚の最も頼りとするところであったのである。(6)

小作法が成立できないまま自作農創設維持政策が進展していく。すなわち、一九二六年五月二一日自作農創設維持補助規則（農林省令第一〇号）が制定されるが、二八年一月一四日農地金庫法案は流産し、二九年三月末日自作農創設維持助成資金特別会計法案も貴族院で会期ぎれ審議未了にいたる。三二年九月三日自作農創設維持補助規則改正（農林省令第二〇号）は省令によるものであった。

そこで、形をかえた農地法案が一九三七年二月一九日衆議院に提出されたが、衆議院解散のため審議未了となり、またもや不成立となるが、三八年四月二日農地調整法（法律第六七号）の公布（八月一日施行）となる。その後、三九年一二月六日小作料統制令（勅令第八二三号）公布（一二月一一日施行）、四一年一月三〇日臨時農地価格統制令（勅令第一〇九号）公布（二月一日施行）、四一年二月一日臨時農地等管理令（勅令第一一四号）公布（即日施行）、四四年三月二五日臨時農地等管理令改正（勅令第一五一号）公布（即日施行）等の戦時立法を通じて、事実上の小作対策が実施されていく。

（3）　農業団体政策と官僚機構

わが国農業においては、生産・流通の農業経済のみならず農村・農民生活や農業教育や農村文化などにおいて農業団体の果たした役割はきわめて大きかった。農業企業家によるのではなく小農家族経営を特徴とする日本農業においては、各種の農業団体が不可欠であった。同業組合的な茶業組合、養蚕組合、蚕糸組合をはじめ、産業組合である信用組合、購買組合、販売組合、利用組合など各種の農業団体の中でも、代表的な農業団体は農会と産業組合の二つであった。農会は農政団体であり農政の代行機関でもあった。産業組合は任意団体であり、農業者や消費者などを構成員とする日本的協同組合であったということができる。ここでは、この二つの農業団体に対する政策とその官僚機構についてみていく。

農　会

各種の同業組合や農業団体の発達とともに、一八九五（明治二八）年一二月一〇日全国農事会が設立され、全国農会の先駆となった。九九年六月九日農会法（法律第一〇三号、全六条）公布（一九〇〇年四月一日施行）、同年二月一〇日農会令（勅令第三〇号、全条二六条）公布（四月一日施行）、一九〇〇年三月一〇日農会補助規則（農商務省令第三号）公布にともなって、耕地所有者の強制加入による農会に対する規定と助成政策が確立し、道府県農会、郡農会、市町村農会が各地に設立されていく。

一九一〇年三月帝国農会を容認する農会法改正（法律第一九号）が公布され、同年九月農会令改正（勅令第一五二号）公布により、一〇年一一月一五日帝国農会が設立された。帝国農会は主に、農政問題の解決および下級農会の指導奨励にあたった。

一九二二年四月一二日（新）農会法（法律第四〇号）が公布され、農会の性格や事業内容が明記され、総代制採用、会費強制徴収を認め、旧法令は廃止され、二三年一月一日施行された。同時に二二年八月一七日農会法施行規則（省令第一六号）を公布し、農会補助金交付規則が公布され翌年一月一日から実施された。

一九三一年一〇月一〇日農会法改正（法律第六九号）が行われ、さらに三四年四月七日農会法第三次改正（法律第四二号）を公布し、総代制を強制とし、農会の正副会長は総代以外から選出することになった。もともと農会の会長は官公吏が多くを占めていたが、この改正によって農会はますます官製的団体になっていった。三八年一一月二九日農会法施行規則第四次改正（省令第四三号）公布、四〇年四月五日農会法改正（法律第九九号）公布により、農会による統制事業、部落団体の加入が認められた。そして一九四三年三月一〇日農業団体法（法律第四六号）公布（九月一一日施行）により、農会と産業組合の統合により農業会を発足させ、当然加入制、行政官庁の役員任命制を取り入れた。

産業組合

産業組合政策は、一九〇〇（明治三三）年三月六日産業組合法（法律第三四号）公布、九月一日施行により進められた。強制加入、強制会費徴収、非経済事業を特徴とする農会は農政団体であり、農政の補完組織であったが、産業組合はそれとは根本的に異なり、任意加入脱退、議決権平等、出資配当制限、経済事業など協同組合としての特質を強くしていた。そのようにして成立した産業組合法は、その後次のように改正されていった。

第一次改正一九〇六（明治三九）年四月一八日　信用組合兼営可、総代会制可。
第二次改正　〇九（　四二）年四月　八日　連合会設立可、中央会の設立可。
第三次改正　一七（大正　六）年七月二〇日　市街地信用組合可。
第四次改正　二一（　一〇）年四月一二日　生産組合を利用組合とする。
第五次改正　二三（　一二）年四月　五日　産業組合中央金庫法成立にともなう改正。
第六次改正　二六（　一五）年四月　六日　利用組合の員外利用の緩和、事業分量配当の規定。
第七次改正　三二（昭和　七）年九月　六日　責任制度の整備、農事実行組合の法人加入可。過怠金の規定。
第八次改正　三六（　一一）年五月二六日　実行組合規定の整備。
第九次改正　四〇（　一五）年三月二九日　法人税の非課税規定廃止。

かくして産業組合は明治末期から大正・昭和初期にかけて急速に発展し、全国的な系統組織の確立とともに、農業問題解決の中心機関となり、農会組織に並びそれを越える力量をもつまでになった。

このわが国最初の協同組合法である産業組合法について協同組合原則の観点からみると、同法には「脱退の自由」は明記されていた（第五〇条）が、「加入の自由」については「組合員ノ数ヲ限定スルコトヲ得ス」（第十条）というドイツ法的表現をとり、「民主的管理（一人一票）」については「民法第六二、六四、六五条第一項準用」（第三八条）とし、出資配当の制限は「政令ヲ以テ定ム」（第四四条）と規定し、産業組合施行規則で年六分以下と制限されていた（同規則第十一条）。利用分量分配については剰余金の出資金への充当との関連で一九〇九（明治四二）年八月の産業組合法施行規則の全面改正で採用され（同規則第十四条）、上記のとおり一九二六（大正一五）年の法改正で本法に取り入れられた。このようにやや間接的な表現であるが、産業組合法には、①加入脱退の自由、②民主的管理（一人一票）、③出資利子制限、③利用高分配、といった協同組合の基本原則がほぼ全部取り入れていたと評することができる。しかし、協同組合原則に相反するような、産業組合の自主性や民主性に大きな制約があったのも事実である。とりわけ、第二五条の組合役員を定款で定める規定がそうであった。すなわち、制定当初の「組合設立ノ理事及監事ハ定款ヲ以テ之ヲ定ムルヲ得」の規定、「組合設立ノ当時ノ理事及監事ハ定款ヲ以テ之ヲ定ムヘシ」の一九一七年法改正は、産業組合の自主性・民主性を大きく損ねるものであったのである。そして戦時下の農業団体法によって、農会と産業組合は統合して農業会になり、上記の協同組合原則は完全に取り除かれたのである。

農業団体政策の官僚機構

農会と産業組合を中心とした農業団体政策はどのような官僚機構を通じて遂行されていったのであろうか。農業団体の主管課の変遷についてみてみよう。

明治の初期においては、内務省勧業寮の庶務課において「農工諸会社及組合ノ規則条例ヲ創立釐正シ各営業ヲシテ便益ヲ得セシムルコト」（一八七六年一〇月九日、内務省勧業寮各課各掛章程）とされ、同勧農局においては動植課および製造課において「農業会社及各組合営業ノ本課ニ属スル部分ヲ保護シ之カ便益ヲ得セシムル事」（七七年一二月、内務省勧農局各課場所事務仮章程）、また同勧農局庶務課において「農業諸会社及各組合営業ノ取締方法ヲ設立シ或ハ之カ規則条例ヲ創立釐正スヘシ」（七七年一二月、内務省勧農局各課場所処務仮条例）とされていた。

農商務省発足直後では、「第十条（農務局）樹芸課ニ於テハ左ノ事務ヲ掌ル　九　農業会社及組合ニ関スル事項　十　農事会ニ関スル事項」（一八八六年二月二六日　農商務省官制）とされ、農業団体は農務局樹芸課において主管されていた。これらに示されているように当初から農業の「組合」に関する所管が確立していた。ここにいう「組合」

表2-4　農業団体主管課の変遷

年　月　日	農業団体主管課の変遷
1898(明治31)11. 1	農務局農政課の事務として「農会及農業組合」を同時に主管する。
1913(大正2) 6.14	農務局農政課の事務として「農会及産業組合其他法人」を同時に主管する（担当官兼任体制）。
17(　6) 9.14	農務局に農務局事務官専任1人，農務局事務官補専任4人を産業組合に関する事務のために置く (担当官専任体制へ)。
20(　9) 8.24	農務局農務課の設置により主管課が分離する。 農務局農政課：農会 農務局農務課：産業組合
25(　14) 4. 1	農林省創設・農務局産業組合課の設置とともに主管課の分離が促進される。　農務局農政課：農会 農務局産業組合課：産業組合
32(昭和7) 9.27	経済更正部の創設とともに主管部局の分離に至る。 農務局農政課：農会 経済更正部産業組合課：産業組合
41(　16) 1.20	総務局団体課を設け「農会及産業組合ニ関スル事項」を掌ることとし，主管課が同一となる。
43(　18)11. 1	総務局団体課に於いて「農業団体法ノ施行ニ関スル総合事務」を掌ることとし，農会と産業組合は農業会として統合され一体的に監督される。
45(　20) 7. 8	総務局団体課を廃止して，その事務を総務課及び統制課に分掌し，農業団体として農業会を独自に主管する局課が消滅する。

資料：『農林水産省百年史』別巻，農林統計協会，1981年，農林省『農林行政史』第1巻，1957年，および各年『法令全書』より作成.

は茶業や養蚕業の同業組合あるいは萌芽的な産業組合（協同組合）類似組織であった。

その後の農業団体に関する主管は、農務局農政課において「農会及農業組合」（一八九八年、勅令第二八二号）、同じく農務局農政課において「農会及産業組合其他法人」（一九一三年、勅令第一八五号）とされていた（表2－4）。このように、大正初期まで農会と産業組合は農務局農政課において主管され、担当官は農会・産業組合の兼任体制であった。

しかし産業組合の発達とともに、同じく農務局農政課内であるが、農会・産業組合兼任体制から専任体制になり、専任の事務官一人、同じく専任の事務官補四人が産業組合に関する事務のためにおかれた（一九一七年、勅令第一四五号）。

このような同一課内の担当官専任体制

から、さらに進んで主管課の分離にいたる。すなわち一九二〇年農務局に農務課が設置され、農会の主管は農政課で、産業組合の主管はこの農務課で掌り、農会と産業組合の主管課が分離されることになった。ここに農業団体政策は二元化し、農会は農政方面に、産業組合は農務・経済方面にその主要任務を分化することになった。もちろんすでにのべたように農会と産業組合の性格の違いからこれは当然の成り行きであるが、それは同時に産業組合の発達・産業組合政策の発達を反映したものであった。

こうした産業組合政策の自立化傾向はさらにすすみ、一九二五年農林省の創設とともに農務局内に独自の産業組合課が設置されることによって産業組合政策は機構的にも保証され、農業団体政策は産業組合を中心とした方向に大きく転回していったのである。三二年には経済更正部の設立とともに産業組合課はその中核的な存在となる。

ところが、戦時体制が強化されてきた一九四一年、農林省の中心部局であった農務局が廃止され、総務局と農政局に分化され、農林省の大規模な機構改革が実施されたのは先にみたとおりである。この機構改革にともなって、総務局に団体課が設けられ、同課において「農会及産業組合ニ関スル事項」を掌ることとなった（四一年一月二〇日、新農林省官制〈勅令第六一号〉、同農林省分課規程）。ここに農会と産業組合の主管がふたたび同一課に統合されたが、職員は「産業組合事務官」および「産業組合検査官」による専任体制がとられた（四一年一月二一日、農林部内臨時職員等設置制〈勅令第六五号〉）。いわば、一九一七年の農務局農政課による同一課内担当官専任体制の段階に戻ったのである。この時期に総務局団体課が設けられ、農業団体政策が一括して扱われるようになったことは、農会や産業組合の統合化をすすめ、産業組合の独自性を否定して、「農業団体」として一括化していくための起点であり、のちの「農業団体法」にさきがけた機構先行の機構改革であった。そして、農業団体法の施行とともに農会と産業組合は農業会に統合され、総務局団体課は「農業団体法ノ施行ニ関スル総合事務」（四三年一一月一日、農商省官制〈勅令第八二一号〉、同農商省分課規程）を掌ることになって、ここに完全に一体的な主管となる。そしてそれまでの「産業組合事務官」は「農林畜水産業団体等ニ関スル事務ニ従事スル」事務官・理事官および「農業団体検査官」に変更された（四三年一一月一日、農商部内臨時職員等設置制〈勅令第八二二号〉）。この機構改革と人事改革は、いわば一八九八年ないしそれ以前の段階に逆転したことになる。

さらに一九四五年、総務局団体課自体が廃止され、総務局総務課および総務局統制課によって「農業団体ノ監督指導」は分掌・移管され（四五年七月八日、農商省分課規程改正）、農業団体に関する独自の主管課が消滅するにいたった。すなわち、農商務省の設立時あるいは明治初期の段階に戻ることになったのである。皮肉なことに、総務局団体課の設置および農業団体法の成立が農業団体の独自の主管課の消滅に導いたのである。

このように、農会と産業組合の主管は、【一体的主管】（明治前期：組合一般の一体的主管）→（明治後期～大正二年：農務局農政課における同時主管・兼任体制）→（大正初期：農務局農政課における同時主管・専任体制）→【主管分離】（大正後期：農務局農務課における産業組合主管）→（大正末昭和初期：独自の農務局産業組合課による主管）→（昭和前期：経済更生部産業組合課における主管）→【一体的主管】（総務局団体課における同時主管・専任体制）→（総務局団体課における一体的主管）→【主管課消滅】（総務局総務課・統制課による分掌）、へと推移してきたのである。すなわち、総務局団体課以降はその主管課の歩みは逆転したといえよう。産業組合にそくしてみれば、一九一七（大正六）～四一（昭和一六）年までの独自主管の発達・強化、その後の後退・消滅といった推移をみることができよう。その意味では産業組合政策およびそのための官僚機構の最盛期は一九一〇～三〇年代までのことであったということができる。

三　産業組合政策と農林官僚

産業組合の主管課は、先にもみたように、農務局農政課（兼任→専任）時代→農務局農務課（専任）時代→農務局産業組合課（専門課）時代→経済更正部産業組合課（専門課）時代においてその独自性が発揮されたのである。その産業組合主管課における人事はどのようであったのか。農林官僚の動向をみていきたい。

（1）　産業組合主管課の農林官僚

産業組合に対する政策は、さきにみたように一九一七（大正六）年に農務局農政課において産業組合に関する専任事務官一人と事務官補四人をおいたころから本格的にすすめられていくが、二〇年八月二四日農務局に産業組合政策と副業政策を主とする農務課が設置され、二五年四月一日農林省の発足、農務局産業組合課の設置とともに機構上の改革が行われた。産業組合課の新設にともなって、農林部内臨時職員設置制（勅令第二九号）が定められ、「産業組合の事務ニ従事スル者」として書記官専任一人、事務官専任一人、属専任一二人を配置することになった。また同時に地方産業職員制（勅令第四三号）が定められ、道府県の定員は農林大臣が定めることとし、地方農林主事専任九二人以内、奏任官待遇、農林主事補専任一三五三人以内、判任官待遇、地方農林技師専任九七一人以内、奏任官待遇、農林技手専任九二一　人以内、判任官待遇、を配置し、農業および産業組合の指導を行うこととした。ここから、産業組合事務官は中級・中堅官僚、地方農林主事は中堅官僚、同主事補は下級官僚に位置づけられるであろう（以下、官僚階層の区分については、表2－3の注および後述四節本文を参照）。

一九四一（昭和一六）年の総務局団体課は産業組合政策の終焉の第一歩であったが、同年一月二一日の農林部内臨時職員等設置制（勅令第六五号）において、「農林畜水産業団体ニ関スル事務ニ従事スル者」として、書記官専任一人、事務官専任八人、産業組合事務官専任七人奏任、属専任二三人をおき、「産業組合事務官ハ上官ノ命ヲ承ケ産業組合ニ関スル事務ヲ掌ル」とされた。また「産業組合検査ニ従事セシムル為農林省ニ産業組合検査官及産業組合検査官補ヲ置キ総務局ニ属セシム　産業組合検査官ハ書記官、事務官、産業組合事務官又ハ技師ヲ以テ、産業組合検査官補ハ属又ハ技手ヲ以テ之ニ充ツ」とされた。ここでは産業組合事務官および産業組合検査官は中級官僚、検査官補は下級官僚であるといえよう。

一九四三年一一月一日の改編にともなって、農商部内臨時職員等設置制（勅令第八二二号）は「農林畜水産業団体等ニ関スル事務ニ従事スル者」として、事務官専任三人、理事官専任五人、属専任八人をおき、「農業団体ノ検査ニ従事セシムル為農商省ニ農業団体検査官及農業団体検査官補ヲ置キ総務局ニ属セシム　農業団体検査官ハ書記官、事務官、理事官又ハ技師ヲ以テ、農業団体検査官補ハ属又ハ技手ヲ以テ之ニ充ツ」とされ、産業組合政策はここに終焉し、その担当官は農業団体事務官・農業団体検査官と称されることになった。そして、四五年七月八日には総務局団体課も廃止され、「農業団体ノ監督指導」は総務局総務課のひとつの取り扱い事務となった。

いまこの農務局農務課、農務局産業組合課、経済更正部産業組合課、総務局団体課の課長に就いた官僚をみてみよう（表2－5）。それによれば、産業組合政策ないしは農業団体政策を推進した担当課長は一三名にのぼるが、そのうち、戸田保忠、小平権一、竹内可吉（商工系）、荷見安、石黒武重の五人は農林次官または商工次官を歴任した最高官僚であり、それぞれ農務局農務課長、初代農務局産業組合課長、第三代経済更正部産業組合課長であった。そして、高橋武美、田中長茂、梶原茂嘉、岡本直人、黒河内透、藤田巌の六人は局長経験の高級官僚であったが、この藤田は水産行政関係の官僚であり、山中錬治と松任谷健太郎は地方局長および課長止まりの中級官僚であった。つまり、本格的な産業組合政策を推進した課長は最高官僚ないし高級官僚によって掌られてきたが、四一年以降の総務局団体課長はそうではなく非産業組合関係者あるいは中級官僚であり、人事面からみて産業組合政策は後退したといえよう。こうした人事にあらわれるように、産業組合政策の推進は農務局産業組合課と経済更正部産業組合課の時代が本格的であったのである。

いま農務局産業組合課時代の主要職員をみてみよう（表2－6）。本表では、荷見安（書記官）と高橋武美（書記官）が農務局産業組合課長であった時期における産業組合関係職員として、農林事務官一一人と産業組合事務官二〇人の全員、主要専任属官一四人、主要嘱託員七人の計五二人をとりあげた（農林事務官と重複する産業組合事務官八人が含まれるから、産業組合関係職員は四四人となる）。

農林事務官一一人は全員が高等試験合格者であり、次官に就任する最高官僚二人、局長クラスの高級官僚七人、部課長などの中級官僚二人であった。

産業組合事務官二〇人のうち一二人が高等試験合格者であり、これらは最高官僚の次官二人、局長になる高級官僚七人、部課長等の中級官僚二人、それ以外の中堅官僚一人で構成されていた。

他の産業組合事務官八人は、井関善一、松本都蔵、岡田忠雄、若林正臣の産業組合主任官経験者四人、その他兼任事務官・技手ら三人、不明一人から構成されていた。このように産業組合事務官には地方の産業組合主任官経験者を抜擢したが、属官であって各地の産業組合主任官を務めたのち本省に戻って産業組合事務官となった者に、伴四郎、打越顕太郎(7)、斎田弘の三人がいる。あわせて七人が産業組合主任官経験者による産業組合事務官であった。これら七人の産業組合事務官はいわば中堅官僚であった。また本省属官または嘱託員が地方の産業組合主任官を経験したのち

表2-5　産業組合主管課長の推移

氏　名	在　任　期　間	高等試験合格年次	主要官歴	官僚階層
【農務局農務課長】1920. 8.24設置：1924. 4. 1廃止				
戸田保忠	20. 8.24～22. 9.11	1912	農林次官	①
小平権一	22. 8.11～24. 1.22	13	〃	①
竹内可吉	24. 1.22～24.12.20	16	商工，軍需次官	①
荷見　安	24.12.20～25. 3.31	15	農林次官	①
【農務局産業組合課長】1925. 4. 1. 設置：1932. 9.27移管				
荷見　安	25. 4. 1～27. 5.25	1915	農林次官	①
高橋武美	27. 5.25～31.12.21	14	畜産局長	②
山中錬治	31.12.21～32. 9.26	17	東京営林局長	③
【経済更正部産業組合課長】1932. 9.27移管：1941. 1.21廃止				
田中長茂	32. 9.27～35. 5.27	1921	山林局長	②
梶原茂嘉	35. 5.27～37. 4.26	22	馬政局長官	②
石黒武重	37. 4.26～38. 5. 9	20	農林次官	①
岡本直人	38. 5. 9～39. 5. 5	24	山林局長（戦後）	②
黒河内透	39. 5. 5～41. 1.20	27	〃　（戦後）	②
【総務局団体課長】1941. 1.21設置：1945. 7. 8廃止				
藤田　巌	41. 1.21～43.10.31	1927	水産各課長，局長	②
藤田　巌	43.10.31～44. 2.25	27	〃　〃	②
松任谷健太郎	44. 2.25～45. 7. 8	32	食品局経理課長	③

注：官僚階層については，表2-3の注参照。
資料：『農林水産省百年史』別巻（農林統計協会，1981年），秦郁彦『戦前期日本官僚制の制度・組織・人事』東京大学出版会，1981年，その他より作成.

本省の技師になった者に、馬嶋壮、白井勇がいる。この二人も実務者の中堅官僚といえよう。このように産業組合事務官は高級官僚・中級官僚と産業組合主任官経験者の実務者中堅官僚の混成部隊であったのである。

またここでとりあげた下級官僚の主要専任属官と主要嘱託員は、村松文蔵、吉沢正平、宮城孝治(8)、角玄ら二一人中二〇人が、産業組合主任官経験者かその後産業組合主任官に就く実務者中堅官僚になる者であった。例外として、最高官僚となる東畑四郎がいるが、東畑はのち経済更正部に配属される。

このように、農務局産業組合課は、最高官僚・高級官僚・中級官僚・実務者中堅官僚・下級官僚の重層的な構造を形成していたのである。そしてその実務者中堅官僚においては産業組合主

表2-6　農務局産業組合課の主要職員（1925～31年）

氏　名	在任時期（現在）	高等試験合格年次	主　要　官　歴	官僚階層
【農林事務官】				
小浜八弥	1925	1917	農林次官	①
湯河元威	25.11～31.10	21	農商次官	①
周東英雄	25.11～29.11	21	物価局長官	②
梶原茂嘉	26.10	22	経済更正部産業組合課長，馬政局長官	②
植田武彦	27.10	24	ニューヨーク事務所長	②
橋本實斐	28. 9	20	首相秘書官	③
井上俊太郎	29.11～31.10	21	蚕糸局長	②
難波理平	30.10	25	食品局長，畜産局長	②
野田清武	31.10	23	東北地方副総監	③
岡本直人	31.10	24	経済更正部産業組合課長，山林局長	②
小山田光一	31.10	24	山林局各課長，熊本営林局長	②
【産業組合事務官】				
井関善一	1925.11～30.10		＊前福岡主任官	④
松本都蔵	25.11～27.10		＊前島根・東京主任官	④
重政誠之	25.11	1922	農林次官	①
梶原茂嘉	25.11	22	経済更正部産業組合課長，馬政局長官	②
橋本慶治	25.11～27.10		（不明）	不明
永友正雄	26.10～27.10	19	畜産局事務官	④
湯河元威	26.10	21	農商次官	①
周東英雄	27.10	21	物価局長官	②
橋本實斐	28. 9	20	首相秘書官	③
植田武彦	28. 9	24	ニューヨーク事務所長	②
竹崎直人	28. 9～31.10		農林属（大臣官房秘書課）	④
安田二見	28. 9～31.10		前同課専任属官（兼農林技手·小作官補）	④
井上俊太郎	29.11	21	蚕糸局長	②
岡田忠雄	29.11～30.10		＊前鳥取・長野主任官	④
佐野憲次	29.11	25	京都農地事務局長，農地局長（戦後）	②
野田清武	30.10	23	東北地方副総監	③
石川準吉	30.10～31.10	26	総務局長（戦後）	②
若林正臣	31.10		＊前山口主任官	④
難波理平	31.10	25	食品局長，畜産局長	②
米澤恒雄	31.10		前同課兼任	④
【主要専任属官】				
伴　四郎	1925		＊前香川・京都主任官，後滋賀・宮城・埼玉主任官→本省産業組合事務官	④

氏　名	在任時期（現在）	高等試験合格年次	主　要　官　歴	官僚階層
村松文蔵	1925.11～29.11		＊前山梨，後京都主任官	⑤
中沢八郎	25.11～29.11		＊後島根・滋賀主任官	⑤
吉沢正平	25.11～30.10		＊後岐阜・新潟・愛知主任官（戦後新潟知事）	⑤
川崎敏正	25.11～31.10		＊後群馬・愛媛主任官	⑤
岐部光久	25.11～30.10		＊後高知・滋賀・岡山主任官	⑤
赤坂岩夫	25.11～31.10		＊後新潟主任官	⑤
甲木佐一郎	25.11～31.10		＊後千葉主任官	⑤
打越顕太郎	25.11～28. 9		＊後千葉・福岡主任官→本省産組事務官（戦後初代農協部長）	④
馬嶋　壯	26.10～29.10		＊後群馬・大分・埼玉主任官→本省技師	④
向山朝知	26.10～31.10		＊前長崎農林主事補	⑤
佐藤源一郎	25.11～31.10		＊後三重主任官	⑤
杉浦次郎	27.10～30.10		＊後徳島・京都・埼玉主任官	⑤
斎田　弘	30.10		＊前福岡主任官，後産業組合事務官	④
【主要嘱託員】				
宮城孝治	1926.10		＊後石川・福岡主任官→産組中央会	⑤
白井　勇	25.11～28. 9		＊後石川主任官→本省技師	④
大方政一	29.11～31.10		＊後岐阜・東京主任官	⑤
平川　厚	25.11～31.10		＊後愛媛主任官	⑤
田口留吉	29.11～31.10		＊後和歌山・兵庫主任官	⑤
角　　玄	39.10～31.10		＊後宮崎・群馬・大分・埼玉主任官	⑤
東畑四郎	31.10	1930	農林事務次官（戦後）	①

注：1．官僚階層については，表2－3の注参照．
　　2．＊印は産業組合主任官経歴者を表わす．
資料：各年『農林省職員録』，各年『産業組合年鑑』，『宮城孝治　虹の航跡』1987年，大貫将『産組太平記』協同通信社，1960年，秦郁彦『戦前期日本官僚制の制度・組織・人事』東京大学出版会，1981年，その他より作成．

任官の経験者たちが二四人を占めていたことに注意を向けたい。この二四人のうち四人は早くより本省に戻り産業組合事務官になっており、二〇人が本省から地方に派遣され、この二〇人のうち五人が本省に戻るが、一五人は本省に戻ることなく地方に定着した。いずれにしても中央においても地方においても、これら産業組合主任官によって産業組合の実際の指導奨励が行われていたのであり、産業組合政策にとって彼らは不可欠な存在であったのである。この産業組合主任官の役割と実態について次項以降で検討する。

（2） 産業組合主任官会議の役割

産業組合主任官は、農商務省農務局主催の第一回産業組合主任官会議の開催前後に全国に設置されたものであるが、「小作官」のように正規の官制にあるものではなかった。農商務省時代は「産業主事」、農林省時代は「農林主事」が主としてこれにあたっていた、いわば中堅官僚たちであった。

産業組合主任官会議は一九〇七年から一九三五年まで次のように一四回開催された。(9) すなわち、第一回（一九〇七・四・一三～一八）、第二回（一二・六・一二～一七）、第三回（一七・九・二〇～二七）、第四回（一九・一一・六～一二）、第五回（二一・七・一二～一八）、第六回（二三・六・九～一四）、第七回（二四・一・一一～一二）、第八回（二五・九・二一～二六）、第九回（二六・六・一～五）、第一〇回（二九・五・一七～二一）、第一一回（三二・九・三〇～一〇。二）、第一二回（三三・四・二一～二五）、第一三回（三四）、第一四回（三五・四・五～一〇）。

産業組合主任官会議は、一九二一年から二六年まで、そして三二年から三五年まで毎年開催されている。この大正末期と昭和経済更生運動期が産業組合主任官会議が最も重要視された時期であり、産業組合政策の開花期であった。

産業組合主任官会議の主催は本省の農務局であり、議長は農務局長または産業組合課長があたった。主任官会議における検討事項は、①本省提出諮問事項、②本省提出協議事項、③道府県提出協議事項の三つからなっていた。

本省提出諮問事項は、産業組合の状況把握を中心としたもので、⑴状況把握、⑵産業組合指導の不便な点の把握、⑶困難な点の把握、⑷実例把握、⑸産業組合制度に対する根本的改正意見、⑹諸政策のための方策、に関するものであった。この本省提出諮問事項は各回二〜三事項であるが、第一回会議：一・産業組合の成績及び監督奨励の状況如何、二・産業組合に関する法律及事務取扱に就き不便を感ずる事項如何、三・各種産業組合が実地経営上困難を感ずる事項如何、などのように、状況把握を中心とした事項が多かった。ところが、第一二回会議（一九三三年）において根本的な問題が提起された。すなわち、一・産業組合制度に対する根本的改正意見如何、二・最近に於ける産業組合及其の関係機関の時局匡救に関する活動状況及之が指導督励の為採りたる方策並に時局に鑑み其の活動促進上緊急とする方策如何、というものであり、経済更正運動の開始にあたっての実務的問題ではなく、産業組合制度の根本的あり方を諮問したのである。同会議では、産業組合制度を協同組合制度に転換すること、産業組合による統制経済の導入等、産業組合制度の根幹にふれる議論が行われたが、結論をだすものではなかった。この問題に関して議長をつとめた小平権一（経済更正部長）と田中長茂（産業組合課長）は各県主任官の見解に耳をかたむけることに終始していたのである。[10]

本省提出協議事項は、実務事項中心で、⑴調査項目、⑵標準化、⑶方策・方法、⑷注意事項、⑸改善事項、⑹各種法および改正法、などに関するものであった。具体的には、第一回会議では、一・産業組合設立の許可を与えるに付調査すべき事項、二・産業組合監督奨励の方法及組合より差出したる書類に付監督上調査すべき事項、三・産業組合の成績良好なりと認むべき標準、という事項であった。根本的問題を議論した第一二回会議では、一・産業組合活動促進上農山漁村に於ける各種団体との連絡協調に関し採る可き具体的方策如何、二・販売組合及販売組合連合会と購買組合其の他の消費者団体との直接取引に関する実例及其の発達を図る為採る可き方策如何、三・産業組合並に農業倉庫に関する事務取扱上改善を要する事項如何、というように重要問題がとりあげられた[11]。

道府県提出協議事項は、第一回会議よりみれば、法改正・本省への要望が中心で、(1)諸法規改正要望、(2)登記手続き簡便化要望、(3)監督方法・担当官助成要望、(4)事業経営要望、(5)役員・運営方法要望、などであった。この道府県提出協議事項は第一〇回会議以降廃止されるが、地方からの具体的提案がなされ、その内容は法の改正および本省への要望事項が中心で、単なる意見表明ではなく、討議のうえ採択し本省へ提案するというものであった。

道府県による協議事項の提出数は、第一回…神奈川等二五項、第二回…群馬等二一項、第三回…高知等一七項、第四回…大分等四五項、第五回…石川等四五項、(第六・七回は不明)、第八回…東京等四六項、第九回…島根等三一項、と毎回数十項の提案がなされた。そのうち第一回会議の提案事項とその処理方法は次のとおりであった[12]。

すなわち、同府県提出の協議事項二五件は、(1)産業組合諸法規改正、(2)産業組合の登記手続き簡便化、(3)産業組合の監督方法、(4)担当官に対する助成、(5)産業組合の事業経営、(6)産業組合連合会(法人)の法認、(7)産業組合の役員・運営方法といった内容で、法の改正に関する希望案三件、本省に対する希望案五件、主任官相互間における協議案五件の計一三件に集約され決議された。これら二五件のうち二一件は採択され、四件は撤回(否決)となった。この撤回(否決)事項は産業組合の登記手続き、無限責任制度、産業組合の基本財産形成など産業組合制度の根幹に関わる問題であり、この段階では十分な合意が形成されなかったのである。

このように道府県提出協議事項の取り扱いは、〔全体会議へ提出協議〕→〔道府県提案者の説明〕→〔可決ないしは委員付託または撤回かを採決〕→〔出席委員の分担で五委員会設置〕→〔委員会原案作成〕→〔全体会議で委員会原案提案〕→〔討議・修正〕→〔採決〕といった経緯によって処理されていく、きわめて合理的な手法が採用されていた。

なお第四回会議において、農商務大臣・大蔵大臣宛の産業組合主任官協議会出席者一同名による一九一九(大正八）年一一月一二日付建議案が採択されている。それは、大戦後の一大変革↓社会問題・経済問題とくに思想問題、労働問題、物価問題、生活問題に対する産業組合の重要な役割を強調して、次の事項を建議決議した[13]。すなわち、⑴時勢の要求に伴う法規の改正、⑵国費監督官の地方配置、⑶社会政策的施設の奨励、⑷産業組合中央銀行の設置、⑸主務省における産業組合課の設置、⑹関係各省の連絡統一、であった。

このように産業組合主任官会議は、産業組合政策の実施過程および形成過程において、次のような重要な役割を果たしていたと整理できるであろう。

①上意下達＝下位上達機関としての役割（とくに明治大正期）
②本省・地方庁の協議機関としての役割
③産業組合担当官としての独自の役割と地位の確立を推進する役割
④産業組合政策上の全国状況や実務上の問題点を把握する役割
⑤産業組合政策の全国的一般化を図る役割
⑥産業組合政策・法制・行政の改善・改正意見を提出する役割
⑦産業組合主任官・関係者の連携形成や人材供給の役割

しかし下位上達機関としての役割や産業組合に関する政策・法制・行政の改善・改正意見の提出といった役割は、第一〇回会議（一九二九年）以降、道府県提出協議の廃止とともに希薄となっていく。

（3）産業組合主任官の動向

さて、産業組合政策の実施および形成において重要な存在であり、本省においても重要な位置を占めていた産業組

表2-7　道府県別産業組合主任官の動向

道府県	1925（大正14）年度		1933（昭和８）年11月現在	
北海道	神田不二夫		欠員	
東　京	松本都蔵	前島根主任官	梅原寅之助	前愛知・山口・新潟主任官
	高田二平	後広島主任官	上田　知精	
	片岡成一	後茨城主任官	橋本　律二	
京　都	真下徳蔵	後信連専務	村松　文蔵	前山梨主任官宮崎，前本省専任属官
大　阪	外山親三		上田　忠次	
神奈川	塩谷鍵重	前佐賀主任官	森　　重剛	後石川・福岡・沖縄主任官
兵　庫	樫田由平		野坂　武夫	前長野・茨城・熊本主任官
長　崎	藤野繁雄	（1917年現在～長期留任）	藤野　繁雄	（1917年現在～長期留任）
新　潟	梅原寅之助	前愛知・山口，後東京主任官	赤坂　岩夫	前本省専任属官
埼　玉	奥谷愛昶	前新潟・島根主任官	伴　　四郎	前香川・京都主任官，前本省専任属官，前滋賀・宮城主任官，後本省事務官
群　馬	永井多門	後山形主任官	川崎　敏正	前本省専任属官，後愛媛主任官
千　葉	杉本連治	前静岡主任官，後長野主任官	松野　輝雄	後宮城・山口主任官・監督官
茨　城	野坂武夫	前長野，後熊本・兵庫主任官	鈴木　政男	
栃　木	磯村兎市	後岐阜主任官	森　八三一	前和歌山，後長野主任官（戦後全国農協中央会会長）
奈　良	巽　百蔵	（1917年現在～長期留任）	巽　　百蔵	（1917年現在～長期留任）
三　重	羽田秀雄		竹内　虎太	後広島主任官
愛　知	加治桂次郎	前知多郡	大河原昌勝	
			喜多興三作	
静　岡	村松俊一	前山形・滋賀主任官	柏木八郎衛門	
			本多　　保	
山　梨	中川滋治		伊藤　　伊	
滋　賀	小西寅之助		林久　四郎	前三重・福島・島根主任官
岐　阜	主事欠員		大垣勝太郎	
	速水瑛一郎	前武儀郡	吉沢　正平	前本省専任属官，後新潟・愛知主任官
長　野	米倉龍也	前千葉（戦後全国農協中央会会長）	杉原　定寿	（第12回主任官会議・1933年：「産業組合の協同組合化」を強調）
			奥原　　潔	前島根八束郡・埼玉南埼玉
			丸山　辰夫	後栃木主任官

道府県	1925（大正14）年度		1933（昭和８）年11月現在	
宮　城	勾坂治平	後滋賀主任官	中西宗次郎	前東京主任官，後福島・三重主任官
福　島	坂野伊織	前秋田主任官	小松　直人	前長野上伊那郡・長野主任官
岩　手	主事欠員		佐藤　公一	
青　森	湯野川孝作	後岩手・新潟主任官	畑田　静衛	後香川主任官
山　形	馬場光三	前静岡・島根・熊本・岐阜，後群馬主任官	山田興之助	前富山主任官
秋　田	主事欠員		大井　五郎	
福　井	針持俊熊	前，後鹿児島主任官	横田　努	前青森・鹿児島主任官
石　川	猪瀬武助	前新潟・広島・鹿児島主任官	欠員	
富　山			平等　半吾	
鳥　取	山田興之助	後山形主任官	近藤　直	後島根監督官
	岡田忠雄	後長野主任官，本省産業組合事務官		
島　根	林久四郎	前三重・福島，後滋賀主任官	中沢　八郎	前本省専任属官，後滋賀主任官
岡　山	阿部武一	前和歌山・愛知主任官	清水　二郎	後群馬・長野主任官
広　島	主事欠員		中丸　周一	前広島佐伯郡
山　口	若林正臣	後本省産業組合事務官	後藤　美種	
和歌山	大越直一		桑城勝三郎	前香川・静岡主任官
			田口　留吉	前本省嘱託員，後兵庫主任官
徳　島	徳田時蔵	(1917～31・現在：長期留任)	杉浦　次郎	前本省専任属官，後京都・埼玉主任官
香　川	桑城勝三郎	後静岡・和歌山主任官	欠員	
愛　媛	東　忠直	(1921年現在～長期留任)	東　忠直	(1921年現在～長期留任)
高　知	真鍋嘉敦	後愛知主任官	岐部　光久	前本省専任属官，後滋賀・岡山主任官
福　岡	井関善一	後本省産業組合事務官	打越顕太郎	前本省専任属官，前千葉主任官，後本省産業組合事務官(戦後初代農協部長)
	羽根又四郎	前富山・島根主任官		
大　分			馬嶋　壮	前本省専任属官，前群馬主任官，後埼玉主任官，後本省技師
	六波羅盛治	前石川主任官		
佐　賀	佐方信之		田代　倉太	前福岡主任官
熊　本	古川義治		林田　逸喜	
宮　崎	岩月徹三	前日置郡，後栃木主任官	欠員	
鹿児島	金城研一		針持　俊熊	前鹿児島・福井主任官
沖　縄			當銘　清一	

資料：各回『産業組合主任官会議要録』，『産業組合』，各年『産業組合年鑑』，大貫将『産組太平記』協同通信社，1960年，その他より作成．

合主任官はいかなる実態にあったのであろうか。

いま、農務局産業組合課発足直後と経済更正部発足直後の、全国の道府県別産業組合主任官を表示した表2－7を参照されたい。本表は、その時点の産業組合主任官の全員と彼らのその前後の赴任動向をあらわしたものである。一九二五年で四六人、三三年五〇人、例年五〇人前後の主任官が通常各府県に一人、東京府・長野県には二～三人がかれていた。

これら五〇人ほどの主任官の下で産業組合の指導奨励にあたっていた道府県の職員は三〇〇～五〇〇人におよんでいた。郡制が廃止されるまでは五〇〇人ほどの職員がおかれ、その後は四〇〇人前後となるが、これら五〇〇人近くの職員による産業組合の指導奨励は産業組合政策を下からささえる重要な役割を演じた。同表によって知ることのできることは以下の諸点である。

第一に、本省から派遣された主任官は、一九二五年には皆無であったが、三三年には一〇人（二〇％）におよび、他方で主任官の経験をへて、本省の産業組合事務官ないしは技師に昇進した者は、二五年、岡田忠雄と若林正臣の二人（四％）、三三年、伴四郎、打越顕太郎、馬嶋壮の三人（六％）いたということである。本省との関連は昭和時代に入って人事面で強まっていくが、主任官の二割が本省から派遣され、その中で有能な者が再び本省に戻ってくるのである。本省と地方庁との縦の動きがかなり行われていたといえよう。

第二に、他府県に転任している者が、一九二五年は二七人（五九％）、三三年は二九人（五八％）にものぼっていたことである。馬場光三[14]は、静岡→島根→熊本→岐阜→山形→群馬へと六県、伴四郎は香川→京都→本省→滋賀→宮城→埼玉→本省へと五県と本省を異動している。六割近くの主任官が全国各地に転任しているのである。いわば横の動きが頻繁に行われていたのである。

第三に、郡ないし一般職員から主任官になる場合であり、二五年三人（七％）、三三年三人（六％）いるが、このうち郡から県に昇任して他県に転任した例として小松直人[15]をあげることができる。

また長期に留任する者が長崎、奈良、徳島の三県（二五年七％、三三年六％）にそれぞれみいだされる。長期留任ではないが一県内で産業組合主任官から産業組合の実務世界にはやくより転身した例として米倉竜也[16]をあげることができる。そしてこれら産業組合主任官や担当者たちは、多くは産業組合中央会の本部・県支会・郡部会等において役員や職員を兼任したり退官後専任になったりしており、ここに官職と実務世界の民間との緊密な連携の下にあったことに注意しておきたい[17]。

全体としていえることは、一九三三（昭和八）年にはとくに二〇％が本省から派遣されるが、本省に戻るのは五％ほどであり、ほとんどの産業組合主任官は地方の産業組合の指導奨励にあたっていたのである。とくに注目されるのは六割程の転任者たちであった。これら地方の産業組合主任官および担当者たちの役割や機能は先にみたとおりであるが、産業組合の発達を地方から支えたのはこれら実務者の中堅官僚と地方公吏たちであった。いずれにしても、中央と地方、地方各地、官職と民間との強固な連携を築き、いわば「産業組合主任官の全国ネットワーク」を形成していたのである。

四　農林官僚の構造的特質

これまでの検討から、産業組合政策における官僚構造（機構と人事）について総括し、そこから農林官僚の構造的特質を明らかにしていきたい。通常、官位は勅任官・奏任官・判任官と区別され、勅任官（次官、局長級）を高等官、

図2-1　産業組合政策の官僚構造（大正・昭和初期）

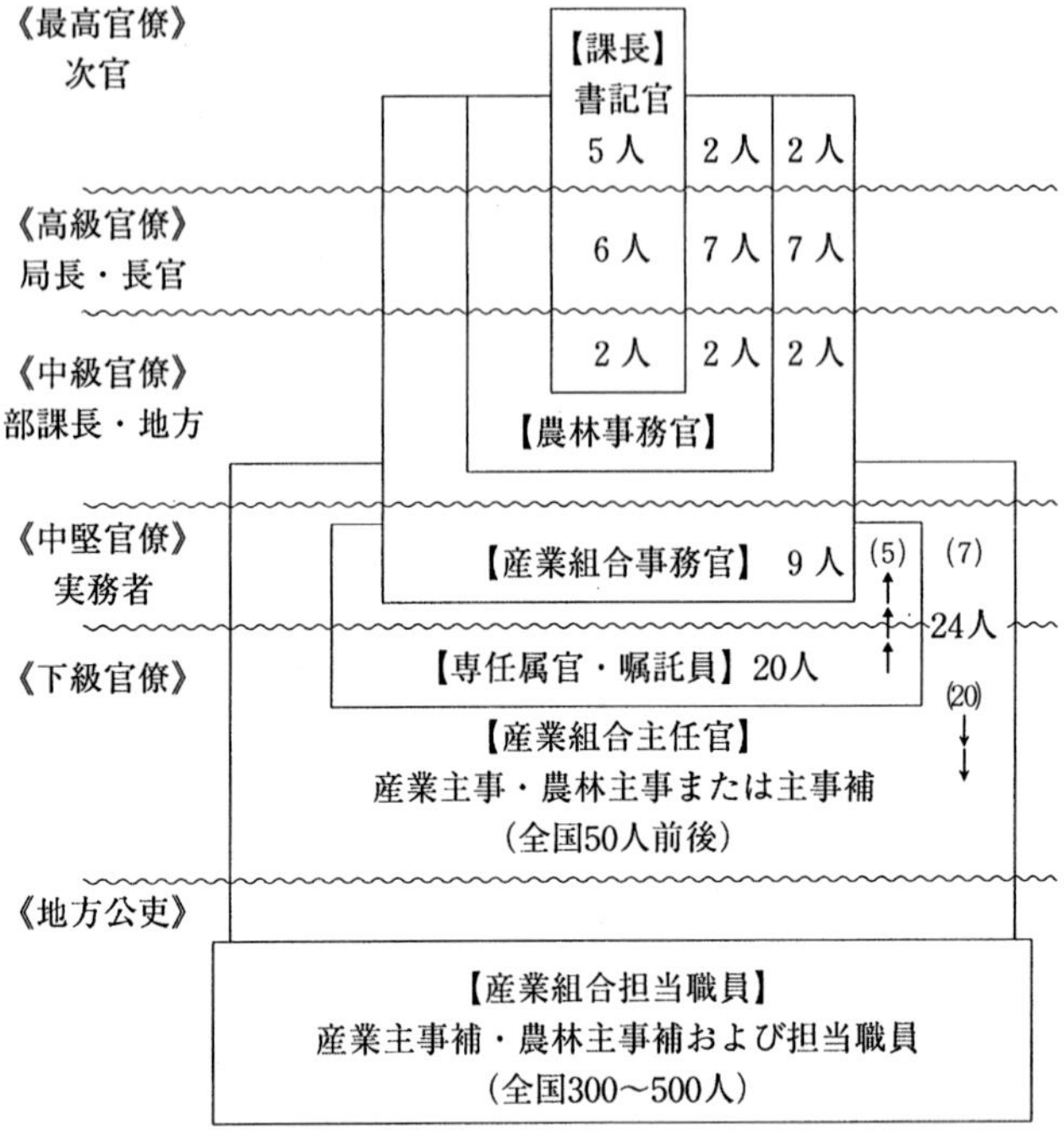

注：1．官僚階層については，表2-3の注参照．
　　2．専任属官・嘱託員欄のカッコ5人は，後に下級官僚から昇任して産業組合事務官（3人）と技師（2人）になったもの．
　　3．産業組合主任官欄のカッコ7人は，同主任官経験者のうち産組事務官になったもの．
　　4．下級官僚の産業組合主任官欄の20人は，後に同主任官になったもの．
資料：表2-5，表2-6，表2-7より作成．

奏任官（課長級以下）を中級官、判任官（属官）を下級官とされる。しかし本稿では、実際の職位によって区別して、次官歴任者を《最高官僚》、局長・長官クラスの歴任者を《高級官僚》、部課長クラスを《中級官僚》、それ以外の産業組合事務官を実務者である《中堅官僚》とし、専任属官と嘱託員を《下級官僚》とした（表2－3注参照）。また地方庁における職員は《地方公吏》とした。

いま前掲の表2－5、表2－6、表2－7をふまえて、産業組合政策にかかわる官僚を中心として農林官僚の構造的特質を総括すれば、図2－1のとおりである。既述のことと重なる場合もあるが、改めて確認しつつ整理したい。

産業組合主管課の歴代課長一三人は、最高官僚五人、高級官僚六人、中級官僚二人であった。農務局産業組合課における農林事務官一一人は、最高官僚二人、高級官僚七人、中級官僚二人であった。産業組合事務官二〇人は、最高官僚二人、高級官僚七人、中級官僚二人、そして実務者の中堅官僚九人（不明一を含む）であったが、その実務者中堅官僚九人のうち四人は産業組合主任官の経験者であった。

この四人とのちに下級官僚の専任属官から産業組合主任官をへて産業組合事務官になった者三人をあわせて七人が中堅官僚としての産業組合事務官になっている（この七人については図2-1ではカッコで示しておいた）。また下級官僚は専任属官と嘱託員であり、二〇人を図示したが、中堅官僚としてこのうち三人は産業組合事務官に、二人は本省の技師に昇任している（この計五人は矢印とカッコで示しておいた）。他方、本省で産業組合主任官を歴任した者は合計二四人であり、そのうちはやくからの産業組合事務官四人、のちに昇任する者は三人であるが、本省から地方の産業組合主任官に転任する者が都合二〇人になる（図ではカッコと矢印で示しておいた）。なお、産業組合主任官は全国で五〇人ほど存在していたが、多くは地方公吏であり、それ以外に産業組合担当職員は数百人に達していた。

以上の産業組合政策における官僚構造から、農林官僚の構造的特質として次の諸点を指摘することができよう。

第一に、トップは最高官僚から、高級官僚、中級官僚、中堅官僚、下級官僚（以上本省）から地方公吏にいたるピラミッド型構造を形成していることである。

第二に、課長と農林事務官は高等試験の合格者で占められており、中堅・下級官僚以下には高等試験合格者はみられない（産業組合主任官はこの中堅官僚である）。

第三に、各職務上の地位（職位）は複数の官僚階層（官位）の者からなっている。農林事務官は最高・高級・中級の官僚からなり、産業組合事務官は同じく最高・高級・中級さらに中堅の官僚からなっている。このように各職位が重層的な官位によって掌られており、上下の連携を安定強化させている。

第四に、基本的には高等試験に左右されながら、その枠内で職位の上下移動が頻繁に行われている。高級官僚における産業組合事務官からの農林事務官への昇任、専任属官からの産業組合事務官あるいは産業組合主任官への昇任、地方の産業組合主任官からの本省産業組合事務官への昇任、同じく地方産業組合主任官からの本省の技師への昇任のように上向移動が頻繁である。しかし二階級特進といった大きな上向移動はみられない。

第五に、地方の公吏数百名が農林官僚構造の末端を支え、中級・中堅の官僚層が中央と地方の連結環の役割を果たしているということである。たとえば産業組合政策では地方の産業組合主任官と中央の実務に精通した産業組合事務官たち、小作調停における小作官たちがそれであった。こうした連結環の役割を果たした人々の存在に注目されなければならない。

おわりに

大正期・昭和初期を中心として、農商務省・農林省の農業・団体政策と農林官僚機構および農林官僚の関連について考察してきたが、そこで得られたことは次の諸点であった。

第一に、政策→機構→人事の相互関係についてである。農業・農業団体政策の実施はそれにふさわしい機構が形成され、それにふさわしい人的配置が行われる。そしてそのことが政策形成に大きな影響を与えるということである。かくして官僚機構の改革が実施され、省庁の改編、部局や課の新設・廃止・再編が頻繁に行われる。

第二に、官僚機構の改編・改革において省庁や部局の動向のみならず、課の動向をみていかなければならない。官僚機構の機構改編は課単位で行われるように、課は官僚機構の基礎組織としての役割をもっており、部局の改編以前に課制の変化が先行するのである。

第三に、食糧政策において重要なことは、農林系官僚と商工系官僚の政策上の対立、その機構上・人事上の現れ方、そして農商分離以前の商工系官僚から農林系官僚への主導権の移行および農務局米穀課の設置によるその機構的保証についてである。

第四に、食糧管理局の設立（一九四一年）が食糧管理法（四二年）に先行したように、〈機構の成立→政策（法）の成立〉という転倒性は官僚制の弊の極みであった。

第五に、土地政策において重要なことは、そのための専門部局は設置されず、小作課も短命に終わって、その主管は農務局全体および農務局農政課において行われていたが、地方におかれた小作官の役割に注目されなければならない。小作法が存在しないにもかかわらず、小作法の精神が部分的にせよ実現していくには、小作法に固執していた農林官僚とこの地方小作官の存在を軽視することはできない。

第六に、農業団体政策、その主管課の推移から、農会と産業組合の一体的主管から、産業組合の自立化にともなって主管の分離が進んでいくが、戦時体制の進行とともに産業組合の独自性は否定され、ふたたび一体的主管に変じ、さらには農業団体独自の主管課も廃止された。その逆転の契機は一九四一（昭和一六）年の農林省の機構改革（農務局の廃止、総務局団体課の設置）に求められが、これも政策（法）に機構が先行した官僚制の独走の極みであった。

第七に、独自の産業組合政策が展開していくのは、その独自の主管課であった農務局農務課、農務局産業組合課、経済更生部産業組合課、とりわけ後二者の産業組合課においてであり、その意味で大正中期～昭和初期が産業組合政策の開花期であった。

第八に、第六に示した農林省の機構改革および一九四三年の農業団体法の成立は、農務局を中心とした大正・昭和初期の農林省固有の「石黒農政」の終焉であり、産業組合主義の消滅を決定づけるものであった。

第九に、本省主催の産業組合主任官会議は、全国産業組合の実情把握や上意下達・下意上達のみならず、産業組合政策の形成・実行に大きな役割を演じ、あわせて産業組合主任官をはじめ産業組合関係者の全国的なネットワークを形成し、人材供給の役割も担っていた。

第十に、産業組合主任官は、本省から派遣された主任官（二〇％）、本省に昇任した主任官（五％）、地方各地を転任する主任官（六〇％）、その他計五〇人ほどで構成され、地方公吏を担当者として数百人を擁し、彼らが地方における産業組合の指導奨励に果たした役割は大きかった。彼らは中央のみならず地方の産業組合組織と強い連携を形成しており、退官後も産業組合関係の実務・実業の世界で一定の地位を得ていた。

第十一に、産業組合政策を推進した官僚階層は、最高官僚・高級官僚・中級官僚・中堅官僚・下級官僚・地方公吏の重層的構造によって強固な指導部隊を形成していた。そしてその中で縦（上・下）と横（各府県および官界と産業組合界）の連結環の役割を果たしていたのが、地方の産業組合主任官と中央の産業組合事務官たちであった。

第十二に、農林官僚の構造的特質は、こうした産業組合政策に示された特徴をもっており、中央から地方にいたるピラミッド型構造、中央から地方への転任、地方から中央への昇任、高等試験制度による強力な官位（官僚階層）制度をもっていた。

最後に、以上のような官僚構造は大正期・昭和初期のものであり、戦時体制が強化されるにつれ、下意上達の役割は失われ、横の動きはなくなり、連結環としての役割や地方を支える役割は低下し、この構造は変容・再編されていくと見通しされる。

以上のような特質を形成した農林官僚機構および農林官僚は、当時の日本社会全体および日本農業の特質に規定されて農業者の自律的発展の希薄なところで官僚的指導が貫徹することを必然とし、農林官僚制度の指導行政（許認可、事前指導、裁量行政）、代位行政（農業者の代行行政）、直営事業（官営事業や農事指導）を強め、ますます官僚機構と官僚制度を肥大かつ強固なものとしていった。農業者をはじめ中小生産者・消費者の自律的発展を実現するための産業組合は産業組合事務官・産業組合主任官ら中級・中堅官僚や地方公吏によってその存在意義を高めていくが、産業組合の意に反してこの官僚体制に強固に組み込まれ、はてはその存在自体が否定されるのであった。

ところで、今日のわが国官僚制度は大きな曲り角にさしかかっている。産業経済における主導的・支配的な地位から本来的機能としての補完的地位に転換することが求められる。しかしその実現は、地方レベルや農業者・中小生産者・消費者・労働者のそれぞれの経済主体が、自ら自律的地位を確立することができるかどうかにかかっている。

【注】

（1）　農商分離における農林系官僚の主導性という指摘は、農林省［一九五七］『農林行政史』第一巻、一六七頁以降、商工行政史刊行会［一九五五］『商工行政史』中巻、一二三頁以降、通商産業省［一九六二］『商工政策史』第三巻、一七四頁以降。この見解を批判し、この間の事情を詳細に分析したものに、大豆生田稔［一九九三］『近代日本の食糧政策』ミネルヴァ書房、二〇九頁以降参照。

（2）　石黒忠篤の略歴を紹介する。一八八四（明治一七）年、東京にて父忠悳の長男として生まれる。一九〇八年東京帝国大学法科大学法学科を卒業（二四歳）し、ただちに農商務省に入省する。同年高等試験行政科合格（二四歳）、一〇年農務局事務官に任ぜられ（二六歳）、その後各種書記官をへて、一八年農務局副業課長（三四歳）となる。一九年農務局農政課長（三五歳）、二四年農務局小作課長（四〇歳）、同年農商務省農務局長（四〇歳）、二五年農林省農務局長（四一歳）、その後農林省蚕糸局長（初代）（四三歳）をへて、二九年農林省農務局長に再任される（四五歳）。三一年農林次官（四六歳）につき、三四年依願免本官（五〇歳）となる。その後、産業組合中央金庫理事長、任農林大臣（第二次近衛内閣）（五六歳）、貴族院勅選議員となり（五九歳）、再度農商大臣（鈴木内閣）（六一歳）につく。戦後は、公職追放（六二歳）、解除後は参議院議員（緑風会）となり、六〇年逝去（七六歳）（葬儀委員長・荷見安）する。

このように石黒は農林官僚の最高峰を歩み、大正中期から昭和初期における農政の中心に位置し、いわゆる「石黒農政」を築いた。食料問題、小作問題、昭和恐慌時の農業問題にあたった。その農政思想は「農本主義」とされるが、単なる復古主義ではなく、農業を基底からとらえ、その独自性を強調する農林官僚の中枢にあった。その行動は、小作法案の作成、耕作者農民保護から、昭和期の農民道場運動、満州移民の推進まで、進歩的であるとともに国家主義的でもあった。その人脈は右は加藤完治、左は和田博雄までを包含するが、これらは「農業」あるいは「農林省」というところで矛盾なく結びつく。政党や短命な内閣に対し、恒常的長期的に国政をあずかる官僚こそが重要な役割を演ずるという自負をもっていた。しかし、いわゆる「新官僚」ではあっても、国家全体、推進力である軍需・重化学工業を機軸としたいわゆる「革新官僚」ではなかったように思われる。この点で古川隆久氏の石黒および小平を「狭義の新官僚」「中心的新官僚」としたのは妥当であろう（古川隆久［一九九〇・三］「革新官僚の思想と行動」『史学雑誌』第九九編第四号、五頁）。（小平権一［一九六二］『石黒忠篤』時事通信社。日本農業研究所［一九六九］『石黒忠篤伝』岩波書店。大竹啓介［一九八一］『幻の花　上』楽游書房。大竹啓介編著［一九八四］『石黒忠篤の農政思想』農山漁村文化協会、参照）。

（3）　小平権一の略歴を紹介する。一八八四（明治一七）年長野県諏訪郡にて父邦之助の長男として生まれる。上司石黒より三日早い生まれであるが、農林省での地位は石黒に次いでいる。それは、一九一〇年東京帝国大学農科大学卒業（二六歳）後、同年、東京帝国大学法科大学政治科に再度入学（二六歳）、一三年高等文官試験合格（二九歳）するも、一四年東京帝国大学法科大学政治科卒業（三〇歳）、というように学歴上回り道をしているからである。同年農商務省に入り（三〇歳）、一六年農商務事務官となり（三二歳）、各種事務官をへて、一九二二（大正一一）年農務局農務課長となる（三七歳）。二六年農務局農政課長となり、二七年農務局米穀課長（四三歳）、三一年農林省農務局長となる（四六歳）。三二年農林省経済更生部長となり（四七歳）、経済更生運動に敏腕をふるう。また三六年陸軍省嘱託兼任となり関東軍司令部付（五一歳）、三八年農林次官に就き（五四歳）、翌年辞任する。三九年満州糧穀株式会社理事長に就任（五五歳）、四一年満州国参議となる（五七歳）。その後長野県三区から衆議院議員（五八歳）、大政翼賛会総務局長になる。中央農業会副会長、長野県農業会会長、全国農業会家の光協会理事長、戦時農業団副総裁、全国農業会副会長等を歴任する。戦後公職追放にあい追放解除後、協同社会主義連盟の会長、明治大学農学部教授等を歴任し、七六年逝去（九二歳）（葬儀委員長・石黒武重）する。

小平は石黒と同じ年齢でありながら、それより一歩遅れつつ、農林省の最高官僚の一人となった。小作問題、食料問題、昭和恐慌、経済更生運動等石黒農政の中枢に位置していた。とくに小平は、産業組合に親近感を抱き、いわば産業組合主義・協同組合主義を貫く。経済更生運動における小平の功績は大きかったが、小平退任後の経済更正部はその役割を低下させていった。学生時代はトルストイアンであった小平であるが、戦時中の小平は軍部と結びつき、満州国参議につくが、この間の事情がつまびらかではない。小平を「広義の革新官僚」「新々官僚」の一人として数える場合がある（秦郁彦［一九八三］『官僚の研究』講談社、一一四頁）が、この点の検討は戦時期の小平の言動によって吟味されなければならない。やはり基底としての「農業」の枠内にあった限り、国家全体の「革新」とは異にしていたのではなかろうか。軍部との結びつきは官吏のもつ宿命といったものではなかろうか。（楠本雅弘編著［一九八三］『農山漁村経済更生運動と小平権一』不二出版。編集出版委員会［一九八五］『小平権一と近代農政』日本評論社、参照）。

（4）　荷見安の略歴を紹介する。一八九一（明治二四）年茨城県に父守敬の次男として生まれる。一九一五年高等試験合格（二四歳）、一六年東京帝国大学法科大学英法学科卒業（二五歳）、最初内務省に入省するが、転じて一七年農商務属に任ぜられる。一八年農務局事務官、二〇年農商務事務官となる（三〇歳）。二四年農商務書記官、農務局農務課長、二五年農林書記官、農務局産業組合課長（三四歳）となる。二七年農務局農政課長（三六歳）、農務局経理課長（三八歳）、農務局米穀課長（三八歳）をへて、三二年米穀部長、三四米穀局長（四三歳）、三八年馬政局長官（四七歳）、三九年農林次官（四八歳）、四〇年農林省を退官（四九歳）する。その後産業組合中央金庫理事長、四一年食糧管理局顧問（五〇歳）、東亜協同組合協議会会長等を歴任する。戦後公職追放されるも、公職追放に該当せずとされ四八年公職追放令覚書該当者より解除される。その後、農林省顧問、農林大臣顧問をへて、五四年全国農協中央会初代会長となり、六四年二月二二日逝去（七三歳）（葬儀委員長・米倉竜也）する。

荷見の場合も、農務局中心の農林官僚として最高位の次官につく。農務局産業組合課の初代課長につき、産業組合に対し親近していたが、のち米穀政策を中心とした役職を歩みいわゆる「米の神様」ともいわれた。米穀統制法の成立および米過剰傾向の処理に功績があったとされ、植民地米の移入制限など米をめぐって軍部としばしば対立したという。しかしこの場合も「農業」の立場からの荷見の姿勢であったのであり、強力なものに媚びることのない態度の故であったと思われ、国家全体の観点からの違いではなかったのではなかろうか。なお荷見について、「新官僚」か「革新官僚」かといった議論はないが、こうした分類に収められない「テクノクラート的官僚」により近かったのではないかと思われる。（荷見安記念事業会［一九六七］『荷見安伝』同事業会、参照）。

（5） この点を精力的に実証したものに、坂根嘉弘［一九八八］「わが国の戦前における農業政策の展開過程」山本修編『農業政策の展開と現状』家の光協会。同［一九九〇］『戦間期農地政策史研究』ミネルヴァ書房、参照。

（6）「小作官ネットワーク」について、大竹啓介編著［一九八四］『石黒忠篤の農政思想』農山漁村文化協会、四八〇頁参照。関連して、のちにみるように産業組合政策における「産業組合主任官ネットワーク」の形成とその役割を認めたい。

（7） 打越顕太郎（一八九八〈明治三一〉～一九六四〈昭和三九〉）は鳥取市に生まれ、東京帝国大学農学部農学科を、磯辺秀俊、近藤康男、更級学、白井勇、馬嶋壮らとともに卒業し、一九二五年に白井、馬嶋とともに農林省に入り、嘱託として産業組合の事務を行う。二七年農林省属になり、農務局産業組合課に勤務する。翌年千葉県勤務を命ぜられ、地方農林主事・産業組合主任官となる。三二年福岡県内務部産業組合課長となり、福岡県の経済更生運動を指導する。三七年農林省に戻り、産業組合事務官・産業組合検査官となる。戦後四七年農林省農業協同組合部の初代部長となり、五二年農林省を退官する。その後財団法人協同組合経営研究所の確立に尽力し、協同組合短期大学の初代学長等をへて六二年逝去する（葬儀委員長・荷見安）。本省→産業組合主任官（千葉・福岡）→本省産業組合事務官・検査官→（戦後）農業協同組合部長の経歴をもつ、中堅官僚→中級官僚のひとつの典型例であると位置づけられる。（追悼編集委員会［一九六四］『打越顕太郎』参照）。

（8） 宮城孝治（一八九八〈明治三一〉～一九八五〈昭和六〇〉）は徳島市に生まれ、北海道帝国大学農学部農業経済学科

を卒業し、一九二四年農商務省農務局農務課に副業並産業組合事務嘱託に就く。二六年石川県地方農林主事（産業組合主任官）、二八年福岡県地方農林主事（産業組合課長）をへて、三二年退官後、産業組合中央会に入る。産業組合中央会では事業部課長、総務部長を務め、共栄火災海上保険株式会社に入社し、戦後同社専務取締役、取締役社長に就任し、ブラジル・コチア産業組合との交流等に尽力し、八五年逝去する。本省→産業組合主任官（石川・福岡）→産業組合中央会→協同組合保険会社の経歴をもつ、中堅官僚の別の典型例であると位置づけられる。（宮城幸治伝刊行会［一九八七］『宮城幸治』金融タイムス社、参照）。

（9）『産業組合主任官会議要録』は毎回発行されているが、第六回、第七回、第一三回については筆者未見である。それらについては『産業組合』誌等の記事で補うことができる。

（10）農林省経済更正部［一九三四］『第一二回産業組合主任官協議会・第九回農業倉庫主任官協議会要録』二六頁以降。ここで産業組合の協同組合化を強く主張したのは、長野県産業組合主任官の杉原定寿であった。後掲表2－7参照。

（11）農商務省農務局［一九〇七］『産業組合主任官会議要録』五～七頁。

（12）同前、一〇～一二頁、一〇七～一四一頁。

（13）農商務省農務局［一九二〇］『第四回産業組合主任官会議要録』一五～一六頁。

（14）馬場光三は、一八九〇（明治二三）年、群馬県に生まれ、東京農業大学を卒業後、静岡県農林技師・静岡県産業組合主任官、島根県穀物検査所所長・島根県産業組合主任官、熊本県産業組合主任官、岐阜県産業組合主任官、山形県さらに群馬県産業組合主任官となり、群馬県の組合製糸の発展に尽力する。一九三一年退官後産業組合中央会に入る。五一年没。著書に『上毛産業組合史』などがある。産業組合主任官として各地を転任した中堅官僚の例として位置づけられる。（協同組合事典編集委員会［一九八六］『新版　協同組合事典』家の光協会、参照）。

（15）小松直人は、一八九一（明治二四）年長野県上伊那郡に生まれ、上伊那郡甲種農業学校を卒業後、各種教諭等を歴任し、安曇野郡技手、上伊那郡産業主事（産業組合主任官）、長野県農林主事（産業組合主任官）、福島県農林主事（産業組合主任官）をへて、長野県信用販売購買利用組合連合会専務理事等に就く。一九八三年没。地方公吏・郡職員→産業組合

主任官となった下級官僚→中堅官僚の例として位置づけられる。（小松直人翁回想記刊行発起人会［一九八四］『小松直人翁を偲ぶ』参照）。

(16) 米倉竜也は、一八八五（明治一八）年長野県安曇野郡に生まれ、盛岡高等農林専門学校を卒業して、兵役の後千葉県農会技手、同技師、千葉県技手、南安北部農学校校長、長野県技師、長野県産業組合主任官となり、のち県信用組合連合会専務理事、同会長を歴任し、戦後参議院議員、県農協中央会長、全国農協中央会長に就く。一九八〇年没。地方公吏→産業組合主任官をへて産業組合関係の実業界で活躍した例として位置づけられる。（信濃路編集部［一九七六］『米倉竜也回想九〇年』。前掲『新版　協同組合事典』参照。）

(17) 産業組合主任官の動向、産業組合中央会・支会や産業組合の地方行政について論じた千葉修「産業組合指導組織と行政」（日本協同組合学会第一〇回大会・個別論題報告、一九九〇・一〇・七）を参照されたい。

【参考・引用文献】


大竹啓介［一九八一］『幻の花　上』楽游書房。

大竹啓介編著［一九八四］『石黒忠篤の農政思想』農山漁村文化協会。

大貫将［一九六〇］『産組太平記』協同通信社。

大豆生田稔［一九九三］『近代日本の食糧政策』ミネルヴァ書房。

協同組合事典編集委員会［一九八六］『新版　協同組合事典』家の光協会。

楠本雅弘編著［一九八三］『農山漁村経済更生運動と小平権一』不二出版。

小平権一［一九六二］『石黒忠篤』時事通信社。

坂根嘉弘［一九八八］「わが国の戦前における農業政策の展開過程」山本修編『農業政策の展開と現状』家の光協会。

坂根嘉弘［一九九〇］『戦間期農地政策史研究』ミネルヴァ書房。

産業組合中央会『産業組合』（各号）。

産業組合中央会［一九二七～一九四三］『産業組合年鑑』。

渋谷隆一編著［一九七七］『明治期　日本特殊金融立法史』早稲田大学出版部。

渋谷隆一編著［一九八七］『大正期　日本金融制度政策史』早稲田大学出版部。

商工行政史刊行会［一九五五］『商工行政史』中巻、同刊行会。

追悼編集委員会［一九六四］『打越顕太郎』同追悼出版会。

通商産業省［一九六二］『商工政策史』第三巻、商工政策史刊行会。

日本農業研究所［一九六九］『石黒忠篤伝』岩波書店。

農商務省・農林省農務局『産業組合主任官会議要録』（各回）。（ただし会議の名称は第五回以降「産業組合主任官協議会」と称する）。

農林省［一九五七～一九六三］『農林行政史』第一～五巻、財団法人農林協会。

農林水産省百年史刊行会［一九七九］『農林水産省百年史』上巻、農林統計協会。

農林水産省百年史刊行会［一九八二］『農林水産省百年史』中巻、農林統計協会。

農林水産省百年史刊行会［一九八一］『農林水産省百年史』別巻、農林統計協会。

荷見安記念事業会［一九六七］『荷見安伝』同事業会。

秦郁彦［一九八一］『戦前期日本官僚制の制度・組織・人事』東京大学出版会。

秦郁彦［一九八三］『官僚の研究』講談社。

古川隆久［一九九〇・三］「革新官僚の思想と行動」『史学雑誌』第九九編第四号。

編集出版委員会［一九八五］『小平権一と近代農政』日本評論社。

宮城幸治伝刊行会［一九八七］『宮城幸治』金融タイムス社。

『法令全書』（各年）。

『農林省職員録』（各年）。

第3章　商工省と商工官僚の形成

根岸　秀行

はじめに

本章では、第一次世界大戦期から一九二五（大正一四）年の商工省成立前後までを中心に、農商務省の商工系官僚が自律性を高めつつ新たな組織に結集する過程を検討し、彼らの「商工官僚」への転化を展望する(1)。

第一次大戦期に急激な膨張をとげた日本経済は、戦後一転して貿易赤字の累積と慢性的な不況に直面した。この過程では景気調整・所得再分配などさまざまな課題が発生したが、もはやこれらの解決を市場機構にのみ依存することは困難であった。こうして一九一〇から二〇年代にかけて、政府による財政・金融、そして産業政策的な介入が強められていく［武田、一九九三：一一八］。

その際、政治家・事業者（団体）とともに重要なアクターとなり得たのは商工系官僚であった。彼らは、一九三〇年代の準戦時経済期になると政策執行のみならず立案にまで踏み込んで政策誘導的で主体的な役割を果し始めた

［ジョンソン、一九八二］。こうした動きが現代日本官僚制の出発点となり、結果として日本には行政サイドの力の強い政府が形成されることとなった［青木・奥野、一九九六：二五〇］。

これに先立つ一九一〇～二〇年代段階の経済的な環境も官僚の活動の量と幅の拡大を求めていた。にもかかわらず、この時期の彼らの内実は明らかではない。他方、この時期の政党政治の進行が官僚の活動にもたらした影響も明確とはいえない。商工系官僚の活動は、ようやく二〇年代末の田中義一内閣期（政友会）から浜口雄幸内閣期（民政党）になって、活性化し始めたとされるに過ぎない［土川、一九八六：二〇八］。このため、三〇年代になって、商工省の官僚から革新官僚へと転化する層が出現する経緯についても不鮮明とならざるをえない。確かに三〇年代の世界恐慌と侵略の激化は重要な変化であったが、こうした環境の変化のみから直接に官僚の経済活動への介入を説明づけるのもまた困難であろう。客観的状況が変化した段階において、彼らがそれに対応して統制政策を立案・遂行する主体的条件・自律性を整えていたか否かもまた問題とされねばならない。

官僚の活動に対し、経済的・政治的な環境の変化が影響を与えるのは自明である。しかし、その影響は官僚個人に対し、直接にではなく、何らかのかたちで官僚の所属する組織を媒介してもたらされる。他方、官僚の影響力とされるものも、彼の所属する組織基盤に由来する。それゆえ、官僚組織じたいの分析が重要となる。

とくに戦前以来の日本官僚制の場合、その特色の一つは個別組織型志向という点にある。官僚個人の忠誠心は個別省庁に向うようにデザインされており、各組織の官僚集団は、政治勢力など社会の他の要素から独立してその組織を存続・成長させるという意味での「自律性」をもっていた［村松、一九九四：一五・二〇二］。第二次大戦後の産業政策を主導した通産官僚も、通産省という組織基盤に立脚してその活動を展開したのである。

この組織と「自律性」という観点からすると、一九二五年の農商務省の分離と商工省の成立は注目に値する。この年、一八八一（明治一四）年から四〇余年にわたって農林・商工行政を兼担してきた農商務省は、農林省と商工省に分離された。商工行政は商工省の主管となり、官僚による経済活動への介入も同省を基盤としてすすめられた。つまり、商工省は自律的組織の出発点であった。この組織によって初めて、農商務省の商工系官僚は結集の基盤を得た。彼らは、省益と政策理念を統一的に実現する過程で活動量を増大させ、やがて政策誘導的で主体的な役割を果す「商工官僚」へと転化していったとみることもできよう。

この見とおしにもとづき、本章では商工省という組織形成をもたらした内部要因、つまり前身である農商務省内の商工系官僚の「自律」と「商工官僚」への転化のあり方を検証する。そのために以下では、農商務省改編に関わる省内外の動向、省内部の商工系官僚の比重の推移を探り、さらに新組織獲得前後における政策への関与について考察する。

一　農商務省改編をめぐる諸潮流

官僚組織の自律性という観点から商工（系）官僚をみた場合、その特徴は大蔵省や内務省などに比べて依拠すべき組織の形成が遅れた点である。農商務省は、一八八一（明治一四）年から大正期に至るまで商工行政を主管した官庁であった。しかしここには、商工行政を担当する局課のみならず伝統部門である農林漁業担当の局課が含まれていた。そこに任用される官僚群も、後述のとおり「商工系」と農務系を含む「農林系」とが混在し、戦後の通産省のような省としての統一性には欠けていた。それゆえ、日本経済にしめる商工業の比重が増すにつれて、農商務省のあり方をめぐる議論が展開されることとなった。

（1） 帝国農会の農務省独立運動と農商務官僚

農業・商工業の全般を統括する農商務省の改編論は第一次大戦中の一九一六（大正五）年に出現し、二五年四月の農商務省分離と農林・商工両省の成立に帰結した。

この改編の口火を切ったのは、帝国農会などに結集する地主層であった。帝国農会は一九一六年以降毎年、政府に対して農林行政担当部局の分離＝農務省独立の建議を繰り返した。建議の内容はほぼ同一であった。有名な二三年の帝国農会第一四回総会の建議案では、農商務省は「広汎多端なる農商工の政策を兼統」するため「農・工・商何れに対しても剴切なる施設を欠くの嫌いなきにあらず」、このため「特に農業に対する政策の不徹底なることの多きは頗る遺憾」と指弾し、「故に須らく農業に関する一切の事務を統括する農務省を新設」すべきであると主張している［通産省、一九六二：一七四］。ここには、農商務省がもはや地主層の望むかたちで農業政策を実行し得なくなっていることへの反発が顕著である。

この直接の背景には、米価・外米輸入関税など食糧政策全般をめぐる対立があった。日露戦後期から一九二〇年代前半にかけて、地主側は米作保護・増産のための米価設定を主張し、これに対しブルジョアジーとくに非特権的中小ブルジョアジーは物価安定のための低米価を主張していた［川東、一九七三］。

むろん、帝国農会は、この問題について農商務省の農務系官僚に圧力を行使した。当時農務局農政課長であった石黒忠篤は「大正一〇年、一一年と経過して、帝国農会の熱心な連中はいつも不満で、私どもの尽力の仕方がいかんと言って、かみつかれておった」と回想している［産業政策史研究所、一九七五：一二一～一二三］。こうして、対立は農商務省内部における農務系官僚と商工系官僚の間に再現された。しかし、同省内では米価政策は商工局の管轄とされ、したがってその基調はブルジョアジー寄りの米価安定の方向であり続けた。一九一八年の米騒動を経て米価が暴落した後も、米価政策の管轄は商務局へと受け継がれ、二一年に新設された食糧局も相変らず商工系官僚に握られていた［大豆生田、一九九三：二一九〜二二四］。つまり第一次大戦期において、もはや農商務省は帝国農会の望む方向では機能しなくなっていたのである。

したがって、並行して進められた帝国農会の農務省独立運動は、地主層にとって無機能なこの農商務省に代わって彼らの利害を反映し得る新たな行政機構の設立をめざす運動であった。それだけに彼らの運動は激しく、帝国農会は政府のみならず議会に対しても政党党派を問わず地主系議員を動員して働きかけた。

この結果、農務省新設案は原敬内閣（政友会）期の一九二〇年にようやく予算検討閣議の議題にのぼり、二二年には同じ政友会の高橋是清内閣が軍備縮小分を原資とする二三年度の農務省独立を言明している［東朝、一九二二：三月一七日］。その後、二三年一二月の第四一議会の決議を経た翌二四年六月、清浦奎吾超然内閣は農務省独立を決定した［通産省、一九六二：一七五］。この決定は、前述の帝国農会の建議をほぼそのまま容認した帝国経済会議答申を受けたものであった［商工行政史刊行会、一九五五：二四］。清浦内閣は第二次護憲運動によって倒されたが、財政緊縮・行政改革を掲げて成立した加藤高明護憲三派内閣（憲政会中心）もこの決定を覆すことはなく、ついに二五年四月、農商務省は分離されて農林省（省名を農務省から変更）と商工省が成立した。

（2）　政党・ブルジョアジーと「商工省の独立」

大正政変後の政界を主導したのは政友会、憲政会（民政党）という二大政党であり、両党は政権への接近をめぐってしのぎをけずった。しかし一九二〇年代の産業政策について、両者はかなり共通している。たしかに、憲政会が合理的な大企業の育成を指向するのに対し、政友会は中小企業や地方産業をも含めた各種産業の保護をめざしていた。しかし、政策基調はともに膨張的であり、第一次大戦による日本経済の構造変化に対応しようとする点で共通していた［原、一九八一：一〇六］。

帝国農会による農商務省改編の動きについても、両党は基本的には賛成であった。既述の一九二二（大正一一）年の高橋の農務省独立案が出た際、憲政会の若槻礼次郎は政友会の膨張政策に対し行財政整理を求める立場から反対した。しかし、その若槻も行政機関体系を整備する上で、農務省独立の必要性をみとめていた［東朝、一九二二：四月一八日］。むろん、対する高橋の政友会は、農商務省改編という方向に基本的に賛成であった。反対は、貴族院に立脚する清浦超然内閣が帝国農会に属する前田利定農商務大臣の下で改編を進めた際にも噴出している。しかしこれも、清浦内閣が予備金支出をしてまで農務省独立を急ぐ理由が、各党の一致しやすい提案をなすことで同内閣が四面楚歌の「窮境を脱」し、あわせて選挙対策に役立てようとするものではないかと疑われたためで［東朝、一九二四：二月一一日］、つまりは政治的な理由であった。

他方、財閥ブルジョアジーを代表して帝国経済会議に参加した木村久寿弥太（三菱合資総理事）らは、農務省設置を決議した一九二四年六月九日の同会議総会において延期論を展開している。しかしこれも、財政節約のおり経費膨張の危険性ありという理由からでその必要性を否定したわけではない［山本、一九八九：四〇二］。

このように農商務省改編をめぐる議論は、当時の行財政整理の風潮との関連でその遅速を論じられることはあっても、その必要性を正面から否定する意見はついに生じなかった。それゆえ、清浦内閣を倒して成立した加藤護憲三派内閣においても、行財政整理を掲げながら改編自体の是非は論じられることなく農商務省は分離されることとなった。

また一般の受け止め方も、例えば『東京朝日新聞』の社説によると、農商務省から農務省が独立せざるを得なくなった「裏も表も無い唯一つの理由」は、もはや「土地利用者階級の利害は、別に単独の主管庁を設けて之を攻究するに非ざれば」、「往々にして商工の徒、其他の消費者の主張に譲歩」する結果、「十分に之を防護し得さる」ため、というものであり、同時に新設されるはずの商工省への期待は表明されていない［東朝、一九二四：九月三〇日］。

つまり、農商務省改編に関する第一次大戦後の日本社会の共通認識は、農商務省という行政機構がもはや地主階級の利害を代弁し得なくなっていることであった。地主側の表現としては、同省内部において商工系官僚優位の構造が定着し、農務系官僚はもはや省議をリードし得ないということになる。このため農会側および農務系官僚は、農務省設立による農務行政の農商務省からの、いわば脱出をめざした。これは、彼らが自らの利益を代表する新たな行政機構に期待を寄せていたことを示す。

以上の過程で注目すべきは、農商務省の改編のメインテーマがあくまで「農務省（農林省）の独立」であり、いま一つの果実である「商工省の独立」を積極的に歓迎する見解がみられないことである。農務系官僚石黒忠篤も、ブルジョアジーの依拠する商業会議所は、帝国農会とは異なって分離の希望は余りなかったと回想している［産業政策史研究所、一九七五：一三二］。つまりブルジョアジー側は、地主勢力とは異なって行政機構の改編にそれほど関心を示さない。彼らは、すでに優位を占めていたと思われる農商務省が改編されてしまうことに反対せず、また彼らの意向をより反映させ得る商工省への期待も示していない。これには、帝国農会側の動きを黙認することで漁夫の利を得るという側面もあろう。しかしそれとともに、第一次大戦後においてなお、彼らが商工行政機構ないし商工系官僚の機能に過大な期待を寄せる必要がなかったとみることもできる。この意味において、「商工省の独立」は「農務省の独立」に随伴する結果であった。

二　農商務官僚群の二極化と自律性

前節では、農商務省内部において、帝国農会など外部勢力の意向を受けた農務系官僚と商工系官僚の間に政策をめぐる対立があり、第一次大戦後の農商務省はもはや帝国農会の望む方向では機能しなくなっていたとの見とおしを得た。しかし、この見とおしの前提にある農務系と商工系という官僚の区分はいまだ明らかではない。本章で対象とする一九一〇～二〇年代に、後の農林省・商工省につながる農林・商工系の色分けが農商務官僚の中に始まっていたのであろうか。また、両系の省内における力関係はどのように推移し、この中で自律性はどのように形成されてくるのか。こうした諸点について、ある意味で官僚にとって最も関心の深い要素であるポストの面から検討する。

(1)　商工系官僚と農務系官僚

まず、農商務省の局課の構成を、農務系を含む農林系と、商工系とに区分し、それぞれの力関係の変化をそれぞれに在籍する高等官ポストの数的推移をメルクマールに検討する。

高等官数の推移

一九二五（大正一四）年の商工省成立時の組織編成は、それ以前の農商務省の商工系の基幹三局、つまり商務・工務・鉱山の三局が中心であった。この横断的な業種別組織は、一九一〇年代の前半にはすでに存在した。商務・工務両局は、第一次山本権兵衛内閣の行政改革によって一三年から一八年まで商工局に統合されたが、課の構成に大きな変化はなく、その後この業種別組織は、日中戦争後の三八（昭和一三）年に、物資の需給調整と生産力拡充のため物資別原局課体制に改組されるまで存続した。(2) したがって、一九一〇年代から三〇年代末にかけて農商務省と商工省の根幹は、前者では商務・工務（商工）・鉱山と農林系の農務・山林・水産の六局、後者では商工系基幹三局であった。

農商務省で新設・分局・分課がすすんだのは、政策が多様化する第一次大戦末から一九二〇年代、とくに二〇〜二三年にかけてであり、とくに農林系の中の農務系、そして商工系の局課に多かった。農務局には農務課と開墾課が設けられるとともに畜産局が分局され、他方、商工系では商工局が分離された商務局に貿易通報課など、同じく工務局に工業課や労働課などが設けられた。農務と商工の両系統の色合いをもつ食糧局が新設されたのもこのころのことである［大豆生田、一九九三：二一四〜二一六］。

この間、官僚数の伸びは商工系の局課を中心に著しかったといわれるが、表3－1では、とくに高等官、つまり勅任官・奏任官数の推移に着目した。この比較によって、農商務省内における農林系とくに農務系官僚と商工系官僚の力関係をうかがい得ると考えたからである。比較を明瞭にするため商工系以外について、農務・山林・水産の三局をあわせて農林系としている。

本表のゴチック部分にみえるとおり、勅任官数では一九一〇年代初めから、製鉄所や研究所に多数の技官を擁する商工系が一貫して農林系の二倍程度をしめる。ただし、省議への影響力大とされる内局同士を比較すると、第一次山本内閣の行政整理による減員期を含め、勅任官・奏任官ともに農林系が商工系を上回っている。

しかし、内局の奏任官数で比べた場合、農林系と商工系の差は縮小しつつあった。両者には一九一〇年代前半には二倍程度の開きがあったが、第一次大戦後になると一九一九〜二〇年期の一・六倍（商工系五九名：農林系九七名）、

・農林省の高等官数推移

1919～20		1921～22		1923～24			1927	
勅任	奏任	勅任	奏任	勅任	奏任		勅任	奏任
2.5	5.5	2.5	5.5	2.5	4.5			
20	286	27	374	25	373	（商工省）	36	400
						大臣官房	4	6
4.5	59	7.5	94	6	86	内局	8	92
1	10	1	22	1	24	商務局	1	19
1	29	3	37	3	36	工務局	4	36
2.5	20	3.5	35	2	26	鉱山局	2	28
						保険部	1	9
9	81	10	101	7.5	94	製鉄所	10	107
4.5	123	8.5	169	11	183	研究所等	14	190
2	24	1	11	0.5	11	臨時局	0	5
8	305	22	361	11	380	（農林省）	17	416
						大臣官房	3	8
5	97	11	115	6.5	118	内局	8	155
2	51	2	30	1.5	40	農務局	2	76
2	32	4	33	2	20	山林局	2	21
1	15	1.5	20	1	24	水産局	1	31
		3	33	0.5	20			
				1.5	15	畜産局	2	18
						蚕糸局	1	9
3	205	11	247	4.5	262	研究所等	6	253
	2.5							

研究所・臨時産業調査局・戦時保険局，農林系としては臨時米穀管理所を含む．研

に配置．
だし，1927年のみ実数．

表3-1　農商務省，商工

（農商務省）	1911～12		1913～14		1915～16		1917～18	
	勅任	奏任	勅任	奏任	勅任	奏任	勅任	奏任
大臣官房	3	5	2	5	3	4.5	2	4
商工系平均	**11**	**157**	**12**	**127**	**13**	**156**	**16**	**229**
うち								
内局	3	**33**	3	**22**	3	**34**	3	**39**
商務局	1	8		→	1918年まで商工局			
商工局			1	12	1	22	1	26
工務局	0.5	9.5		→	1918年まで商工局			
鉱山局	1.5	15	2	10	2	12	2	14
製鉄所	3	31	5	32	6	42	7	51
研究所等	3	92	2.5	73	3	79	3.5	102
臨時局	1.5	1.5	1	1	1	1	2	37
農林系平均	**5.5**	**256**	**7**	**214**	7.5	**222**	**8**	**253**
うち								
内局	4	**62**	4	**49**	4	**51**	4.5	**69**
農務局	1	21	1	16	1	17	1.5	30
山林局	2	30	2	23	2	25	2	27
水産局	1	12	1	9.5	1	9.5	1	12
食糧局								
畜産局								
研究所等	1.5	194	3	166	3	171	3	183
臨時局								1.5

注：1．臨時局には，商工系としては臨時窯業研究所・日本大博覧会事務局・臨時窒素
　　　究所等は，試験所を含む．
　　2．1913～18年まで，商務局と工務局は商工局に統合．食糧局は，本表では農林系
　　3．数値は2カ年平均．商工系・農林系平均はうち数の計と必ずしも一致しない．た
　　4．ゴチックは本文中の記述に対応．
資料：『日本帝国統計年鑑』各年次12月．

二一～二二年期の一・二倍（九四名：一一五名）、二三～二四年期の一・四倍（八六名：一一八名）となる。大戦を境に差は縮まっていった。他方、商工系の中心である商務・工務局（商工局）と、農林系の中心である農務局を比較した場合、一九～二〇年期は商務・工務局あわせて三九名に対し農務局はなお五一名を数えていた。しかしこの同じ時期に、商工系には臨時産業調査局などの臨時局に二四名が配置されていた。二一～二二年期になると、この部分がそのまま振り向けられたかのように商務・工務両局が増員されて五九名となり、減員されて三〇名となった農務局を上回った。

以上のように、第一次大戦をはさんで商工系内局の高等官数＝ポストは大幅に増加し、農林系とくに農務系に拮抗ないしそれを凌駕するに至った。帝国農会による農務省独立運動の最盛期に、農商務省のポスト面では、商工系が農林系とくに農務系に対して優勢となっていたのである。

表3-2　大正末年農商務次官の省内経路—1913（大正２）年～25年にかけて

	掲載回数
大臣官房	4
商工系	20
うち商工局	1
商務局	8
工務局	11
鉱山局	0
食糧局	0
特許局	0
製鉄所	0
鉱山監督局	0
農林系	16
うち農務局	2
山林局	12
水産局	2

注：1．農商務次官とは，1922～25年在任の岡本英太郎・竹内友治郎・鶴見左吉雄・中井励作・四条隆英．
　　2．掲載回数とは，各次官が1913－25年の資料中に各局課長職以上として掲載された数．兼任等は省略．
資料：『職員録』内閣官報局，1913～25年．

次官への昇進と有力局課

このような商工系高等官ポストの増大は、農商務省内における商工系局課の官僚たちの発言力の増大を意味すると思われる。そうであるならば、農商務官僚の最高到達ポストである次官への昇進に関して、商工系局課に在籍することはかなり有利となったはずである。そこで表３－２では、毎年一回発行の『職員録』に依拠して次官就任者の前職をたどってみた。カバーしたのは一九二三（大正一二）年就任の岡本英太郎以後の六名の次官についてであり、彼らは何れも後述する「高文生え抜き組」であった。また、掲載回数とは一三年から二五年までに彼らが課長職以上として『職員録』に掲載された回数の累計である。これにより、大正期の農商務次官への昇進について、商工系、農務を含む農林系、いずれの局課が有力であったのかをうかがい得る。

みられるとおり、農商務省末期の次官は、一九一三年から二五年までの過程で、商工系の課長・局長職以上に在任した回数が二〇回、同じく農林系のそれが一六回となっている。これからは、次官への昇進コースにおいて、商工系局課と農林系局課が拮抗していたかにみえる。しかしその内容は、農林系局課の中では山林局が圧倒的で農務・水産局を経由する者は少ないのに対し、商工系局課は商務・工務の両局に限定されている。このように、農務系と商工系を比べた場合には、明らかに後者の局課が優勢であった。それゆえ、商工系官僚と農務系官僚との間には、昇進の面で明瞭な区分が生じつつあった可能性がある。

以上から、本章で対象とする一九一〇年代以降の農商務省内では、ポスト数や昇進の面で、農林とくに農務系の退潮と商工系の進出という特徴が明らかとなった。

（2）　農商務官僚の自律性と外部要因

官僚が官僚としての自律性を備えたことを示す指標の一つは、人事の省外部からの独立である。官僚の自律性が制度的に保証される画期は、文官分限委員会が設けられて官吏の身分保証が強化された準戦時経済期の一九三二（昭和七）年である。この延長線上に登場した革新官僚は政治不信の背景の下で政策立案を主導し、独走する［水谷、一九九九：二五〇。秦、一九八三：第五章］。しかし本稿の対象とする第一次大戦前後には、行政官僚と政治家の相対的力関係は一進一退であった。大正期の政党政治の進行にともなう官僚の政党化の進行などにより、官僚の政党に対する地位はむしろ低下したともされる［村松、一九九九］(3)。

高文生え抜き組次官の登場

ここではまず、農商務省官僚全体の自律性をはかる指標として、農商務次官職および商工次官職が省内部の労働力市場に依存し始めた時期を検証する。

日本の行政官僚における藩閥の情実人事ネットワークは、一八九〇（明治二三）年には確かに残存していた。しかしこれは、一九二〇（大正九）年には東京帝国大学出身者のそれにとって代わられていたという［高根、一九七六：一三六］。農商務省・商工省の次官への昇進の場合も、表3－3によると、一九一三年、大正の初めころには、東京帝大法学部を卒業して五〇歳前後で次官に就任する者が圧倒的になっている。

ただし、東京帝大卒業者といっても、一九二二年以前と以後では趣を異にする。これ以前では、高等試験いわゆる高文組はいまだ次官に到達しておらず、「前職」から分かるとおり大蔵省などの他省、また民間企業を経由している。

これに対し、二二年の岡本英太郎農商務次官以降の前職は、政治任用の三土忠造を除くすべてが農商務省ないし商工省の局長を経由しており、その局の多くはいわゆる内局であった(4)。このように、農商務省および商工省の次官職は、二〇年代初めの岡本次官以後、高等試験をパスし、帝国大学卒業後直ちに農商務省・商工省に任用

後職（戦前主要分のみ）
勅撰議員，宝田石油社長
貴院議員，台湾総督
衆院議員，貴院議員
藤田組総務理事，文相
産業組合中央金庫理事長
衆院議員，陸軍政務次官
東京モスリン社長
農商務政務次官，文相
製鉄所長官，日本製鉄社長
安田生命社長，貴院議員
大日本水産会長
衆院議員，逓信政務次官
商工相，貴院議員
貴院，企画院総裁，軍需次官
法制局長官，貴院議員
商工相，衆院議員
日本製鉄常務

表3-3　農商務省・商工省の次官一覧（大正～昭和前期）

次官名	在任期間	就任年齢	出身大学	高文試験合格年	前職
橋本圭三郎	1913—14	48	東大法	非	主計局長，大蔵次官
上山満之進	14—18	45	東大法	1895(明治28)	山林局長，熊本県知事
犬塚勝太郎	18—20	50	東大法	非	逓信次官，衆院議員
田中隆三	20—22	56	東大法	非	鉱山局長，明治水力電気社長
岡本英太郎	1922—23	51	東大法	1898(明治31)	山林局長，農務局長
竹内友治郎	23—24	51	早稲田大	〃	台湾総督府警務局長
鶴見左吉雄	24	51	東大法	1900(　33)	山林局長，商務局長
三土忠造	〃	52	—	非	衆院議員，内閣書記官長
中井励作	〃	45	東大法	04(　37)	山林局長
四条隆英	24—25	48	東大法	〃	工務局長
同　上	1925—29				
三井米松	29—30	55	東大法	1910(明治43)	鉱山局長
田島勝太郎	30—31	51	東大法	06(　39)	福岡鉱山監督局長
吉野信次	31—36	43	東大法	12(大正１)	工務局長
竹内可吉	36	47	東大経	16(　5)	関東軍経済顧問，特許局長官
村瀬直養	36—39	46	東大法	13(　2)	法制局・特許局長官
岸　信介	39—41	43	東大法	19(　8)	工務局長，満州国総務庁次長
小島新一	41	48	東大法	18(　7)	貿易局長官

注：四条隆英は，1924～25年まで農商務次官，以降は商工次官．
資料：秦郁彦『戦前期日本官僚制の制度・組織・人事』東京大学出版会，1981年．

され、両省において官歴を積んだ者が就任している。つまり、次官ポストは高文官僚農商務省・商工省生え抜き組の独占となった。これは、農商務省末期に第二次大戦後のような自律的昇進階梯が形成されつつあったことを示唆する。

官僚の自律性と政党化

このような農商務官僚の自律性の高まりは、大正期の政党政治進行の影響とどう関連するのか。以下では、政党化の進行という外部要因が省内部の人事異動にもたらした影響について検討する。

表3－4は、商工系主要局課の幹部官僚について、大正初めから昭和の準戦時経済期にわたる異動状況をおったものである。商工省の主要三局と、農商務省期のこれに対応する三局および商工局の課長・局長に加えて、大臣官房と次官が含まれている。

異動（課長職以上について）

			商　工　省　期						
22	23	24	25	1926（昭和１）	27	28	29	30	31
→6．加藤友三郎	→9．第二次山本	→1．清浦奎吾→6．加藤高明		→1．第一次若槻	→4．田中義一		→7．浜口雄幸		→4．第二次若槻→12．犬養毅
→政友会支持	→憲政会好意中立	→超然→憲政組閣・政友会支持	→憲政会組閣		→政友会組閣		→民政党組閣		→→政友会組閣
15	11	17	5	17(1)	14(1)	8	8	7	11
7	9	6	15(1)		2	7(1)	8	12	4
	3		1						
	2		3		1	1			

数．（　）内は含まれる兼職者数．

日本経済分析』山川出版社，1981年．留任・交代・新設は，内閣官報局『職員録』1913～24年，25

第二次大隈内閣期からの五年間は、前年から引き続いて「留任」する者が圧倒的であった。しかし、第一次大戦を経た一九一九（大正八）年から「交代」者の比重が増加し始める。原敬政友会内閣期に生じたこの動きは同じ政友会系内閣の下でも進行し、憲政会系との政権交代が激化する二三年ころからさらに促進された。

商工省期の一九二八（昭和三）年の田中政友会内閣から翌二九年の浜口民政党内閣にかけて、この傾向は強められた。これ以前には、農商務省分離の二五年を例外として、「交代」者の数が「留任」者を上回る事はない。しかしこの二八年以降、「交代」者数は「留任」者とほぼ同数かむしろ上回る年が多くなった。本表には掲げないが、三〇年代になると、課長職以上の幹部官僚たちは着任したポストを暖めるいとまもなかったと思われる

このような異動増加の理由として、外部要因、つまり政党政治の進行にともなう政治の官僚人事への介入をあげることは可能である。とくに、二大政党

表3-4　大正～昭和初年の商工系主要局課の人事

	農商務省期								
	1913（大正２）	14	15	16	17	18	19	20	21
内閣	第三次桂→２．第一次山本	→４．第二次大隈		→10．寺内正毅		→９．原敬			→11．高橋是清
内閣と政党の関係	→政友会支持	→憲政会組閣		→政友会好意中立		→政友会組閣			
留任		13(1)	12(2)	14(2)	13(2)	13(1)	10(2)	8	16
交代		2	3	2	3(1)	3	6	**7**	2
新設								**4(1)**	4(2)
不明									

注：１．同年中の内閣の交代の→以下の数値は交代月，人名は内閣首班．
　　２．留任・交代・新設の数値は，1924年までは前年『職員録』と対比．25年以降は年内の延べ
　　３．ゴチックは交代・新設の合計が，留任と同数以上になったことを示す．
資料：政党との関係は原朗「一九二〇年代の財政支出と積極・消極両路線」中村隆英編『戦間期の
　　年以降は産業政策史研究所『商工省・通商産業省行政機構及び幹部職員の変遷』1977年．

が交互に政権を担うようになった一九二三年からの異動の増加は、これから説明づけられるかもしれない。

商工省が成立した後も、政党は、自党系の官僚に有利なポストを与えようとしている。例えば、後述の「ミスター商工行政」吉野信次は、任官以来のさまざまな経緯から政友会系の官僚とみられていた。それゆえ吉野は、工務局長であった浜口民政党内閣期の一九三〇年の商工次官選任では、井上準之助蔵相の介入もあって除外されたという［有竹、一九七四：二三四］。代って抜擢された田島勝太郎は農商務・商工省の傍流で本省歴が乏しく、前職は福岡鉱山監督局長を務めていた。田島が退官後に代議士となることからも、この異例の人事の政治性は明らかであろう。ようやく犬養政友会内閣に代る翌三一年一二月になって、吉野は田島から商工次官職を引き継ぐことができた。なお、吉野が三六年に商工次官を退いたのも、民政党所属の小川郷太郎商工大臣の意向によるものであったとされる［吉野信次、一九

六二：二四二・二八六。岸ほか、一九八一：二八二〕。

しかし、次官のような頂点人事を別にすると、農商務省・商工省の商工（系）高等官一般について、政党の介入を過大に評価することは難しい。第一次大戦後の異動増加の理由としては、内部要因、つまり農商務省・商工省の組織改革の結果としての人員の配置換えを無視することはできない。農商務省・商工省の大きな組織改革の内容は次のとおりである。

一九二〇～二一年　農商務省商工局の商務局と工務局への分離。食糧局の新設。主要内局すべて（農務・商務・工務・鉱山・山林・水産）に新設課

一九二三年　畜産局の設置

一九二五年　農商務省の農林省と商工省への分離

一九三〇年　貿易局・臨時産業合理局設置

これらの年次には、表3－4にゴチックで示したとおり「交代」「新設」というかたちでの異動が明らかに増加している。これはこの時期に、組織変更という内部要因による配置転換があったことを物語る。つまり、異動増加は日本経済の構造変化に対応して農商務省・商工省が最適組織化を進める際に生じた動きであり、むしろ商工系高等官の自律性の上昇を示すと思われる。

このように農商務省では、第一次大戦後になるとポスト数や昇進の面で、商工系官僚が農務系官僚に対し優勢となった。他方で、人事面の外部からの自律性も上昇したもようである。つまり一九一〇年代から二〇年代という時期は、農商務省全体としての自律性が高まる一方で、とくに農務系官僚が発言力を喪失し、逆に商工系官僚は省内の地位を確立した。この過程で両者はそれぞれの独自性を深めた。二五年の農商務省分離の際には、こうした省内の実態を反映するかたちで両系の高等官はそれぞれ商工省と農林省に分属され、その新組織に依拠して自律性をさらに高め

ていったのである。

三　商工省をめぐる理想と現実

農商務省の商工局課に所属する高等官、つまり商工系官僚たちは、第一大戦後の過程で省内部の発言力を増しつつあった。それゆえ、農務系主導で進められつつあるかに見える農商務省改編の動きに、商工系官僚たちもまた何らかのかたちで関わったことは疑いない。以下、この過程で彼らが期待を寄せた新組織プランと実現した組織とを比較し、商工省成立前後における彼らの外部勢力との力関係を考えたい。この作業は、商工系官僚の自律性の高まりと、そこから生まれる「省益」への萌芽を探る意味をもつ。

また、農商務省から商工省へと移行し、自律のための組織的基盤を獲得する過程で、商工系官僚の機能はどの部面で発揮され得たのかについて、中心的な官僚を取り上げて検討したい。

(1)　組織デザインの変遷と帰結

一九二五（大正一四）年四月に商工省が発足した際、農商務省の従来の商工系部門がとくに拡充されたわけではなく、内局としては従来どおり商務・工務・鉱山の三局があるのみであった［百瀬、一九九〇：一二八］。しかし、ここに至る経過は決して平坦ではなかった。

農商務省の改編プランは、一九二二年ころから登場する。既述のとおり帝国議会の農務省新設決議は翌二三年末であったが、それに先んじて農商務省では、改編後の管掌範囲をめぐる綱引きが政権の交代と連動しつつ他省庁との間および省内で始まっていた。

表3－5には、新聞などに表れた農商務省改編プランの変遷をまとめた。前述のとおり、農商務省の分割は農務系官僚によって積極的に推し進められた［大豆生田、一九九三：二二一］。しかし本表からは、農商務省の既設局課を農務省と商工省に分離するというにとどまらず、商工系官僚の側も他省関係局課の移管によって権限拡大をめざそうとした動きがみてとれる。

積極的改編論者として知られる高橋是清の一九二二年三月一六日案は、新設の農務省には陸軍・文部・内務の各省を、商工省には逓信省から関係局を吸収し、それぞれの権限を拡大しようとするものであった。この吸収・拡大策は、高橋らの政友会が政権から離れてもなお推し進められた。第二次山本権兵衛内閣期の二三年には、逓信省に加えて外

改編プランの変遷

商工省関係	依拠資料
逓信省電気局	［東朝，1922：3／17］
逓信省電気，外務省通商局，大蔵省関税関係	［東朝，1923：8／4］
逓信省の電気・管船，外務省通商の一部（除移民）	［東朝，1924：1／31］
貿易（亜細亜・欧米・南米南洋課），米穀（食糧局経理・業務・調査課）	［東朝，1924：2／22］
逓信省電気局・電気試験場，外務省商務官，大蔵省醸造試験場	同　上
逓信省電気局・電気試験所，外務省商務官，大蔵省醸造試験所，（農務局生糸関係・検査所）	［内閣公文書館，1924：5／26］
（農務局の生糸検査所）	［内閣公文書館，1924：5／29］
	［山本，1985：142］
他省移管案を放棄	［東朝，1924：6／7］
通商・外務・逓信・内務の各省事務を取捨廃合	［東朝，1924：9／28］
地質並びに軍需・調査・統括	［東朝，1924：9／30・10／7］
が如き平凡なる両分案	［東朝，1924：10／13］

表3-5　農商務省

	内　閣	典　拠	農務（農林）省関係
1922年(大正11)			
3月16日	高橋是清：政友会	高橋首相発言	陸軍省馬政局，文部省天文台，内務省治水
23　8月2日	山本権兵衛：憲政会好意中立	行政整理委員会の独立案に関する関係次官会議	
24　1月30日	清浦奎吾：超然	前田農商相発言	
2月21日	同上	農商務省局長会議における農商務分立官制基礎案	
同上	同上	同上，席上意見	内務省の砂防・水利・北海道及び樺太の山林行政
5月26日	同上	前田農商相請議の付属文書（鶴見農商務次官）	内務省の北海道における林野・砂防，普通水利及び土功組合に関する事項
5月29日	同上	三大臣会議を受け閣議決定（法制局長官）	
6月6日	同上	帝国経済会議農業部特別委員会諮詢（第4号）第5回討議	内務省の北海道における林野及び開墾奨励，普通水利組合に関する事項
—	同上	閣議内容か	他省移管案を放棄
9月27日	加藤高明：護憲三派	行政整理案閣議にて高橋農商相発言	電気・気象・治水局．文部・内務の各省事務を取捨廃合
9月29日・10月6日	同上	閣議．三派協調案と行政整理委員会案の解決案	
—	同上	高橋農商相	清浦内閣時代に立案したる

注：表中の内閣は表3-4に，依拠資料は参考・引用文献に対応．

務省の通商関係部門と大蔵省の関税関係部門の移管プランが示された。さらに、二四年二月二一日、短命に終わる清浦超然内閣の下での農商務省局長会議においては、外務省の商務官などの移管も付け加えられている。

このように、商工省関係について貿易関係の各部門を核とする積極的な吸収・拡大プランが練られており、これは農務省関係が一九二二年の高橋プランの枠内にとどまっているのとは対照的である。政権の交代にもかかわらず一貫するこうした積極性には、政治家など外部者のみでなく、省内の商工系官僚の意向が少なからず反映されていよう。

商工系官僚は、他省からの吸引のみならず、一九二四年二月二一日の省内局長会議の場で、前月三〇日段階では農務省所属と予定されていた食糧局の一部を新設商工省に引き寄せることに成功した。帝国農会による農商務省改編運動の主因は米価問題であり、その米価を管掌するのは食糧局である。この食糧局の一部が一時的にせよ商工省帰属とされた事実は、当時の農商務省内における商工系官僚の農務系官僚に対する優位性を物語る。

しかし、このように積極的な商工省組織プランは、清浦内閣の総選挙での敗北を受けた一九二四年五月二九日までに保守的プランへと変更された。同年六月の帝国経済会議の討議を待つまでもなく、すでに閣議において移管範囲を農商務省内にとどめたんなる二分案とすることが決定されていたのである［内閣公文書館、一九二四・五月二九日］。

新たに成立した加藤高明護憲三派内閣は農商務大臣に高橋是清をいただいており、行政改革を掲げつつも当初は徹底した積極改編案で一致していた。しかし、経費節減を担当する大蔵省との意見交換の中で後退し、ついに高橋をして「種々の事情」から「理想案」の放棄を表明せしめるにいたった［東朝、一九二四・六月一八日、一〇月七・一二日］。こうして、農商務省改編は「平凡なる両分」に決着し、従来どおり商務・工務・鉱山の商工系三局を基幹とする商工省が成立することとなった。

以上のように、農商務省の改編について表立った動きを示さないかにみえる商工系官僚は、商工省の組織デザインの過程において一九二二年の高橋プランを拡大し、通商、関税など貿易部面にまでその管掌範囲を広げようとしていた。彼らの意図は、三派内閣の中心であった憲政会の行政改革至上主義の下で挫折を余儀なくされた。しかしこうした組織デザインの過程は、彼らが生まれいずる新組織に大きな期待を寄せ、どの部面に「省益」の可能性を見出そうとしていたかを示している。

（2） 商工系官僚の政策関与とその限界

以下では、一高等官の商工省の成立前後の軌跡をたどることを通じて、商工系官僚の政策関与のあり方、彼らと政治家・財界との位置関係を検討する。

吉野信次と商工行政

商工省の成立前後の商工系官僚のリーダーとされるのは、一九三一（昭和六年）年に第四代商工次官となった吉野信次（一八八八～一九七一）である［田中、一九七七：四二］。

一九一三（大正二）年に農商務省に任用された吉野信次の学生時代は、マルクスをかじるにはやや早すぎ、彼はむしろ新渡戸稲造らクリスチャンに近かったという［藤田、一九八三：一七四。有竹、一九七四：九九］。他方、彼の兄で大正デモクラシーの旗頭となる吉野作造との交流は、少なくとも作造の日記に表れる限りでは極めて乏しい［吉野作造、一九九六］(5)。

高等試験・大学卒業席次ともに上位を占めた吉野信次への期待は、彼の入省当初から高かった。任官の翌一九一四年には早くもアメリカ出張を命ぜられ、カリフォルニア大学バークレー校で世界不況の救済策と労働問題を学ぶ機会を得る［吉野、一九六二：三〇］。その後工場監督官を経て鉱山局事務官となっていた吉野は、二〇年の国際労働会議に際して八時間労働原則をとなえた工務局の河合栄治郎・本位田祥男に対抗し、日本の実情にみあった例外措置を主張して省内の支持を勝ちとった。吉野はこれによって四条隆英工務局長に認められて工務局工務課長に昇進し［有竹、一九七四：一八六］、以後、農商工分離時の次官となる四条の片腕として商工系官僚の本流を形造ることとなる。

岸信介をはじめとする当時の下僚の一致した証言によると、吉野は四条隆英農商務次官のもとで文書課長となる一九二四年から商工次官を退く三六年まで、商工省の人事から政策に至るまでをリードしたという［岸ほか、一九八一：二八四。有竹、一九七四：四四八］。吉野自らもこれを是認する。

私ら属僚ですから大臣のかわるたびにいろんな政策を掲げる……大正の終わりから昭和の初めにかけて……企業の統制と貿易の振興という方策……それは現実の事態に対する私どもの認識で、それを大臣の変わるたんびにいろいろと粉飾した文句で出したと、こういうことですね［安藤、一九九三：一六～一八］。

すなわち商工系官僚の主観としては、農商務省改編期から商工省初期の一一年間にあたるこの時期は「吉野の時代」であり、大臣＝政治家は企業統制と貿易振興を掲げる官僚のリーダーシップの下にあったかにみえる。実際、この間の仕事振りも、次のように回想されている。

商工省の仕事……卸売市場や取引所、保険などの仕事を商務局で、重要産業に補助金を出したり、中小企業の組合をつくったりする仕事を工務局でやっていた。中小企業行政も私がはじめたようなものだ。商工省発足当初の次官だった四条（隆英）さんが「君はよく中小工業、中小工業といっていたが、ようやくそれが言葉になったな」といわれた……農商務省時代には染料工業の育成をやった。ちょうど第一次大戦の頃……染料から毒ガスや爆薬……大正四年に染料医薬品製造奨励法……ソーダ工業やボール・ベアリングを育てることも考えたし、富士フィルムの設立も私の時だ。何回も手がけたのは鉄だ……しかし、中小企業の統制は成功したが、大企業の統制はなかなかむずかしい［通産省、一九六〇：九一］。

まさに八面六臂の活躍といえる。しかし、ここではとくに、吉野が中小工業行政に当初より積極的に関与しその成果を自負している点に注目したい。この回想中の「言葉になった」という四条次官の言は、一九二五年の商工省発足と同時に成立した重要輸出品工業組合法をさすと思われる。これは、中小工業組織化政策の出発点とされる同法が吉野のリードによるものであったこととともに、商工省成立前後の中小工業行政について官僚自らがその効果に満足していたことを物語る。しかしこの反面で、吉野は大企業分野については関心を持ちつつもいま一つその影響力を発揮し得なかったと回想している。これは、商工省成立前後において大企業分野については商工系官僚のコントロールがいまだ機能し得なかったことを示唆する。

中小工業への関心は、吉野が商工省成立前後に発表した論稿にもあらわれている。『明治大正昭和前期　雑誌記事索引集成』によると、吉野は帝国大学在学中の一九一一年に発表した翻訳「べるんノ平和会議」を皮切りに三六年までの二五年間に、再掲を含め計三〇編の署名論稿を雑誌等に発表した(6)。とくに、吉野が農商務省・商工省の文書課長として商工行政をリードし始めた二四～二七年に発表された五編は、農商務省末期の商工系官僚の政策的関心の所在を示している。

その内訳は、①「小工業の意義並に其対策」(『社会政策時報』第四二号、一九二四年)、②『労働法制講話』(国民大学会刊、一九二五年)、③「公共企業に対する監督」(『社会政策時報』第六六号、一九二六年)、④「我が工業発達の経過」(『産業評論』第一巻第二号、一九二六年)、⑤「我が工業の発達経過」(『台湾時報』第八八号、一九二七年)である(7)。表題からも推察されるとおり、中小工業に関する論稿が中心である。

このうち、吉野がこの当時の中小工業に関する認識を述べた①では、「小工業」の保護と取締りの必要性が論じられる。すなわち、「小工業家」は中間階級として労働者に独立自営への「機会と希望」を与え労資間の階級対立を緩和させるし、副業的小工業は農家の余剰労働力の利用に役立つ。それゆえ、小工業は国民経済上に大きな意義をもつ。しかし反面、小工業は近代的大工業の「真面目なる企業家」に対し「不当の競争を為し得る」ため、「有害不利なる影響」をもたらすこともある。だから、後発工業国日本の「群小の小工業」を保護し、その一方で規制する「社会的意義」は「欧米諸国にも増して我国に於ては重且大」である。ただし、政府による保護は限定されるべきである。

小工業者自身の自主的な努力、例えば産業組合や同業組合などによる販路拡大や技術改善の保護に重点を置くべきで、「不完全不満足なる状態を将来永く維持する」ようなことは避けねばならない。取締り方策についても、最低賃金法や重要輸出品検査制度などにより労働条件や製品規格を守らせることが重要となる［吉野信次、一九二四：一五一～一五七］。

ここには、民間「工業家」への不信感が通底するとともに、政府による産業合理化や中小工業対策の必要性が述べられている。(8) ただ、政府による本格的な介入についてはいまだ懐疑的で、自主的統制を指向するものといえよう。

この①は農商務省分離前年の一九二四年三月に発表されたものである。この社会政策的観点からする中小工業保護政策は、同年四月二五日の帝国経済会議工業部会における前田利定農商務大臣の諮問事項趣旨説明の内容と共通する［山本、一九八九：三九七］。これは、中小工業問題に関する農商務省商工系官僚、とくにそのリーダーである吉野信次の主導性を反映する。

吉野は、やや後に産業合理化を論じた際にも、「中小工業なるものの我国民経済上極めて重要なる地位を占むるの事実」からして「産業合理化」の「重点を中小工業の統制に置くべきことは、論を待たない」とし、工業組合に関する法制の改善を主張している［吉野信次、一九三〇：三一六］。重点を中小工業問題の解決におく点で、産業合理化政策は商工省成立前後の主張の延長線上にあった。

商工系官僚の限界

このような吉野の姿勢は大企業分野に関してはなお、商工系官僚がその指導力を発揮し得なかったことにもよると思われる。新設の商工省では、蚕糸業を除く繊維工業・貿易行政を所管することとなった。しかし、例えば関西繊維業界は自主活動を誇りとしており、きめ細かい行政指導は存在の余地がなかった。また通商産業省編『商工政策史』

は、業界首脳はその強い政治力故に、商工省行政当局を越えて直接大蔵大臣らに意見表明するか、商工会議所、帝国議会を通じて政党内閣の施策に影響を与えたと指摘する［通産省、一九七二：三］。

商工会議所など一般経済団体やまた財閥は、戦前の政策決定に大きな影響を与える存在であった。こうした産業横断的な組織が個々の企業の情報や利害を集約し、その代表が一九一六（大正五）年の経済調査会など各種審議会の中心メンバーとなって政府とのコーディネーションにあたったとされる［岡崎、一九九三：七二、一九九三・四：一一八］。

吉野信次もこれら経済団体に代表される財界の影響から自由ではあり得なかった。文書課長・工務局長・次官と商工省のステップを駆け上がった一九二七（昭和二）年から三四年にかけて、経済界にとって大問題が起こると「財界世話役」郷誠之助はしばしば関係者を召集した。吉野も、商工会議所理事らとともに一般経済団体を代表する郷の家に参集し、財界の要望があればその場でそれが決められたという。つまり、商工系官僚のリーダー吉野も「財界世話役」らの意思決定の影響をこうむっていた［松浦、一九九五：一五］。

そして、財閥を含む広義の財界の意思は主に大企業分野で発揮されたと思われる。例えば、浜口雄幸民政党内閣が金解禁準備のため産業合理化を推進すべく設置した臨時産業審議会の一九三〇年四月二五日答申の際に、巨大銀行出身の審議委員たちは、造船業と製鉄業の合同促進については極めて具体的な合同の方策と資金融通の問題を提起した［後藤、一九九一：二五九］。これに対し、中小工業に関しては、同審議会小委員会は全体として統制強化に否定的であった。こうした際に示される吉野商工局長の行動は華々しい。吉野の提出議案（「ある種の重要工業品の製造加工に対し一般的に許可主義を採る――重要輸出品に限って企業統制上に必要ある時は組合地区内において同種工業を開始せんとするものに対して相当制限取締をなす」）は、ひとたび小委員会において否決されたにもかかわらず、やがて復活した。また、金融改善のため工業組合中央金庫を設けて工業組合を通して資金貸付けを行うという議案についても、小委員会で見送りとなったにもかかわらず、吉野の強い進言が起草委員長の郷誠之助を動かした結果として答申に採用された［後藤、一九九一：二六一］。

このように一九三〇年ころにおいても、商工系官僚と財界の関係は、大企業分野に関する政策については財界がリードし、中小工業分野については官僚がリードする構造があったように思われる。二四年の帝国経済会議で官僚のオリエンテーションが発揮されたにせよ、これはあくまで「官界と財界の連携プレー」であり［山本、一九八九：四〇八］、官僚が会議の結論をあらかじめ定めていたわけではない。官僚のリーダーシップは金融恐慌後の二七年に田中義一内閣の下で設置された商工審議会でも指摘されるが、この商工審議会は、あくまで政友会の「産業立国」論を具体化するために設置された機関であった点を看過し得ない(9)。

これを象徴するのは、中小工業組織化政策の出発点といえる重要輸出品工業組合法の成立が、商工省の発足と同じ一九二五年であったことである。この当時、商工省の権限はなお小さく、カルテル活動への介入はもちろん、カルテルの契約内容すら掌握していなかったとされる。同省のカルテルへの介入が強化され、臨時産業合理局官僚の革新性が形成されるのは昭和恐慌期の三一年に成立した重要産業統制法の適用過程であった［宮島、一九九三：三八三］。

やはり、一九二〇年代の日本にはまだ現代的な産業政策の考え方は有力でなかった。第一次大戦後のヨーロッパの総力戦体制の考え方は、同時代性をもって日本をとらえていたが、大企業についてはいまだ自由主義的な姿勢が濃厚でカルテル化もあくまで自主的なものであった。総力戦についての知識を紹介した官僚たち自身も、三〇年代以前においては自由主義的な思考にそまっていたし、商工省は大企業部門に本格的に介入することは少なかった［武田、一九九三：一三四〜一三八。宮島、一九八四：一〇九］。

また、政党政治の進行と吉野の活躍とを関連させて考える必要もある。立憲制が本格的に機能し始めるのは、一九一八年夏の米騒動以降であったとされる［小路田、一九九八：一三六］。吉野が四条農商務次官に登用されるのは、この数年後のことであった。当時の下僚は、吉野が「官僚として大変な寄与貢献ができた」のは、大正末から昭和の初めの政権党であった憲政会・政友会が「経済政策を立てるためのブレーンに欠ける」ためであったと証言する［有竹、一九七四：四四三］。商工系官僚の発言力の増大は、政界・財界とのトライアングルの成立という面からも説明づけられよう。

少なくとも、商工省が成立した後しばらくの間、新組織を獲得した官僚は大企業分野を含めて政策を誘導しうる本格的な「商工官僚」にはなり得なかった。その意味で、彼らは一九二〇年代を通じて商工「系」官僚の段階にとどまっていた。商工系官僚の機能は、個別資本の動きを総資本の立場に調整して経済上の諸問題を処理するという方向に作用したのである。彼らが独自性を発揮し得たのは財界の関心が比較的乏しい中小工業分野にあり、商工省という基盤を得た彼らは、まずはそこに「自律」と「省益」の拠り所を見出したと思われる。

おわりに

日本資本主義の高度化の結果として農商務省の商工系官僚の活動量は著しく増大した。商工系官僚は高等官数の面からも省内におけるその比重を高めた。農商務省では、第一次大戦後になると人事面などで外部からの「自律性」を高めつつあったが、これは省内に、商工系と、農林系とくに農務系官僚との明確な二極化を生じさせることとなり、農商務省としての「省益」は成立し難くなっていた。省議をリードする実力を獲得した商工系官僚と、帝国農会を背景とする農務系官僚の対立は、米価など食糧政策の対立を契機として深刻化した。以上の象徴として、一九二五（大正一四）年に農商務省は商工省と農林省に分離されることとなったのである。

商工省が成立した結果、商工系官僚はすでに農商務省期に一定の実現をみていた自律性を形式面においても追認され、共通した省益の下で共通の政策と昇進目標を追求する基盤を与えられた。しかし政策面では、第一次大戦後、商工省成立をはさむ一九三〇年代初めまでの間、大企業分野を含めて経済活動に介入するには至らず、ブルジョアジーの側も商工行政機構への過大な期待は示さなかった。官僚はあくまで政党政治のブレーンとしての役割にとどまったと思われる。この意味で、商工系官僚は、いまだ政策誘導的で主体的な戦後通商官僚に接続する「商工官僚」の機能は果たし得なかったことになる。

展望するにとどめるが、この意味での商工系官僚の「商工官僚」化は、一九三〇年代の前半、とくに三二年から四、五年にかけてであったと思われる。これは、政党の退潮の中で軍の発言権もいまだ限られており、政党、軍、官僚、さらに天皇・重臣らの間に不安定な力の均衡が成り立っていた時期［水谷、一九九九：二五四］にあたる。やがて彼らの中から、吉野信次の右腕であった岸信介などの独走する「革新官僚」が登場してくる。彼らの出発点は、商工省であったが、その行動はひとたび作り上げられた省庁官僚制・省益の枠をはみ出ていた。彼らはむしろ日本型官僚からの逸脱者であったように思われる。

【注】

（1）本章で対象とする官僚の範囲は、高等試験に合格して「天皇の官吏」つまり高等官（勅任官・奏任官）への扉を開かれたエリート官僚とする。なお、ここでいう商工系官僚とは農商務省の商工系局課と初期の商工省に属する官僚たちをさす。「商工官僚」については本文中で定義する。商工省成立については［小林、一九九九］も扱っている。

（2）以後、この物資別原局課体制が一九四三（昭和一八）年の商工省の軍需省への統合を経て戦後の通産省に受け継がれた［鈴木、一九九五：二八二～二八三］。

（3）政党の官僚人事への介入は、一八九九（明治三二）年の文官任用令改正による勅任官への自由任用の廃止によっていちおう制限された。しかし、その後も、自由任用範囲は一九一三（大正二）年、一四年と拡大・縮小を繰り返し、原敬政友会内閣期の二〇年に任用範囲が再び拡大されたころから昭和の初めにかけて、文官分限令の「官庁事務の都合により必要なる時」規定にもとづく官吏の休職処分が盛んに行われた［井出、一九八二：一五二］。

（4）彼らはいずれも高文試験第一部搭載者であり、また吉野信次らその一部には大学卒業席次上位者を含んでいた。これは、任官時の事情と昇進との強い相関関係をうかがわせる。

（5）吉野は工務局長時代以降、岸信介を重用した。その際、大学時代の岸が上杉慎吉らの右翼的な興国同志会の幹部として吉野作造指導下の東大新人会に対抗する存在であったこと［秦、一九八三：一八七］は顧慮されていない。大学の四年間、彼の明晰な頭脳はもっぱら教授の講義の理解に費やされて、ついに参考書も修養娯楽の本も読まなかったとされる［有竹、一九七四：八六］。

（6）その発表活動が本格化するのは、農商務本省の文書課長時代の一九二四年からであった。この時期以前では、兵庫県工場監督官・臨時産業調査局事務官を務めた一六年から一七年を中心として、工場法およびアメリカの労働法の適用事例を中心とする六編があるに過ぎない。これに対し、二四年から三六年までは毎年、累計二四編に及んでいる［皓星社、一九九八］。このうち三〇年前後から三六年にかけての一五編は、工務局長兼産業合理局事務官を務めた前半が産業合理化、商工次官期の後半には統制と商業・工業組合に関するものが圧倒的である。

（7）一九一九年創刊の『社会政策時報』は、前年に設立された協調会の機関誌として社会政策、労働問題研究の中心的な役割を果たした［杉原、一九九〇：三五七・一八二］。また、『産業評論』は産業行政評定会一九一六年に発刊された。

（8）商工省成立の翌一九二六年の④の内容は次の通りである。すなわち、日清・日露戦争とくに第一次大戦を契機として工業は著しく進展したが、これはあくまで「僥倖」であった。いまだ「工業の経営に対する国民的の経験訓練が乏しく、それ故に「我国の多数の工業家」は、「日露、欧州戦役を期として非常なる好機会に遭遇し乍ら」、「製品品質の向上と生産費の低廉」という方策をこうじることなく、利益を不生産的に費消してしまった。つまり、「国民殊に工業家が自覚して自分のためにも国家のためにも百年の計を樹つること」に失敗したため、「産業革命は未だ徹底」せず、「旧来の家内手工業の如きものに毛の生へた位の群小の小規模の工業も雑然として存する」。この結果、反動期に入って「我国の工業は何れも気息奄々たる有様」となったのは「返す返すも遺憾此上ない」［吉野信次、一九二六：四三・四四］。ここでも、先進国に比するわが国の後発性が強調され、それゆえ明治以降の政府による上からの工業化と制度移入は必然であったと結論しており、中小工業に関する深い関心が吐露されている。

（9）当初、商工審議会自身に委ねられる筈であった審議項目は商工省当局が提出した調査項目案にそって決定され、同省の「三大政策」である染料工業、ソーダ工業、鉄鋼業の保護・奨励の具体化のための審議が行われた。四条隆英商工次官は、特別委員会におけるソーダ工業の原料塩の専売廃止・低価払下げ案に対し、補助金交付案を支持した。結局これが原案となって総会を通過し、これにもとづいて一九二九年に曹達灰製造奨励金交付細則が制定された。四条は染料工業についてもまた「助成金」による奨励を主張し、これが三池染料に対する奨励金交付につながっている［安井、一九九四：七七～八一］。以上は政策決定における官僚のリーダーシップを強調した先の吉野の回想と照応する。ただこの場合にも、財界や政界の意思との関連が問題になる。

【参考・引用文献】

青木昌彦・奥野正寛編著［一九九六］『経済システムの比較制度分析』東京大学出版会。

有竹修二［一九七四］『吉野信次』吉野信次追悼録刊行会。

安藤良雄編著［一九九三］『昭和史への証言』1、原書房。

井出嘉憲［一九八二］『日本官僚制と行政文化』東京大学出版会。

大豆生田稔［一九九三］『近代日本の食糧政策』ミネルヴァ書房。

岡崎哲二［一九九三］『日本の工業化と鉄鋼産業』東京大学出版会。

岡崎哲二［一九九三・四］「日本の政府―企業間関係」『組織科学』第二六巻第四号。

川東竫弘［一九七五・九］「米価政策をめぐる諸階級の対応と天皇制官僚の立場」『経済学雑誌』第七三巻第二号。

岸信介・矢次一夫・伊藤隆［一九八一］『岸信介の回想』文芸春秋。

皓星社［一九九八］『明治大正昭和前期雑誌記事索引集成　社会科学篇』全七巻（石山・稲村・大久保・宮地監）。

小路田泰直［一九九八］『国民〈喪失〉の近代』吉川弘文館。

後藤靖［一九九一］「昭和初期の中小工業政策の展開」同編『日本帝国主義の経済政策』柏書房。

小林正彬［一九九九年一月］「商工省の成立とその意義」『経済系』第一九八集、関東学院大学経済学会。

産業政策史研究所［一九七五］『商工行政史談会速記録』第二分冊。

産業政策史研究所［一九七七］『商工省・通商産業省行政機構及び幹部職員の変遷』。

商工行政史刊行会［一九五五］『商工行政史』中巻、商工行政史刊行会。

チャーマーズ・ジョンソン［一九八二］『通産省と日本の奇跡』TBSブリタニカ。

杉原四郎編［一九九〇］『日本経済雑誌の源流』有斐閣。

鈴木恒夫［一九九五］「戦後型産業政策の成立」『日本経営史』4、岩波書店。

高根正昭［一九七六］『日本の政治エリート』中央公論社。

武田晴人［一九九三］「重化学工業化と経済政策」『シリーズ日本近現代史』3、岩波書店。

田中利憲［一九七七］「新官僚の経済思想」『経済社会研究』5、広島大学大学院社会文化研究会。

通商産業省［一九六〇］『商工省三十五年小史』。

通商産業省［一九六二］『商工政策史』第三巻、行政機構。

通商産業省［一九七二］『商工政策史』第一六巻、繊維工業（下）。

土川信男［一九八六］「政党内閣と商工官僚」『年報近代日本研究』8、山川出版社。

東京朝日新聞、各号。

内閣官報局『職員録』各年次。

内閣公文書館［一九二四］『公文類聚』第四十八編巻六。

原朗［一九八一］「一九二〇年代の財政支出と積極・消極両路線」中村隆英編『戦間期の日本経済分析』山川出版社。

秦郁彦［一九八一］『戦前期日本官僚制の制度・組織・人事』東京大学出版会。

秦郁彦［一九八三］『官僚の研究』講談社。

藤田省三［一九八三］『天皇制国家の支配原理』第二版、未来社。

松浦正孝［一九九五］「『帝人事件』考」『年報政治学』日本政治学会、岩波書店。

水谷三公［一九九九］『官僚の風貌』中央公論新社。

宮島英昭［一九八四］「産業合理化と重要産業統制法」『年報近代日本研究』6、山川出版社。

宮島英昭［一九九三］「戦時経済下の自由主義経済論と統制経済論」前掲『シリーズ日本近現代史』3、岩波書店。

村松岐夫［一九九九・一〇］「官僚制」『書斎の窓』。

村松岐夫［一九九四］『日本の行政』中央公論社。

百瀬隆（伊藤隆監修）［一九九〇］『事典昭和戦前期の日本　制度と実態』吉川弘文館。

安井國雄［一九九四］『戦間期日本鉄鋼産業と経済政策』ミネルヴァ書房。

山本義彦［一九八九］『戦間期日本資本主義と経済政策』柏書房。

吉野作造［一九九六］「日記」一～三『吉野作造選集』一三～一五。

吉野信次［一九二四・三］「商工業の意義並に其対策」『社会政策時報』第四二号、協調会。

吉野信次［一九二六・二］「我が工業の発達経過」『産業評論』第一巻第二号、産業行政研究会。

吉野信次［一九三〇］『我国工業の合理化』（『商工政策史』第九巻、産業合理化、所収）。

吉野信次［一九六二］『おもかじとりかじ』通商産業研究社。

＊本章作成にあたり、朝日大学図書館分室の大塚由美子・井上明実両氏のご助力を賜った。記して感謝の意を表する。

第4章　鉄道政策と鉄道官僚

高橋　泰隆

はじめに

今日の運輸省は、鉄道、自動車、海運、航空、港湾、船舶、船員、海上保安庁、気象庁のほかに、全国に陸運事務所がある。運輸省の特徴はつかみにくく、「駅ビル内の専門店街」[草柳、一九七五：一四七]といわれる。これは成立の由来に依るのであり、戦前の鉄道省（陸運）、逓信省（航空）、内務省（港湾）の結合体であるからだ。しかし鉄道は一九四九年に運輸省から離れて、公社になり今や完全に民営化してJRの旅客六社貨物一社になった。したがって戦前の場合、運輸・逓信官僚の仕事は、「官業」という、国営のビジネスが大きく、加えて私鉄の監督行政があったにせよ、「行政」は小さかった。ところが戦後は「官業」としては成田空港のように大きなプロジェクトもあるが、役所としては交通運輸に関する許認可行政になった。諸省庁のなかで運輸省は許認可数と天下り数が最大である[大前、一九九四：一一〇、一一三]。

戦前の鉄道省においては「官業」としての鉄道の導入、自立、経営、新技術の開発に見るべきものがあった。それを担当したのが鉄道官僚である。鉄道省は行政を担当するとともに、大蔵省専売局や逓信省と同様に事業官庁でもある。行政官僚とともに多数の技術官僚が活躍するところに特徴がある。(1)

技術官僚が日本の鉄道基盤を整備し、新幹線をつくった。鉄道技術官僚の島安次郎は広軌論者であり、戦時下において新幹線計画を推進した。時に六九歳であるから、だいぶ前に鉄道省のキャリアを終えていた。島秀雄は父親が鉄道省を退職後に入省した。同じく技術者である。「C53」や「D51」の設計で知られ「車輛の神様」であった。島秀雄は戦後になり国鉄理事、車輛局長になり、五〇歳で退職した。彼のキャリアは父親同様に局長までであった。しかし退職後に再び活躍の場が与えられた。国鉄の技師長として新幹線を任されたのである。父親が線路を構想し、息子が車輛を走らせたといえよう。

戦前の機関車で最高速を記録したのは、満鉄が誇るSLパシナの牽引する「あじあ号」である。これは大連・長春間七〇一キロメートルを八時間半、すなわち平均時速八二・五キロメートルで「満州」の平原を疾駆した。最高では一三五キロメートルといわれる。このころの高速旅客列車ではドイツの「フリーゲンデルハンブルガー」が一二四キロメートルで走行したが、ディーゼルカーであった。東海道新幹線は開業前の試運転で二五六キロメートルを記録し世間を驚かせた。

その後のスピード競争はなお続いている。フランスのTGVは時速三〇〇キロメートルで営業運転している。日本の「のぞみ」は二七〇キロメートル、JR東日本のSTAR21は四〇〇キロメートルを可能にし、JR総研のリニアモーターカーは人間が乗車した試験走行で五〇〇キロメートルをオーバーした。こうして鉄道の技術革新は続く。鉄道における技術の重要性を看過してはならない。

本章で明らかにすることは以下の五点である。第一は鉄道省における人員の規模、そのリクルート、出世のコース、

図4-1　戦前期の官僚

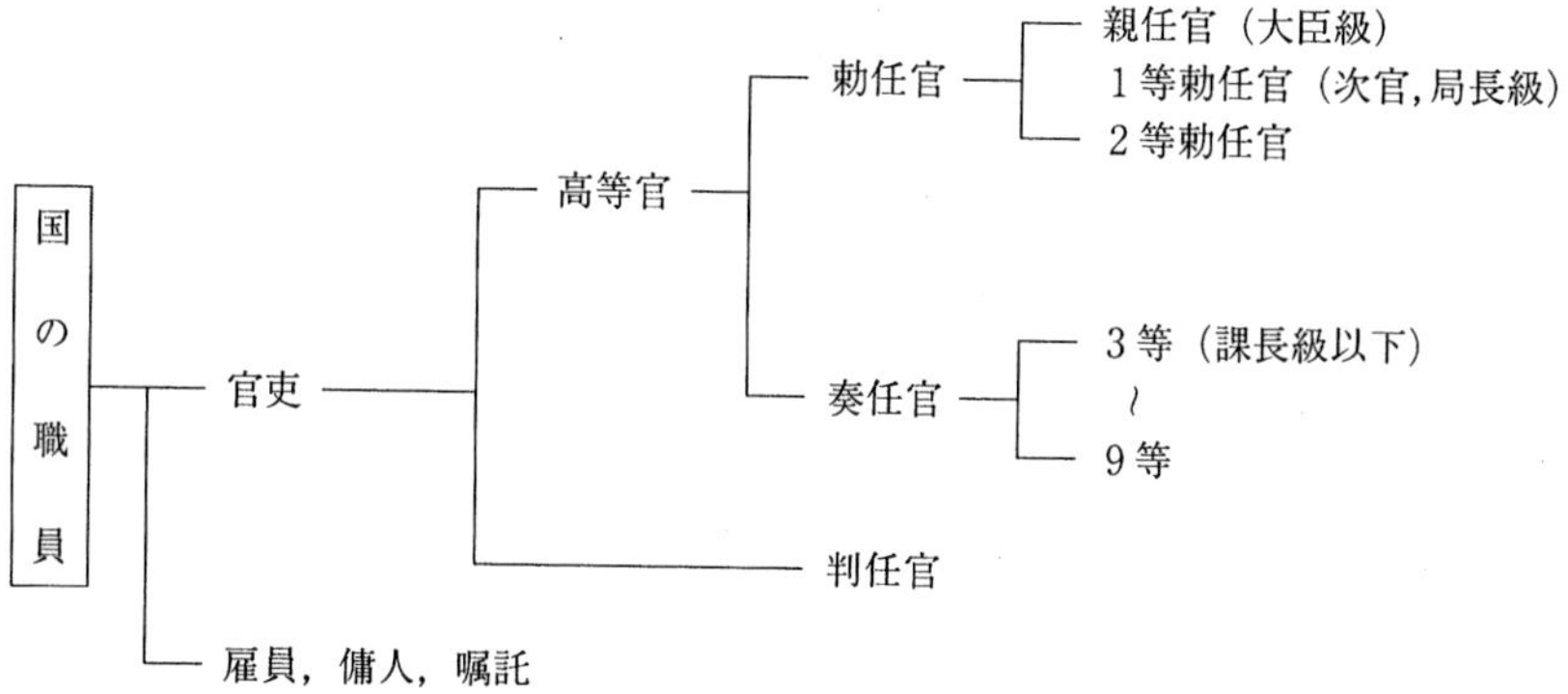

行政と技術の相違などを検討する。第二は鉄道政策の諸側面を鉄道官僚にかかわらせて検討することである。第三は初めての本格政党内閣といわれる原内閣成立が、鉄道政策にいかなる影響を及ぼしたのか、を明らかにしたい。第四に日本では従来から鉄道の軍事性が強調されてきた。軍事的性格は否定できないが、いかなる議論があったのか、鉄道会議を通して考える。第五に、能率運動の推進と戦時下新幹線計画と官僚について考察したい。

一　日本官僚史における鉄道官僚

戦前期日本の国の職員は次のとおり分類される（図4－1参照）。

高等官は「法令に遵由して之を施行する」者、判任官は「上官の指揮を承け庶務に従事する」者である。勅任文官は高等試験に合格し、奏任文官として2年以上高等官三等職にあった者、および高等試験委員による選考任用の場合があった。一九二一（大正一〇）年の勅令により、奏任官は条件を満たせば勅任官待遇になった。奏任文官の任用資格は、一三年の文官任用令が定めるところにより、高等試験行政科試験合格者から任用した。また高等試験委員による選考任用や判任官からの七三官（高等官四等以下）への選考任用があった。

判任文官は中学卒業後普通試験合格者または高等試験合格者であるが、三年以上文官の職にあった者や、五年以上「雇」であったものの昇格などがあり、間口は広かった。なお教官や技術官など特別の学術や技芸を要する官吏は、高等官の場合高等試験委員による選考、判任官は普通試験委員の選考により任用になった。多くの鉄道技術官僚がこれにあたる。

高等試験は一九一八年高等試験令により定められ、奏任文官の正規ルートである。これ以前は文官高等試験や外交官領事官試験があった。

普通試験は一八年の普通試験令で定められ、中学卒以下の者を対象に判任官任用の資格試験である［百瀬、一九九〇：九三］。二〇年五月勅令第一六〇号の奏任文官任用令により、判任官職である鉄道省事務官、鉄道局参事補に五年以上在職者で判任官五級以上の俸給者から、高等試験委員の選考を経て、奏任昇格の道が開かれた。

高等官と判任官の待遇は大きく異なっていた。大学卒は試補か属官で入るが、大卒試補は高等官であり専用の高等官食堂、高等官便所があった。東大法学部には英法、独法、仏法、政治があり、独法が最大であった。官庁では、学部成績の上位者から順番に内務省に入った。松本学が内務省を希望したら、先輩である逓信省高等官が「内務省は人材が集まり大変だ、逓信省か外務省がいい、人材の少ないところで羽を伸ばせ」［内政史研究会、一九六七：三］とあるとおり、東大法学部卒の官僚志望者は成績上位のものから内務省に入った。東大法学部の卒業生の多数は行政官吏や司法官吏になり、民間に就職する場合は少なかった（表4－1を見よ）。大学院が多いのは、徴兵が猶予されるためと、就職者が重複しているためである。民間へ行くのは「成績がだめ」な人である。(2) しかし第一次世界大戦中には好景気に惹かれて民間にも就職するようになった。同表のとおり、東大工科は官庁と民間が半々である。東大農科も官庁が多い。鉄道技術官僚は東大工科あるいは工学部の出身者である。

表4－2は文官高等試験合格者の推移を見たものである。原内閣以降の政党内閣期には合格者が急増している。こ

表4-1　東京帝国大学生および京都帝国大学生の進路

（単位，人）

年度		行政官吏	司法官吏	官庁技術員	銀行，会社員	会社技術員	大学院	その他とも計
(1)1900	法　科	23	18	0	11	0	58	129
	工　科	0	0	51	0	33	9	105
	農　科	0	0	3	0	0	3	13
(2)1912	法　科	59	34	0	47	0	36	434
	工　科	0	0	56	0	93		175
	農　科	0	0	44	0	3	12	91
(3)1919	法学部	51	45	0	285	0	33	503
	工学部	0	0	74	0	113	6	221
	農学部	0	0	54	18	0	7	119
(4)1928	法学部	60	40	0	105	0	39	612
	工学部	0	0	98	160	—	10	291
	農学部	0	0	58	16	—	11	149
(5)1938	法学部	89	29	0	381	63	0	641
	工学部	0	0	70	175	43	7	328
	農学部	1	0	97	58	1	4	195
(6)1919までの累計	法学部	1,523	839	0	2,164	0	36	7,537
	工学部	1	0	1,249	250	1,516	2	3,960
	農学部	8	1	794	79	130	24	1,931
(7)1937までの累計	法学部	2,690	1,100	0	4,237	182	22	17,457
	工学部	5	0	2,557	3,440	483	15	8,874
	農学部	33	3	1,625	638	8	18	3,928
(8)1937までの京都帝国大学累計	法学部	404	466	0	1,862	53	90	7,104
	工学部	0	0	615	1,649	0	8	3,845
	農学部	8	0	370	126	13	5	895

注：(1)～(7)が東京帝大，(8)が京都帝大．

資料：日本帝国文部省『第28年報』（1900～1901年）1902年発行，83頁．
以下各年度版より作成．

表4-2　文官高等試験行政試験合格者と鉄道省配属者

年　月	総数	鉄道省	鉄道省中東大法卒	鉄道省最終官歴が局長	局長以上の内東大法卒
1911.11	139	15	14	3	3
12.11	148	13	10	4	4
13.11	180	19	13	6	5
14.11	173	12	8	2	2
15.10	136	5	4	1	1
16.11	115	6	5	2	2
17.10	124	7	4	1	1
18.10	107	2	1	1	1
19.10	128	9	5	3	2
20.10	149	12	8	3	3
21.11	216	27	25	7	7
22.11	262	27	20	8	8
23.12	204	26	15	4	4
24.11	333	30	15	5	4
25.11	331	36	9	3	3
26.12	331	37	15	6	6

資料：秦郁彦『戦前期日本官僚制の制度・組織・人事』東京大学出版会，1981年，106頁．

れは新卒の高等官の需要が増加した面もあるが、在職者が受験した部分もあった。鉄道は毎年の合格者のなかから一〇％前後を採っている。注目すべきは東大法学部卒業者の数である。そして局長や次官になるものは間違い無く東京大学法学部卒業者である。東京帝大法学部は鉄道省高級文官官僚の圧倒的な供給源である。同学部を除いて鉄道官僚は存在しない、といって過言ではない。そして技術者は工学部出身である。

東京帝大法学部学生は在学中に高等試験行政科に合格するか、卒業して鉄道省に入り、その秋の試験に合格する場合とがあった。おおむね二三、二四歳で大学を卒業し鉄道省に入った。まずは本省の「属」身分である。短ければ一カ月、長くて数カ月で各部に配属になり、身分は「書記」である。長崎惣之助は卒業の年に大臣官房から、運輸課を経て、翌年品川駅助役についた。表4－3のとおり、佐藤栄作は大臣官房を経て、二カ月後には門司鉄道局に派遣された。現場を数年経験して二六、二七歳になると副参事になる。そして事務官になる三三、三四歳ころ、一年半から二年間にわたる在外研究つまり留学がある。帰国して数年の後に、参事になり、事務官、書記官、そして課長になる。三四、三五歳である。長崎は二九～三二歳で留学し、三三歳で課長になった。長

表4-3　佐藤栄作の履歴

年　月	履　歴	年齢
1901. 3	山口県生れ	
23.12	高等試験行政科合格	22
24. 4	東京大法独法卒	23
24. 5	鉄道大臣官房，属	23
24. 6	門司鉄道局，書記	23
26.11	二日市駅長	25
27. 7	鉄道局副参事	26
29. 5	門司，文書掛長	28
34. 8～36.4	在外研究員	33～35
36. 7	事務官，監督局業務課	35
37. 6	陸運監理官，監督局	36
38. 8	書記官，鉄道課長	37
38. 9～39.6	中国出張	37～38
40. 6	監督局，総務課長	39
41.12	監督局長	40
42.11	鉄道監，監理局長	41
43.11	自動車局長	42
44. 4	大阪鉄道局長	43
46. 2	鉄道総局長官	45
47. 2～48.3	運輸次官	45～47
48.10～49.2	官房長官	47

資料：秦郁彦，前掲書.

表4-4　島秀雄の履歴

年　月	履　歴	年齢
1901. 5	東京生れ	
25. 3	東京大機械工卒	23
25. 4	鉄道技手，工作局	23
25. 5	大宮工場勤務	24
25.10	大井工場	24
26. 4	鉄道技手，工作車輛課	24
27. 4～11	休職	26
28.12	鉄道技師	27
36. 2～37.12	在外研究員	34-36
38. 1	技師，大阪機関車係長	36
40. 1	工作局車輛課	38
41. 3	車輛第１課	39
41. 8	浜松工場長	40
42. 1	車輛第二課長	40
42.11	動力車課長	41
43.11	運通省動力車課長	42
48. 3	総局工作局長	46

資料：秦郁彦，前掲書.

崎と同じ学年、同じ学部、同じ年の高等試験合格になる平山孝は三〇～三一歳に留学し三四歳で仙台の経理課長になった。佐藤栄作は三三～三五歳で留学し三七歳のとき鉄道課長になった。伊能繁次郎は三四～三六歳の間留学し、三九歳にして課長である。加賀山之雄は三二～三五歳で留学し、三九歳で貨物課長である。

東大法学部卒の彼らは、三〇歳台後半から四〇歳台の初めにかけて、地方鉄道局の局長になる。長崎惣之助は出世頭であり、三六歳で東京鉄道局長である。四三歳のときは本省の運輸局長である。平山孝は四一歳のとき、名古屋の鉄道局長、四二歳で東京鉄道局長、四三歳で鉄道省経理局長である。佐藤栄作は四〇歳で本省の監督局長、四一歳で監理局長、四二歳で自動車局長、四三歳で大阪鉄道局長にでている。伊能繁次郎は四三歳のときに門司局長、四四歳で本省の局長である。加賀山之雄は四二歳で広島鉄道局長、四三歳で本省の職員局長である。

局長の上は鉄道総局長官と鉄道（運輸）次官、戦後の国鉄総裁である。長崎は四五歳で鉄道次官、四七歳のとき鉄道総局長官、五五歳にして国鉄総裁になった。平山は四八歳で運輸次官、佐藤は四五歳で鉄道総局長官そして運輸次官である。伊能は四五歳のとき鉄道総局長官、四七歳で運輸省次官に就任した。加賀山は四五歳で鉄道総局長官、四六歳で日本国有鉄道副総裁、同年に総裁である。

東京帝大法学部を卒業し高等試験をパスして鉄道省に入省した彼らは、二〇歳代で副参事になり、三〇歳から三五歳のころ海外を経験し、帰国後は事務官、書記官として昇進し、四〇歳代で課長そして局長、鉄道総局長官や次官にまで到達する。

他方、技術系官僚の昇格経路はどうであろうか。法学系官僚が試験により選抜され、ほぼマニュアルどおり昇進するのに比べて、技術系官僚は選考任用制であるから学業成績のみならず、コネの介在する余地が大きかった。彼らは法学系官僚に比べて、ポストが少なく、昇進が遅いから、待遇改善運動が存在した［水谷、一九九九：二六二］。

加賀山之雄の兄の加賀山學は一九〇五年東京帝大工学部を卒業し、山陽鉄道に入社した。二三歳である。翌年に山陽鉄道が国有化されたから、加賀山の身分は鉄道作業局雇になる。〇七年の二五歳に鉄道庁技手、〇九年二七歳で鉄道院技師になった。神戸鉄道局の工務課長になったのが二三年であるから、すでに四一歳のときである。四六歳にして本省の工務局長である。弟の加賀山之雄は四六歳の時に日本国有鉄道副総裁である。

もう一人技術者として、また新幹線生みの親として著名な島秀雄はどうか。表4－4をみていただきたい。島は鉄道技術者の島安次郎の長男である。一九〇一年東京に生まれ、二五年東京帝国大学工学部機械工学科を卒業後、技手として工作局に配属された。二三歳である。大宮工場、大井工場を経て技師になったのは二七歳である。三五歳のとき二年近く海外研修があり、浜松工場長になったのが四〇歳である。そして翌年本省の車輛第二課長になった。同じく四〇歳である。島秀雄は佐藤栄作と同じ年の一九〇一年生まれである。学部は違っても同じ東京帝大を卒業した。二三歳でともに鉄道省に就職した。佐藤は四〇歳で本省の局長である。島が四六歳で局長になったときには、佐藤は次官であった。やはり鉄道省でも法学系官僚が技術系官僚より出世は一段階早いといえる。

一九二〇年に鉄道省が設置されるにともない、以下のとおり官名が変更された(3)。本省と建設・改良事務所においては、参事が書記官、副参事が事務官、書記が属になった。それ以外の部署では、理事が局長になった。

鉄道省には鉄道監察官（一九二二年設置、本省と地方の連絡の緊密化と業績の精査、従業員の勤務や精神状態の考査や指導にあたる）や鉄道局参事がおり、彼等は奏任官であり、鉄道手は判任官待遇である。参事や副参事は現業官庁における事務職の奏任官の名称である。鉄道院では部長は理事や技監、課長は参事や技師であった(4)。鉄道省では課長が参事、係長・運輸事務所長・主要駅長が副参事であった。

勅任高等官の職務階級と年俸額（一九二〇年八月(5)）は以下のとおりである。総理大臣が一万二〇〇〇円である。鉄道大臣は八〇〇〇円、鉄道局長一級が五二〇〇円、同二級が四八〇〇円である。技師は一級から四級があり、それぞれが六〇〇〇円、五五〇〇円、五二〇〇円、四八〇〇円である。

奏任高等官も年俸制であり、第一号、第二号、第三号の各号は一級から一一、一二級に分けられた。第一号の職は鉄道局参事と技師であり、第二号は鉄道省事務官、鉄道局副参事、鉄道局参事補である。すなわち最高年俸にあたる第一号第一級は四五〇〇円であり、クラス最低にあたる第三号第一一級年俸は九〇〇円である(6)。判任官は月給制であり、一級俸は一六〇円であり一一級俸は四〇円である。

鉄道省には勅任、奏任、判任の他に多くの現場従業員が存在した。彼等は雇員や傭人といった。雇員は中学三年終了程度または実業学校二年半終了程度から採用し、または五年以上勤務の勤務成績優良者が昇進した。傭人は尋常小学校卒業以上者から採用する。雇員は日給または月給であった。

傭人の給与は日給制である。一九二〇年八月の職名別金額は次のとおりである。電力工手が二・二三円、転轍手と荷扱手と建築工手がともに二・〇五円、線路工手が一・八六円、連結手が一・七三円、駅手が一・六〇円、踏切警手が一・五〇円、雑務手が一・三〇円である。技能職ほど日給額は高い。

ただしこれは基本給であり、付帯給与として現業への各種手当ておよび全員への賞与があった。年俸制、月給制、日給制の格差は歴然としていた。

一九一一年六月現在における鉄道院の人員は以下のとおりである。合計の人員は九万七八〇六名である。身分別では勅任が一八名であり、彼らは理事や勅任技師である。次ぎに奏任が四五二名で参事、副参事、参事補や技師である。判任は六四五八名、書記や技手である。雇員は二万四四四七名、傭人は六万六四三一名である。

一九二〇年から三六年に至る鉄道省の身分別人員数の推移は表4－5を参照していただこう。表の右の合計欄のとおり、鉄道省の人員は国有化時点では一〇万人ほどであったが、二〇万人に達している。これは端的には業務の拡大すなわち線路延長の拡大による。鉄道省の全人員のうち、大部分は現業に従事している雇員や傭人であった。高等官と彼らの格差は明白である。

二　鉄道省成立史

(1)　鉄道の成立と官僚

鉄道所管官庁はどのように推移したであろうか。大きくは、鉄道省成立以前と鉄道省成立以降に分けられる。鉄道

表4-5　鉄道省身分別職員数

（単位：人）

年度	勅任官	同待遇	奏任官	同待遇	判任官	同待遇	雇	傭人	合計，嘱託を含む
1920	19	0	608	56	10,275	1,483	50,400	100,981	163,822
21	25	15	651	113	11,912	1,438	53,777	100,440	168,371
22	22	8	603	132	13,543	1,616	58,203	106,733	180,860
23	24	12	702	147	14,485	1,620	61,997	109,796	188,783
24	25	4	653	140	15,145	1,747	65,439	112,402	195,555
25	24	4	692	145	16,652	1,895	66,512	109,952	195,876
26	22	3	695	144	17,601	1,903	69,573	110,559	200,500
27	24	9	764	164	19,047	1,944	74,438	110,041	206,431
28	25	8	774	166	20,137	2,332	79,017	108,424	210,883
29	25	11	782	171	21,036	2,704	80,646	105,097	210,472
30	25	8	778	166	21,163	3,369	79,753	99,302	204,564
31	25	5	726	161	20,743	4,022	78,742	94,254	198,678
32	24	4	737	168	20,875	4,741	78,732	93,567	198,848
33	25	12	796	184	21,180	5,151	79,872	94,318	201,538
34	25	10	817	181	22,461	5,685	82,326	97,951	209,456
35	25	9	857	190	23,688	6,681	85,035	101,512	218,352
36	23	13	894	208	25,290	6,927	88,474	105,512	227,689

資料：もとは各年度「鉄道省年報」（『日本国有鉄道百年史』第7巻，1971年，296頁）．

省成立以前に鉄道を担当した官庁は以下の通りである。わが国最初の鉄道担当官庁は一八七〇年の民部・大蔵省鉄道係である。七一年には工部省鉄道寮、のちに内務省に移り、九二年の第一回鉄道会議は逓信省内の鉄道局である。一九〇七年鉄道国有化とともに、内閣に鉄道院が設置された。そして二〇年鉄道省が成立した。戦時期の四三年に逓信省と合併し運輸通信省、四五年に運輸省になり、四九年に日本国有鉄道が成立した。

まず一九二〇年までは大きくみると、先進国からの鉄道技術導入、鉄道の普及、鉄道国有化などがトピックスとしてあげられる。鉄道官僚は井上勝および結城弘毅について述べる。

①　井上　勝　一八四三（天保一四）年八月長州藩士井上勝行の三男に生まれ、六歳で野村家の養子になり弥吉と称した。長崎でオランダ士官から兵学を学び、江戸に出て砲術を学んだ。一八六三（文久三）年五月、二〇歳の時、伊藤博文、井上馨ら四名と脱藩し、横浜商人から五〇〇〇両を借り、イギリスに渡り、ロンドン大学（ユニバーシティ・カレッジ）で土木と鉱

山学を勉強した。六六年に卒業し、一八六八(明治元)年一一月に帰国して井上家に復籍し、長州藩の鉱山を管理した。一八六九年に上京し、一一月のことである。イギリス公使パークスと岩倉大納言、沢外務卿、大隈重信大蔵大輔、伊藤博文大蔵少輔らが鉄道建設について会談し、井上が通訳した。前清国税関総裁のネルソン・レイが資金計画を助言した。レイは英国での起債、資材購入と労働者募集などすべてを取りしきった。翌年エドモンド・モレルが来日し、京浜線の測量が始まった。七一年に工部省に鉄道寮が設置されると、井上は鉄道頭になった。その後の鉄道建設にはつねに陣頭指揮にあたり、とくに東海道線には腐心した。鉄道国有論が持論であり、九一(明治二四)年の「鉄道政略ニ関スル議」は鉄道敷設法(一八九二年)の母体となったといわれる。前者は五五〇〇マイルになる全国的な鉄道網の形成と、その資金調達は公債によることを述べたものである。鉄道敷設法は線路建設が法的手続きを要すること、政府の線路建設構想を明らかにしたものである。七七年工部省の鉄道局長、八五年内閣鉄道局長官、九〇年内務省の鉄道庁長官を務めた。

一八九三年に退官の後、九五年に汽車製造合資会社を起こし、機関車の国産化に努めた。一九一〇年、鉄道院顧問としてシベリア鉄道経由で欧州視察の間、ロンドンにて病死した。時に六八歳であった。こうして井上は明治期日本の鉄道幹線を計画し、かつ建設の先頭に立ち「鉄道の父」といわれた。幹線官設官営主義が主張であった。

鉄道の規格では、今日まで日本の鉄道を特徴づける狭軌軌間(ゲージ)を採用した。その理屈は日本の地形、経済性すなわち「広軌にて一〇〇哩造るよりは狭軌にて一三〇哩造る」べきという点にあった。これを大隈に進言して狭軌ゲージに決まった。しかし、のちには広軌改造主義を採るようになった。

東京・横浜間から始まった日本の鉄道時代は、次いで建設の中心を大阪・京都に移した。次の大きな課題は京都・大津間一〇哩余りである。この間は外国人技術者を排除して日本人のみで完成させた。外国人を雇用した場合は時間とコストがかかると井上はいう。技術見習い生は神戸で養成した。逢坂山トンネルや四〇分の一の勾配など難工事であった。井上はこの経験を「本邦鉄道技術上の一発展」として、高く評価している[7]。

井上の技術導入は「採長補短」であり、実際的な「技」「術」に限定し、日本伝統技術を生かしたものが先述の一八八〇年、大津・京都間鉄道開通と逢坂山トンネル掘削である。これは鉄道技術官僚井上勝の技術が、在来技術を土台にし、選別した技術の導入により、わが国鉄道技術が自立したことになる［原田、一九八九：八三］。こうして線路関係の土木技術は自立したといえる。

②　結城　弘毅　結城は日本鉄道史において運転技術確立に貢献した人物であり、「運転の神様」といわれた[8]。英国の鉄道は現在でも運転時刻の正確性に欠けており、わが国でも鉄道創設の頃は、運転時刻の正確性に欠けていた。しかし現在では時間の正確性は日本の鉄道の大きな特徴である。結城は一八七八年一二月、札幌に生まれ、一九〇五年東京帝国大学工科大学機械工学科を卒業して山陽鉄道株式会社に入った。同鉄道の国有化により翌六年には帝国鉄道庁技師になり、機関庫主任や鉄道管理局機関車掛長を経て、二〇年から二二年に至る間欧米に出張した。四〇歳代になってからである。二三年神戸鉄道局運輸課長、二八年大坂鉄道局運転課長、二九年本省の勅任官である運輸局運転課長、そして三一年江木鉄道大臣の時の減俸騒動で辞表を提出し、鉄道省を去り満鉄に移った。

結城は石炭投炭技術改善、列車を集結編成した貨物輸送、列車の定時運転確立に貢献した。一九〇八年に結城は長野機関庫主任になった。かれは機関手と相談し、どうしたら列車の定時運転が可能か、考えた。そのためには鉄道沿線に夜でも確認可能ないくつかの物体を目印とし、目印と時計を一致させることである。また同時にSLのパワーを調整した。名古屋と大坂では、結城は機関庫に正確な時計を据え付け、機関手に正確な時刻を厳守させた。その結果時刻表どおりの正確な列車運行が全国で実現したのである。北海道の時は夕張に石炭を積んだ貨車を集結し、室蘭まで直通運転をした。貨車の輸送力が二倍三倍になった。

機関車のボイラーに石炭投げ入れ技術改善のために、彼は模型を作り練習させた。投炭技術が改善した結果、五〇輌の牽引から九〇輌牽引が可能になったという。

また一九三〇年東京・神戸間に超特急「つばめ」を運転し、旅客列車のスピードアップを実現した。「つばめ」は東京・神戸間を一挙に二時間四〇分短縮した。そのために結城は第一に機関車にC51、列車は七輌編成として軽量化を図った。第二に勾配上り区間の速度を上げた。第三に停車駅は横浜・名古屋・京都・大坂と少なくした。以上のとおり結城は鉄道の高速定刻大量輸送を実現した。

(2) 国鉄家族主義の成立

鉄道は広範な現業（機関士、駅長、助役、貨物扱い、改札、車掌、ボーイ、踏切番、保線手、車両補修）および毎日の現金収入があり、それらを管理する業務だけではなく、地理的に範囲がすこぶる広い。さらに営業時間は二四時間、一年三六五日にわたり、複雑な業務をどう管理するかがきわめて重要である。組織をどのようにうまく動かすか、新しい管理技術が要求された。

数万人から数十万人になる現業労働者の管理は、いわゆる「経営家族主義」によった。その背景としては、日露戦争のころ、頻繁な労働移動による労使関係の悪化があった。私鉄の国有化により、社風や雇用条件を異にする労働者が一つの組織になったのであるから、彼らをまとめあげなければならなかった。経営側からすれば、雇用側の意志が労働者に伝わらない。改善策は、①従業員の勤続を継続させる、②そのため福利施設としての共済制度を採用し、従業員を家族として、施策を会社の親心として位置づける、というものである。この制度の模範が一九〇七年の鉄道庁共済組合であった。③国鉄家族主義とは国鉄は大臣を家長とする一大家族であり、相互に信頼し、尊敬し、親和し、家族間には不平は無く、対立も無く、一体となって職務に尽くすというのである。

後藤新平は一九〇八（明治四一）年から二年九カ月の間、逓信大臣と初代鉄道院総裁を兼ねた。後藤は鉄道院直営工場製の制服を導入し、「信愛主義」と「家族主義」を説いた。すなわち後藤新平は「鉄道をファミリーシステムにより経営すること」［隅谷、一九六六：三五二］、つまり「鉄道の如き一致協同を要する事業にありては之が従事員は互に一家族の如く考へ居らざるべからず、即ち其組織を以て一個の Family system(9)とし、そして鉄道従業員は家族の精神、家族は家長の命に従い、個人を離れ家の名誉利益のために働く、上は総裁より下は駅夫工夫に至るまで上下意志疎通し、相和し経営すべき(10)、というのが内容である。なお単に精神の強調にとどまらず、家族パスの発行や、常磐病院を設置し、また職員と家族の慰安会を催すなどの施策を実行したことは注目していい。かくして「信愛主義」と「家族主義」は国鉄職員の「精神的支柱」となった(11)。ここから国鉄大家族主義がスタートする。そのねらいは、欧米の鉄道で経営者を悩ませていたストライキの発生を未然に防ぎ、労使協調体制を確立しようとするものであった。もっとも後藤のアイデアである着剣した制服姿は好評とはいえなかった。

（3）　広軌鉄道改築準備委員会官制の公布

鉄道の軌間をいくらにするかは、日本側に決定するだけの知識に欠けていたから、英国技術者（ネルソン・レイやプレストン・ホワイト）の考え方により、狭軌採用になった。鉄道が軍事作戦に有用であることを認識した軍部は参謀本部『鉄道論』（一八八八年）を発表し、広軌改築を主張した。一八九六年には帝国議会でも広軌改築問題がとりあげられた。鉄道国有化が実現すると、後藤新平鉄道院総裁は広軌改築を唱えた。一一年のことである。内閣に、広軌鉄道改築準備委員会を設け、調査させた。一四年、大隈内閣の仙石貢鉄道院総裁は鉄道広軌計画を推進した。一五年一一月には鉄道院総裁添田寿一も鉄道広軌改築案を閣議に提出した。翌年内閣には軌制調査会が設置された。第二次大隈内閣の一六年四月一〇日のことである。さらに一六年報告書が提出された。それは広軌改築費は高くつくが、増大する輸送量には狭軌のままでは対応不可能であり、改築推進論であった。鉄道院は一七年五月、横浜線の原町田・橋本間において広軌改築の実験を開始した。そして寺内内閣の閣議において、一つの広軌改築論に対する決議が為された。それは将来の建設改良に際して、施設と車輛を広軌に改築できるよう設計施工すること、である。将来に下駄を預けてしまった。

しかし広軌改築案は政友会にまったく不評であった。政友会政務調査会は一六年八月、広軌改築反対を決議した。改築に金を回すよりは、一つでもローカル線をつくる、という論によってである。原内閣になるとそれは率直に表明された。たとえば鉄道院総裁床次竹二郎は狭軌改良により輸送力需要に応えられると言明した（一九一九年二月）。

（4）近代鉄道企業家官僚の出現

木下淑夫は日本の鉄道において近代鉄道企業家官僚といえる人物である。

木下は一八七四（明治七）年に京都府に生まれ、三高から二高に転じ、九八年、東京帝国大学工科大学土木工学科を卒業し、さらに大学院で法学と経済学を学ぶ。九九年には鉄道作業局工務部に鉄道技手として就職した。一九〇〇年に、松本荘一郎鉄道局長に随行して欧米を視察し、〇四年から〇七年にわたり欧米に出張、留学した。一四年に鉄道院運輸局長になり、一八年に中部鉄道管理局に左遷された。二〇年結核のため休職し、二三年に四八歳で死去した［野田ほか、一九八六：一六五、一八二。日本交通協会、一九七二：一二六］。

木下は修得した学問からすれば技術者と規定できるが、実際のキャリアは専門の営業経営者であった。[12]木下のキャリア形成には欧米出張が大きな影響を及ぼしている。木下が鉄道技師の実力者である松本荘一郎と欧米を視察したのが二五～二六歳の時である。そして二九～三三歳のころにかけて、三年間にわたる長期の欧米出張である。アメリカではエモリー・R・ジョンソン（ペンシルバニア大学）教授やマイヤー（ウィスコンシン大学）教授から、近代的運輸理論や、交通企業経営論を学んだ。さらにドイツ、イギリス、そしてアメリカを往復した。一九〇五年五月にはワシントンでの第七回万国鉄道会議に日本委員として参加した。周囲が彼に期待するところはきわめて大きかった。

旅客課長、営業課長、そして運輸局長の時代に、木下は欧米で学び、見聞したことをいくつも実行に移したアイディアマンであった。旅客面の改良では、臨時列車運転、信徒団体輸送、全国的運賃体系統一、接客態度や駅内掲示文章の改善、外国人観光客誘致のためトーマス・クック社による割引切符販売、英文ガイドブック編纂、JTB（ジャパン・ツーリスト・ビューロー）設立などがある。

貨物面の改善では冷蔵車、速達便貨物列車、大貨物運賃と貨物等級表作成、連絡運賃改正などにより、貨主の利便を図った。国際連絡では一九一二年に世界一周連絡運輸を開始した。国際連絡運輸の試みの一つは、釜山・大連・長春間の「トラーン・ド・ルックス」がある。これは鉄道院を代表して営業課長の木下、朝鮮総督府鉄道部の児玉秀雄、南満州鉄道株式会社の清野長太郎とベルギー法人の万国寝台車・ヨーロッパ大急行列車株式会社が話をまとめた。それは釜山・長春間および大連・長春間に週一回の高速一等車のみの営業を行うものである。さらに東清鉄道やシベリア鉄道と連絡し、モスコーやワルシャワ行きを考えていた。いわゆるオリエント急行の構想である。[13]日露満の貨物連絡輸送交渉は一二年三月から五月にかけてウラジオストックやハルビンで行われた。木下は責任者であった。[14]

ロシアから帰国して数年、三九歳にして営業最前線たる運輸局長である。課長から局長の時に実行したことが右の施策である。局長の次のポストがみえたに違いない。しかし結果は一九一八年になり、中部鉄道管理局長への異動、降格である。これが病気のためか、政友会による排斥かは不明である。このころの人事は不明瞭な例が多い。木下の仕事はまだある。それは木下が企画編集した『本邦鉄道の社会及経済に及ぼせる影響』（鉄道院、上・中・下巻、一九一六年、なお『近代日本商品流通史資料第一二巻』に復刻、日本経済評論社、一九七九年）や死後の遺著『国有鉄道の将来』、そして『鉄道運輸原論』（鉄道時報局、一九二二年）は師であるジョンソンの*Principles of railroad transportation*の翻訳などを公表したことである。今日これらが鉄道経営史、経済史の研究に有用であることはもちろん、その当時、鉄道を学問の領域に近づけた貢献を忘れてはならない。

木下の主張は何か。木下は欧米出張から帰国して一カ月後、旅客課長に就任した。就任挨拶において木下は部下に以下を訓示した(15)。第一は鉄道国有化のため旅客扱いが疎かになっているから、営業主義の経営が必要である。第二に鉄道係員は旅客を丁寧懇切に扱い、快適な旅行をしてもらう。第三に旅客を公平に取扱い、特に老幼婦女や外国人に注意を払う。第三に鉄道員は役人根性を排して、職務に忠実で機転が利き、常識に富むべく養成する必要がある。第四に木下が旅客掛長時代のことである。給仕がチップをもらい品性の悪くなる者がいるため、その者を解雇した。木下の鉄道サービス論は英国が模範であり、日本の鉄道はもっと旅客サービスに徹すべきである、すなわち鉄道はサービス産業である、との主張である。

また『国有鉄道の将来』では国家財政を考慮すると鉄道建設や改良は抑制せざるをえないから、自動車経営が必要なことを説く［木下、一九二四：一二］。木下は東京鉄道局を最後に肺病のため一九二〇年、退職した。四五歳であった。そして三年後には死去した。退職後においても原内閣による鉄道政策を「新鉄道網は現内閣が他日鉄道を敷設する基礎を定めたりとの虚名と実行の望なき恩義を地方に売るの他何等の意味なし。中略（引用者）。鉄道会議は最近全く形式的となり何等の権威なし新鉄道網六千哩は僅々二三時間にて議了し尽せり之れ一種の滑稽にして、何ぞ世人を愚にし国民の利害を考えざるの甚だしきや。」［木下、一九二四：六六～六七］と厳しく批判していた。対立は軌間問題でも存在した。島安次郎や古川阪次郎は技術者からの標準軌改築論であったが、木下は鉄道運輸論からの標準軌改築論者であった。政友会と石丸次官が進める鉄道政策に木下はまっこうから反対した。彼が左遷された理由の一端がここにある。

三　鉄道省の成立と鉄道官僚

（1）　鉄道省の成立

鉄道院から鉄道省への構想は一九一二（明治四五）年と一三年には存在した（「鉄道院ヲ省トナスノ議」[16]）。省昇格の理由として、右の文書は「……鉄道院総裁ハ国務大臣ニアラサルユエ閣議ニ列シ又ハ帝国議会ニ臨ムノ資格ナク副総裁亦次官会議ニ列スルヲ得スシテ各省トノ権衡ヲ失シ又意思ノ疎通ヲ欠クモノナリ」と述べている。すなわち鉄道院総裁は実体からして、閣議に出席して当然であるというのである。実体とは官鉄、民鉄ともに急成長しており、官庁組織も整備する必要があった。二〇年五月一五日、原敬内閣により鉄道院は鉄道省に昇格した。初代鉄道大臣は元田肇（一八五八～一九三八年）である。元田は東大法学部卒の代議士であり、一三年に山本内閣の逓信大臣であった。二〇年五月原内閣の鉄道大臣となり、二二年六月高橋内閣まで続き、鉄道敷設法改正案を成立させた。

鉄道省の任務は、①国有鉄道とその付帯業務の管轄、②地方鉄道と軌道の監督指導、③南満州鉄道株式会社および航路に関する業務の監督、であった。機構は中央組織である本省、建設事務所、改良事務所、鉄道省教習所、東京鉄道病院、および地方組織である各地の鉄道局、工場、鉄道局教習所、鉄道病院や旅館がある。一九三三年からは自動車運輸事業の監督も管轄になった。

鉄道省への人事交替

就任年月	経理局長	就任年月	建設局長	就任年月	工作局長	就任年月	工務局長
1908.12	図師民嘉	1908.12	野村龍太郎			1907.4	山口準之助
1909. 6	平井晴二郎						
13. 5	森本邦治郎	13. 5	後任無し			13.5	古川阪次郎
						13.12	石丸重美
				15. 6	島安次郎	15.6	岡田竹五郎
						15.6	杉浦宗三郎
				18. 4	高洲清二		
18.10	永井　亨						
		19. 5	大村遣太郎			19.6	岡野　昇
20. 8	別府丑太郎						
				24.12	秋山正八	24.1	後藤佐彦
		23. 1	八田嘉明				
24. 6	青木周三						

（2） 原敬内閣の交通政策

原敬内閣の四大政策は① 教育改善、② 交通機関整備、③ 国防充実、④ 物価政策である。そのことは、原が一九一八年一一月の東京商業会議所招待会において演説している。原総理大臣は海運、鉄道、港湾、郵便、電信電話の拡張が国民経済の発達に欠かせない、という立場である(17)。立憲政友会は一九〇〇年西園寺公望や伊藤博文らにより組織されたものである。それの綱領には「余等同志は農商百工を奨め航海貿易を盛んにし交通の利便を増し、国家をして経済上生存の基礎を鞏からしめむことを欲す」［高橋、一九三二：一八二］とあるように、商工振興と交通基盤の整備は党活動がスタートした時からの重要政策であった。

他方立憲憲政会はいくつかの政党が合同して一九一六年に成立した。憲政会は国防と国力の充実を唱え、① 教育普及、② 産業振興と交通整備に

表4-6　鉄道院から

就任年月	総　裁	就任年月	副総裁	就任年月	運輸部局長	就任年月	監督局長
1908.12	後藤新平	1908.12	平井晴二郎	1908.12	平井晴二郎	1908.12	山之内一次
11. 8	原　　敬			09. 6	山之内一次		
12.12	後藤新平					12.12	藤田虎力
13. 2	床次竹二郎	13. 5	野村龍太郎	13. 5	野村龍太郎		
		13.12	古川阪次郎	13.12	古川阪次郎		
14. 4	仙石　貢			14. 7	木下淑夫	14. 4	中西清一
15. 9	添田寿一					14. 7	大園栄三郎
16.10	後藤新平						
		17. 5	中村是公			17.10	中西清一
18. 4	中村是公	18. 4	長谷川謹介				
18. 9	床次竹二郎	18. 9	石丸重美	18.10	中川正左	18.10	佐竹三吾
20. 5	元田　肇	20. 5	石丸重美			20. 8	井出繁三郎
22. 6	大木遠吉						
		23. 9	中川正左	23. 9	玉橋一三	23. 9	伊藤常夫

資料：秦郁彦　前掲書，384～386頁から作成.

より民力増進、③社会改善政策、④行政司法と地方自治の刷新、を政策に掲げた。ただしこのころ議論が盛んであった鉄道の軌制については現状維持を主張していた［高橋、一九三二：八〇七］。すなわち広軌改築派ではなかった。これらの点は一八年の憲政会定期大会において、「産業および交通の発達に努め」ることが求められていたことでもわかる。憲政会の交通政策は「鉄道の建設、改良、外国航路の拡張其他交通機関の完備を図るべし」[18]であり、積極的に鉄道政策を掲げていた。

以上から鉄道政策は政友会も憲政会も大きな差異はなかった。ところが原政友会内閣が実現し、原が四大政策の一つとして鉄道政策を実現した。それは鉄道省への昇格であり、鉄道敷設法改正、また鉄道会議の組織替えである。憲政会はこれにどう対応したのか。

憲政会は鉄道拡張には反対ではないから、次のとおり原政友会内閣を批判した。「而して政府が此尨大なる鉄道計画を立て、然も後年度―随分遠き将来―に亘るべきもの迄も計上したるは、政友会が其慣用手段として、従来永年の間採り来り、亦現に各府県に向って大なる害毒を流しつゝある所謂党員募集、党勢拡張の爲に、之を利用せんとするに外ならず。今に至る迄彼らが鉄道敷設を名として地方に善良なる人民を誘惑し来れるは、諸君の既に熟知せらる、處なるが、……」[19]と、政友会の政策を党員募集、党勢拡張の手段であるというのである。

ところで第四一回帝国議会対策としての立憲政友会定期大会（一九一九年一月一九日）は、教育、交通、産業振興、軍備充実を宣言している。すなわち「全国の鉄道網を完成せんとする」と述べた。第四一回帝国議会の終了後の議員総会では交通機関の整備について、「多年我々の主張致して居つた所の鉄道の普及ということが、大部分今期議会に現はれて其通過を見たのであります。中略。我々の主張致した所の大部分は、今期議会に於て完うすることが出来たのであります」〔高橋、一九三二：三五八、三五九〕と、演説した。さらに港湾、道路、電信電話などのインフラストラクチャー関連予算も通ったから、原は自信に満ちていた。

他方、憲政会も「鉄道建設、改良、外国航路の拡張」を政策の一つに掲げており、大きな対立はなかった。

確かに原の意図の一つはそこにあった。原は「堅実な地方的勢力家を政友会に動員しようという意図」を有し「選挙区自体を買収した」のである〔升味、一九六八：二六六〕。すなわち、政友会も憲政会（のちの民政党）も鉄道重視政策に大きな相違はなかった。相違があったのは建設か改良か、つまり「建主改従」か「改主建従」かであった。前者は政友会が唱えるところで、原内閣の元田肇鉄道大臣や田中義一内閣の小川平吉鉄道大臣が代表した。その主張は「現在の鉄道網は一地方に偏しているから、全国各地に鉄道を建設し産業の発展と地方の開発が急務である」というものである。他方、憲政会の「改主建従」論は加藤内閣の仙石貢鉄道大臣や浜口内閣の江木翼鉄道大臣の立場であり、「経済力の無い地方への鉄道建設は採算がとれず、鉄道経営は危機に陥る、不急の建設を中止し、幹線の改良に力を注ぐべきである」[20]との主張である。この主張は各内閣により建設重視かまたは改良重視かという、予算配分になって実現された。

初期鉄道敷設法による予定線はほぼ完成していた。そこで原内閣の石丸重美鉄道次官が長期的な鉄道予定線の計画を進言し、一九二一年一月の第二八回鉄道会議において鉄道敷設法改正案が可決された（一四九線路、一〇、二一八キロメートル）。第四四、四五議会で野党は鉄道を党勢拡張に利用するのではと批判したが、二二年三月に可決成立した。

石丸重美は同法は、旧法にあった新線の建設順位、着工時期と完成時期、建設費規定、私鉄買収協議規定を無くし、北海道鉄道敷設法を一体化したものという。単に路線を示したもので、「その実施はいきおい政党や党内派閥の力関係に左右され、新線の建設が政治家の利権の材料とならざるをえなかった」とされ、「我田引鉄」「幹線連絡や地方開発の支線網」「今日のローカル線問題の起源」[21]などと称されている。

これは政友会原内閣の力である。一九一八年九月に原敬内閣が成立し、二〇年五月には鉄道省が設置され、二二年三月に、鉄道敷設法が改正された。それは人事に反映している。一八年に鉄道院人事が大きく動いたのである（表4－6を参照）。

鉄道院時代の総裁は後藤新平につきるといえる。後藤はこの一〇年余りの間に三回総裁になった。いずれも逓信大臣と内務大臣を兼ねていた。そして後藤は台湾民政長官から満鉄総裁の時代をともに歩いた中村是公と長谷川謹介を鉄道院副総裁に据えている。大陸鉄道との一貫輸送を企図していた後藤［北岡、一九八八：一二七］にとり、広軌改築構想は執念であり、それに協力したのが、島安次郎である。後藤の跡を次いで鉄道院総裁になったのが中村是公であり、中村の後に副総裁になったのが長谷川であるが、中村総裁と長谷川副総裁の在任はともにわずかに数ヵ月である。一九一八年に人事交替があったのは、総裁、副総裁、運輸部長、監督局長、経理局長、工作局長など、主要ポストのほとんどである。こうして鉄道院の後藤ラインが一掃されたといえる。政友会は伝統的に広軌改築に反対であった。

（3） 鉄道会議と鉄道官僚、軍部

鉄道政策はどう決定したか？

鉄道政策はいつごろ確立したのだろうか。ある指摘では「しかしながらこの段階では、鉄道政策はまだ確立していなかった。これがはじめて統一的な政策的見地から発表されたのは、明治二四年七月井上鉄道庁長官が松方内閣総理大臣に提出した『鉄道政略ニ関スル議』であった」[22]。その内容は新線を国が建設し、私鉄を国が買収する、というものである。そして「鉄道政略ニ関スル議」で提議した鉄道拡張および国有論は、政府の認めるところとなって、政府は鉄道政策を急速に法案化していった。

その結果第三回帝国議会（一八九二年五月）で「鉄道敷設法」（法律第四号）が成立した。内容は次のとおりである。① 政府は漸次予定の線路を調査し敷設する。② 予定線は三三線である。③ 建設順序と私鉄買収は政府が定め帝国議会の賛成を得る。④ 政府の諮問機関として鉄道会議を設け、そこへは工事着手の順序と募集公債金額の決定を諮問する。鉄道敷設法の公布によって、政府は鉄道政策の決定と実行についての体制を整備し、鉄道創業以来複雑な経過をたどってきた政府の鉄道政策は、明確な方向を得たのである[23]。

初期鉄道会議（第一〜二八回、一八九二〜一九二一年）

鉄道政策をめぐっては、軍事鉄道論と経済鉄道論が対立していた。もちろん前者は参謀本部の考え方であり、後者は産業ブルジョアジーや鉄道官僚（逓信省）の考えである。軍事鉄道論の考え方によれば、戦争の時海岸鉄道線は容易に破壊されてしまうから、線路は山間を通過すべきである、というものである。他方、経済鉄道論は軍事鉄道論では建設費が倍増し、利益は半減するというものである。鉄道会議幹事の田健治郎（逓信大臣秘書課長のちに逓信次官、逓信大臣、台湾総督、農商務大臣）は松本荘一郎（鉄道局第一部長のちに鉄道庁長官、逓信省鉄道局長）とともに、中山道、北陸、奥羽、九州、山陽道などの第一期線の予算案、法律案を作成した。この時、田と松本は参謀本部に何度も掛け合ったが、らちがあかなかった。黒田逓信大臣は鉄道会議開催にさきだって、九月陸軍省と逓信省トップの会議を開いた。出席者は陸軍が大山陸相、川上参謀次長（中将）、児玉陸軍次官、逓信省が黒田逓相、井上鉄道局長官、松本部長、田秘書官であった。会議は松本が各線路について、実測図にもとづき予定線、比較線につき説明した。川上は海岸暴露線は断じて認められないと、逓信省案を批判した。大山陸相は海岸は海軍が防備するし、鉄道は国民の交通を主眼とすべきである、と川上の意見を牽制した。ついで黒田も「オイ川上、貴様は先刻何と言ふた、陸軍だけ都合が宜しければ鉄道の為め国が亡びても良い積もり乎」［田健治郎編纂会、一九三二：八七～八九］と強くいった。その結果、川上は譲歩したという。その後も経済鉄道論と軍事鉄道論の議論は続く。以下では鉄道会議における両者の論理を検討しよう。

鉄道会議は一八九二年六月、鉄道会議規則により設置された。会議は内務大臣の監督を受ける。以下の項目について審議調査し、意見を具申することを目的としていたが、会議の性格は不明瞭であり、後にもめることになる。第一回は同年一二月一三日に開かれた。第一回の議題は次の五点である。

①　工事着手の順序と公債募集金額
②　新設鉄道の線路・設計・工費予算
③　私鉄買収方法
④　ダイヤ・運賃率
⑤　鉄道運輸規則・鉄道警察規則に関する事項

会議のメンバーは議長一名、議員二〇名、臨時議員若干名により構成され、議員の内訳は内務省・鉄道庁高等官四名、陸軍省・参謀本部高等官二名、大蔵・海軍・農商務・逓信各省の高等官各一名のとおりであった。官僚は関係官庁の局長、次長であった。残り一〇名は貴族院と衆議院議員及び学界、実業界であった。逓信大臣が会議を招集する。議長は大臣の任命であるが、勅任官であり、ほぼ陸軍参謀本部次長の指定席であった。議長は決表を有し発言はできない。

歴代議長は誰であろうか。川上操六は第一から一一回、すなわち一八九二から九九年まで務め、川上不在のときは児玉源太郎や鈴木大亮が代理であった。川上の後は古市公威逓信省長官が第一二回（一九〇〇年）のみを担当した。次いで寺内正毅（参謀本部次長、陸軍大臣）が第一三、一四、一八から二二回、すなわち一九〇一から一一年の間、代理を置きながら務めた。田村怡與造（参謀本部次長）が第一五回、一九〇二年限りである。児玉源太郎（陸軍大臣、参謀本部次長）は第一六と一七回、一九〇三、〇五年である。第二三回、一四年は長谷川好道陸軍大将である。そして初期鉄道会議の最後が上原勇作（陸軍大将、教育総監、参謀総長と陸軍のトップを歴任）であり、第二四、二五、二六、二七、二八回、すなわち一六年から二一年の間を務めた。ここまでが基本的には武官議長の時代である。

大木遠吉（第一回、一九二二年）からは文官である鉄道大臣議長の時代になる。

第一回から第一二回までは、一回につき数回（ということは数日）から十数回の会議を開いたが、第一三回以降は数回の会議になり、第二三回からはほぼ年に一回から数回の会議になった。これはこの時期が国家の基本線を決める重要な時期であり、また会議での軍人の発言が大きなウエートを占めていたから、問題が錯綜したためである。

第一回鉄道会議は一八九二年一二月一三日に開かれた。議長は川上操六、(24) 議員は二四名、幹事が田健治郎である。この日の議事は、① 鉄道会議議事規則、② 西ノ宮・生瀬間を馬車鉄道から軽便鉄道に変更する、③ 八戸・湊間に日本鉄道会社の支線建設、④ 新宿・飯田町への甲武鉄道を延長する、ことである。

①の議事規則は議長の川上操六と田健治郎幹事が原案を作成したものである。若干の修正を経て決定された。
②はやはり田健治郎が主任者の立場で説明した。これは攝津鉄道会社の件である。
③は短い支線建設である。
④は線路が青山練兵場を通過し陸軍用地を利用するため、陸軍省との調整が必要であった。鉄道会社は陸軍省および東京市区改正会と協議は済んでいる。許可を与えたい、というのが逓信省提案の議事である。

以上で第一日は過ぎた。第一回鉄道会議の二日目は一二月一五日に開かれた。先の②、③、④が議題である。さらに谷干城委員[25]（中将）から「鉄道ニ付建議」が動議として提出され、審議されることになった。谷の建議は「幹線ハ軍事鉄道」であり、それを広軌に改築すべきだ、というのである。彼は「此細ク長イ国ヲ何ヲ以テ守ルカト云フニ鉄道ノ外ハ致方カ無イ」、「兵隊糧食抔ヲ送ルニハ鉄道カ最モ大事ナル兵器[26]」というごとく強力に軍事鉄道論を展開した。谷の幹線広軌改築案は委員会で検討する事に決定した。委員会の谷干城、渡辺洪基、松本荘一郎、高橋維則（佐官）、伊藤大八の委員は広軌案を否決し、広軌に代わるものとして、複線を提案した。

このように初期鉄道会議では軍人の声が大きかった。例えば、第一回第七号会議（一八九三年二月六日）は北越線を審議した。高橋維則議員は軍事上から信越線を可とし、谷干城議員は「本員ハ最初ヨリ日本ノ鉄道ハ殆ド軍事ヨリ外ニ目的ハナイ、経済上ノ差引勘定ハ合ハナイ[27]」（三二頁）と単純に割り切り、アプト式の信越線と単線で狭い上越線を排除して、岩越線を主張していた。山根武亮議員は海岸線は不可であり、上越線を主張した。山口圭蔵議員は日本の国防に鉄道が必要であるといい、根拠として軍隊の移動（帰休兵や予備兵の召集、戦時編成軍隊輸送）に徒歩では七～一〇日かかるが鉄道では二～三日ですむ。したがって上越線か豊能線がよく、直江津線は軍用に堪えない。伊藤大八議員も軍事鉄道論である。

ところが議論はこれがすべてではない。箕浦勝人、石黒五十二、斎藤修一郎の各議員は経済鉄道論を対置し、直江津線を主張した（三九、四〇頁）。表決は直江津線が一五票、豊野線が八票で、軍事線は破れた。

しかし舞鶴線の議論は異なった。村野山人議員は経済線と軍事線は両立しないのであり、経済線として土山・舞鶴線を主張した。他方これを批判した谷干城議員は軍事線としての京都・舞鶴線を対置し、結果は京都・舞鶴線に決定した（七七頁）。

また近畿線のうち和歌山線の議論はこうである。高橋維則議員は軍事上から高田・和歌山線を主張した。渡辺洪基は自然な大阪・和歌山を採った。谷や児玉は高田線に賛成し、一六対七で高田・和歌山線に決した。

中央線では経済線と軍事線の議論が真っ向から対立した。産業資本家の若尾逸平は三つの線路、すなわち、①諏訪・上筑摩・名古屋、②諏訪・伊那・名古屋、③諏訪・伊那・飯田・清内寺・名古屋があるといい、③の線を主張した。その理由として若尾は「物産を繁殖し、国力を増進するため、人民の営業するところに道をつけねばならない、大金を掛けて穴の中に鉄道をしくは不都合である」から、製糸業盛んな飯田に通そうとした。これを経済線と呼ばないで何といおう。

他方、軍人高橋維則は中央線を「国の脈を繋くと云ふ軍事には無比の最大必要な所であり、日本の脊髄であり、此の間を一度絶切れば日本は命脈を失ふ」ものであり、経済上より軍事上必要なものであることを強調した。なおアプト式は輸送力に問題があるから採るべきでない、というのである。若尾は生糸生産の観点から経済鉄道を再三展開し、伊藤大八らが賛成した。しかし議決は筑摩線が一七票で可決、若尾の第二伊那線は六票により否決になった。

山陽鉄道が営業中の山陽線を広島から山口に延長するについても、児玉源太郎と高橋維則は「海岸に露出することはできない」から、内陸の線路に固執していた。

北陸線は一八九三（明治二六）年二月六日の第一回第八号会議で話題になった。山口圭蔵議員が述べるとおり、坂井港は通らないし、杉津駅は海から遮蔽することが軍事上必要である。これには渋沢栄一が大いに反論した。すなわち坂井港と伏木港は越中の主要な物産である米と肥料、さらに海運の中心であり、「必要な場所を限りますのは鉄道そのもの自身の経済をしても欠けるところがある、鉄道経済上港湾連絡はつけるべきである」から、伏木港は鉄道で連絡したい（三三二、三三五頁）、という。渋沢の発言に支えられたか、鉄道技師松本荘一郎議員は「鉄道経済上から」坂井港連絡は「彼地方の物資を輸出入致します咽頭の地」という意味があると主張し、港の鉄道による連絡に意を注いだ。港湾連絡の迂回線が議決になった。

一八九三年二月一二日は第一回第九号会議である。奥羽線が議題である。奥羽線は福島から秋田・青森の線である。鉄道技師松本荘一郎議員は福島・米沢間は三構想、秋田・鷹巣間は三構想があると説明した。すなわち秋田・鷹巣間は、①能代海岸線、これは六〇哩ほど距離が長いが工費は安い、②檜山線は道路に沿う、③秋田・仁別線は軍事を考慮し、海岸線を避けた線である。この日は軍事鉄道論と経済鉄道論が激突した。軍事鉄道論は児玉源太郎であり、日本鉄道線の上野・青森線は青森で海岸に露出しているから軍事線としては不適格である。奥羽縦貫線は海岸に出てはならず海岸から離れた仁別線が必要である、との説である。渋沢栄一は軍事鉄道論に経済鉄道論を対置し、仁別線に反対であり、檜山線と能代線を主張し、鉄道会議は国防のみを議論するのでなく、「商売興業《ママ》」を考慮すべきだ、という立場である。これには田村太兵衛、村野山人、佐藤里治等が賛成し、結局議事進行が紛糾し休会となった。

翌二月一三日の第一〇号会議では渋沢の檜山線について渡辺洪基、若尾逸平等が賛成し、他方谷干城と高橋維則が軍事鉄道論の立場から応酬した。採決は檜山線が一二票、仁別線が一一票と僅差で渋沢案が通った。

ところが陸軍は巻き返しに出て、議決をひっくり返した。二月一六日第一一号鉄道会議で、松本荘一郎議員は政府側の見解を示した。鉄道会議の議決は大臣へ、そして政府に伝えられる。そこで再検討されるというのである。政府の立場は奥羽縦貫線は軍事線でなければならないから、檜山線ではなく仁別線を採るというのである。ここに鉄道会議の性格が現れたのであり、審議はすれども決定権が無く、議員は「不満足」の意を表明した。

表4-7　第26回鉄道会議議員（1918年12月25日）

氏　名	経　歴
上原勇作	大将，参謀総長（1915～23年）
石黒五十二	海軍技監
星野庄三郎	陸軍少将
栃内曾次郎	海軍大将
神野勝之助	新　大蔵次官
米田　穣	
前田利定	新　欠席子爵
中西清一	新　逓信次官
山梨半造	新　陸軍中将
竹下　勇	新　欠席　海軍中将
犬塚勝太郎	新　欠席　農商務次官
小橋一太	新　欠席　内務次官
鮫島武之助	
斉藤珪次	新
柴四　朗	衆議院議員
肥後八次	
石丸重美	新　鉄道院副総裁
島安次郎	新　鉄道院技監（19年6月まで）
佐竹三吾	新　鉄道院理事，鉄道省監督局長
白石直治	衆議院議員政友会
伊藤大八	鉄道官僚，国会議員
杉浦宗三郎	
永井　亨	臨時　新　鉄道院理事　鉄道省経理局長
岩永裕吉	新　鉄道院参事
鶴見祐輔	新　鉄道院参事
岡田意一	新　鉄道院参事

資料：『鉄道会議議事速訳録』第20～28回，1909～22年，日本経済評論社復刻，4～5頁．

第一回鉄道会議は一八九二年一二月の第一号から九三年の三月まで一五号にわたる。議題は鉄道敷設法にもとづく新設線や私鉄の許認可に関するものである。議論が大きく分かれたのは右にみたとおり、軍事鉄道論か経済鉄道論かである。軍部の発言は海岸線を避け衛戍地を連絡し、軍需品と軍隊輸送の利便性を最重要の課題にしていた。アプト式は輸送ネックから避けたい。それは谷干城や児玉源太郎の発言に明白にみられる。他方民間ブルジョアジーは人やモノの集まるところの連絡に鉄道の使命を与えていた。鉄道官僚は両者の議論を戦わせながらも、線路の技術的要素（勾配や曲線、トンネル、橋梁）や建設費用を勘案し、かつ政治の動向をにらんで線路を選択していた。右に紹介した軍人の発言は強硬ではあるが単純である。民間ブルジョアの発言は鉄道官僚からは同意する点が多い。政府と鉄道官僚はそれらを無視はできず、調整した。

表4－7のとおり、第二六回鉄道会議は上の二三議員と鉄道省からの三名の計二六名である。議長は参謀総長、軍からほかに陸軍と海軍から複数名いずれも中将少将である。各省は次官、鉄道院高級官僚が数名、元鉄道関係者の帝国議会議員が数名、そして鉄道院から幹事が三名という構成である。本属のポストが動けば鉄道会議議員も自動的に動く。しかし鉄道会議に占める軍人と鉄道官僚の数は大きいし、第二八回（一九二二年一月）まで何ら変更は無い。これまでを初期鉄道会議とする。

最後の初期鉄道会議と石丸重美

鉄道敷設法による予定線がほぼ完成してきた。時あたかも交通政策を重視する原敬内閣であり、鉄道次官石丸重美は原敬に対して、一つずつ議会に提案するより、鉄道網を確定すべしとの提案をした。最後の初期鉄道会議は第二八回鉄道会議であり、一九二二年一月一七日に開かれた。ここでは重大な提案が出された。それは鉄道敷設法改正案であり、新たに一四九鉄道、延長六三四九マイル（一万一五八・四キロメートル）、総計は約一万六〇〇〇マイル、民営鉄道として敷設予定が一七〇〇マイル（二七二〇キロメートル）あるから、総延長二万五〇〇〇マイルが予定されたのである。その分布は本州が九九線、四国が九線、九州が一九線、北海道が二二線のごとく、計一四九線である。

石丸重美(28)によれば、初期敷設法は二線残すのみであり、現在線は官私計が八四〇三マイル（一万三四四四・八キロメートル）、未成線が同じく四〇九五マイル（六五五二キロメートル）、計一万二四九八マイル（一万九九九六・八キロメートル）では「満足できない(43)」のである。なぜならば「戦後ノ経営ニ属シマス殖産興業地方開発ノ其先駆者トナルベキ新線ノ調査研究ヲ遂ゲマシテ、而シテ之ヲ敷設法ニ漸次加ヘ其ノ鉄道ノ普及ヲ是非トモ計ラネバナラヌノデゴザイマス…中略…。鉄道ノ如キハ国運ノ伸展ニ至大ノ関係ヲ有スル大事業デゴザイマシテ、……今後数十年ノ間ニ建設致スベキ予定線ヲ予メ法律ヲ以テ定メ…中略、経費ノ許ス限リ順次之ヲ完成シ…、整然タル所ノ大交通網ノ実現ヲ企図致シ…、産業ノ開発又国防上ノ要求等ヲ調査攻究致シマシテ[30]」と説明した。この計画をある時期までに政府が完成すれば、「是デ始メテ国有鉄道ノ機関ト云フモノノ本当ノ働キヲスルコトガ出来ル、ソコデ初メテ日本ノ内地ノ交通機関ノ完備ト云フコトガ出来ル[31]」と。「鉄道は国の力」である、それゆえに鉄道の低い普及率をアップしよう。これが石丸鉄道次官の説明である。その内容が、鉄道延長六三四九マイルなのである。石丸重美は極めて積極的な鉄道拡張政策を鉄道会議に提案した。それは一四九線六三四九マイルすなわち新規一万キロメートル（一万一五八・四キロメートル）鉄道建設計画である。鉄道会議は通った。

　鉄道敷設法改正案は第四四回帝国議会に政府案として提出された。しかし同案は衆議院を通過したが、貴族院は審議未了になり、成立しなかった。貴族院を通過させようとしたのは、政友会系の「研究会」であり、反対派は中村是公らである。中村は台湾以来後藤につれそい、後藤新平の後の二代目満鉄総裁であり、一九一七年五月に鉄道院副総裁、翌年四月には鉄道院総裁である。しかし前にも述べたとおり総裁の椅子はわずか五カ月のみであった。原内閣が成立したためである。

　鉄道敷設法改正案は原敬暗殺後の第四五回帝国議会に再提出された。今回は議会を通過して成立した。それは石丸鉄道次官の説明にしたがえば、三〇年間一五億円一万キロメートル鉄道計画といえる。この一万キロメートルは何か。旧鉄道敷設法と北海道鉄道敷設法は日本列島の幹線網を構築した。新しい一万キロメートル計画は幹線と幹線を結び、また地方に延長するローカル線である。新鉄道敷設法は第一条により、それの建設を国に義務づけ、また第四条の鉄道会議の規定では、旧法にあった建設順序の諮詢が無くなり、単に予定線路の変更のみが検討の課題となった。いま一つ、北海道が合体されたことである。

予定線はこの一四九線一万キロメートルにとどまらなかった。一九二七年から三六年にかけて、あらたに一六線が追加や改正された。政友会と鉄道官僚がいかに過大な、バラマキの構想を描いていたかがよくわかる。石丸は佐渡や淡路島にまで鉄道を敷こうと考えたのである。石丸は地方の住民も納税者として平等だから、等しく文明の恩恵を受けるべきだというわけだ。こうした政友会の野放図な鉄道拡張と財政膨張主義に対して、先にみたとおり木下は反対であり、失意のままに没したのである。

もちろんこの構想はそのまま実現したわけではない。戦後の国鉄は赤字であることが明白なローカル線をつくり続けた。しかしモータリゼーションは鉄道のあり方を根本から変えたのである。一九九六年現在、旧国鉄の在来線は二万一〇〇〇キロメートルであり、そのうち二割にあたる八三線三一五七・二キロメートルが廃線または第三者経営に移管された［稲村、一九九六：一〇］。三一五七キロメートルの全てが改正鉄道敷設法による新線でないが、ローカル線であることは間違い無い。かくしてJRの現在線は、新鉄道敷設法による新線路を廃止し、一八九二年の旧鉄道敷設法のレベルにまいもどったのである。

その後の鉄道会議

新鉄道敷設法による第一回鉄道会議は一九二二（大正一一）年一二月一二日に開かれた。ここでは明治以来の鉄道会議の制度が大きく変更になった。第一は議長が文官になった、すなわち鉄道大臣が議長になったことである。第二は議員の定員が従来の二一名から四〇名以内になった。人員を増加することにより、広範な意見を聞こうというねらいである。うち陸軍は次官を含めて四名、海軍は同様に三名が議員になった。第三は第一回からの「終身」議員が交替し、新メンバーと大幅な入れ替えがあったことである。石黒五十二（第一～二八回）、伊藤大八（第一～二八回、後期第二回）、上原勇作（第三〜二八回）、鮫島武之助（第三〜二八回）、柴四郎（第五〜二八回）等が前者であり、青木周三（後期第二〜二三回）、青木信光（後期第一〜二六回）、井上匡四郎（後期第二〜二四回）、大河内正敏（後期第一〜二七回）、島安次郎（初期第二六〜後期第二七回）のとおりである。この席で石丸次官は一四九線のうち、二八線に優先順位をつけた。それが一九二三年から三三年に至る一一年、二八線、一億七〇九五万円計画である。二八線は地方開発、鉄道利益、鉄道連絡用、鉄道補助用、国防用であり、三つの線が陸軍用、海軍用である。一線路当りの距離は十数キロメートル、長いもので三〇キロメートルである。[32] ここにもローカル線充実の意図が明白である。

つづいて一九三〇年鉄道会議の官制が改められた。鉄道会議には鉄道敷設法が規定する予定線路を変更する場合、工事着手線の選定が諮問されてきた。ところがこの鉄道会議に対して「自然之ガ鉄道会議ノ彼レ是レト非議セラレル一因ヲ為スニ至ツタ」[33]（江木翼鉄道大臣）という事情があった。そこで議題は鉄道敷設法に規定されるほかに、鉄道政策上重要な、①地方鉄道、軌道の買収や補償、②鉄道敷設法の予定線と地方鉄道の出願線が重複、併行、接近する場合の免許、③地方鉄道の借り入れや営業受託の三点を新たに諮問することとした。

議員数は減少し、三〇名と幹事が五名であった。議員の構成で注目される点は、各官庁の官僚のうち軍人は陸軍から次官が一名のみになった。第一一回鉄道会議（第一次本会議）は一九三三年一二月一八日に開かれた。その名前は柳川平助という実力者である。柳川は荒木貞夫陸軍大臣のもとでの次官であり、陸軍皇道派の中心人物であった。軍人の数が減ったからといって、発言力が減ったことにはならない。その一つ大宮・川越・飯能線がある。柳川によれば、大宮・飯能線は東北の軍隊を混雑する東京を経由しないで西日本に輸送する線である。これは三四年に正式に追加された。

わが国において一九一〇年代から二〇年代にかけて科学的管理法が紹介され、また実際に工場現場に導入され、能率化、合理化に成果がみられた。科学的管理法を実施した工場には、郡是製糸、片倉製糸、大日本紡績、富士瓦斯紡績、倉敷紡績、鐘淵紡績、福助足袋等の繊維産業、日立製作所や新潟鉄工蒲田工場などの機械工業、陸軍赤羽被服廠、呉海軍工廠、鉄道省浜松工場や大井工場等の官営工場が知られている［佐々木、一九九八：三八〜四三］。

以下では鉄道省の大井鉄道車輛工場における、能率運動の展開と鉄道官僚・山下興家(34)について述べよう。

F・W・テーラーは労働者と経営者は対立するものという常識に挑戦し、そのテーラーシステムは「高賃金・低労務費」の原則であり、自然的怠業をなくし、生産性が上がれば労使の両方にプラスになる、というものである。

山下はこのテーラーシステムをまず満鉄沙河口工場に導入した。一九一一年から一二年ころのことである。山下は満鉄工場に請負制度を導入した。山下による工場管理の第一の原則は能率向上の方法にある。それはまず奨励制度、請負制度を採用し、その結果能率が上がったからといって、請負単価を引き下げないことである。満鉄本社は能率向上により工場の請負が儲けすぎており、それは単価査定が高すぎるからだ、単価を引き下げよ、と要求した。それに対して、山下は単価引き下げを拒否した。高単価は労働者が工夫により生産性を上げるから本人の利益になり、怠業を防ぎ、生産性が増加するから工場の利益になる、というものである［陸軍省、一九四一：二一〜四二］。労働者にも会社にもプラスになる。山下は鉄道省工場長になっても、請負制実施と単価の切り下げ拒否の姿勢を貫いた。ハルセー式により利益を分配した。

山下の第二の原則は請負単価の決定方法にある。それは動作研究（モーション・スタディ）を基礎にする。ところが鉄道工場での修理作業に標準作業はなかなかみつからない。かれは一九二八年、ベルギーにおける国際労働会議出席のついでにアメリカに渡り、ペンシルバニア鉄道のアルツーナ工場を見学した。ここにはモーション・スタディ部があり、その結果を作業に使用していた。帰途にテーラー・ソサイティ会長のパーソンを訪問した。帰国後工場長会議を開き、日本全国の二三工場でモーション・スタディを実行することにした。これが国鉄の鉄道工場への初めてのテーラーシステム導入である。その後は日本工業協会からの依頼により国鉄が技師を派遣し、全国工場への普及につとめた。新潟市の島本鉄工所はとくに熱心であり、モデル実習工場となった。動作研究により動きの無駄をなくせば能率は向上する。第三の原則は、大量生産には流れ作業が有効であるということである。

山下は以上の原則により、大井鉄道工場にテーラーシステムを導入した。そのために工場課長山下興家は、工作局長秋山正八、車輌課長朝倉希一や、三菱電機の加藤威夫、三菱経済研究所野田信夫らとともに、原著を翻訳したり、具体策を検討した。具体的なプロセスと結果はどうであろうか。先ず第一は考え方である。機関車の部品を修理か交換か、の場合である。修理の場合は一週間の滞在、交換の場合は三日間の滞在で、前者は部品代が安くつく。しかし山下は機関車は動いてこそ稼ぐのだから、高くても交換すべきであるとする。

第二に車輌の在場日数を大幅に短縮した。車輌の定期修繕は従来方式では一五日を必要としたが、これを強制的に一週間にした。従来の如く、多くの車輌を抱え、バラバラに部品を発注し、あちらこちらで作業をしていたのでは時間とコストがかかる。強制的に一週間で工場から排出したのである。間に合わない労働者は外で仕事をした。時間の短縮は著しかった。全国二三工場において、車輌の滞在時間を一九一八年と三〇年を比較すると、貨車が二五〇時間から一七時間へ、客車は二六日間から七日間へ、機関車は一六日間から五日間へと、大幅に短縮したのである［陸軍省、一九四一：二四］。かつては工場のなかに貨車が三〇〇台も並んでおり、忙しそうであったが、昨今は朝入場して夕方出るからガランとしている。これで生産高は大幅に増加している。

第三に従来、生産高のチェックのためには工場長が職場監督を指示していた。工程間の在庫の山が忙しい証拠であった。沢山の在庫車と部品をかかえ、どう仕事を割り振るかが、効率の決め手であるとおもわれた。山下によれば、これはまったく逆であった。在庫を少なくし、少数の車を集中的に補修する。こうして工場相互の間、工場と部品業者の間のコミュニケーションが活発化した。それが能率に寄与するのである。

鉄道工場では工場管理近代化がなお続いた。それは第一に動作研究の結果をみてから、一九三〇年に「達第六六二号」により新単価が採用された。それの計算式は次のとおりである。

P＝QA（1＋R）（P：単価、A：仕事給のちに係数、R：付加率）

単価Pは係数の適用により収入が減少する場合があった。そうなると労働者は作業研究に反発を示した。そこで工場は三三年になり、係数制を全廃した。(35)

第二に工場業務研究会は工作局長秋山正八と工場課長の山下興家がはじめた。この研究会は鉄道工場の業務改善を目的としており、第一回研究会が一九二六年六月に大宮工場で開かれた。山下は管理者と現場の意思疎通を円滑にした。それが作業の能率化と品質向上に寄与する、というのである。

以上みたとおり、山下は工場の近代的経営のために努力し、欧米の工場の体験や文献から、鉄道工場の能率化に寄与しただけでなく、そこを日本における能率化運動の学校にしたのである。

（4）　戦時下高速鉄道計画

一九六四年一〇月一日東海道新幹線が開業した。東京・新大阪間が夢の四時間である。翌年には三時間一〇分に短縮された。日本鉄道史上画期的な高速鉄道の出現である。しかし技術的には革新とはいえず古い技術の集積である［前間、一九九四］。それというのもすでに戦時下において、東京・下関間の弾丸列車構想があったし、下関か九州の一部から海峡を海底地下トンネルによりわたり朝鮮と結ぼうとしていたからである。

「満州事変」から日中戦争へと続く一九三〇年代の日本の鉄道政策は第一に大陸連絡、第二に高速化が課題になる。

まず前者について述べよう。日本帝国の鉄道網は急拡大している。

一九三〇年から四五年までに日本国鉄は一万四五七四キロメートルから一万九六一九キロメートルへ、約五〇〇〇キロメートル増加したにすぎない。日本植民地鉄道は同じ時期に五一四一キロメートルから二万四一三二キロメートルへと、約四倍ほど増加している。従業員は日本国鉄が二三万人、満鉄が一三万人（一九三五年）、日中戦争下の華北交通が二〇万人であった。日本国内より国外の植民地占領地の鉄道拡大が目覚しかった［高橋、一九九五］。こうして急拡大した植民地占領地とその鉄道と本国とをどう結合するかが、交通政策の最大の課題であった。勢力範囲の拡大は人やモノの移動を盛んにしたから、幹線と大陸連絡航路線の混雑はとくにひどかった。「日満支」連絡中、人の移動の七割を占めたのが関釜航路であり、貨物輸送の中心は大連航路である。鉄道省の課題は東京・下関間輸送力の拡大である。

戦争のための軍隊や軍需品輸送は、動員輸送、集中輸送、作戦輸送、補給輸送など鉄道に大きく依存していた。したがって日本の帝国主義的展開と軍事作戦による交通網は、「大東亜交通」網であり、それの一つが新幹線建設計画である。

東海道線と山陽線の旅客と貨物の輸送量は国鉄全輸送量の三割を占め、かつ戦時下の増加が急であった。鉄道省は根本案を策定すべく、一九三八年一二月に企画委員会内に鉄道幹線調査分科会を設けて調査を開始した。翌年七月には総合調査のために、鉄道幹線調査委員会を設置し、七月一二日には諮問機関として官民合同の鉄道幹線調査会官制が公布された。八月三〇日には鉄道大臣官房に幹線調査課を設けて調査組織が成立した。鉄道大臣による「東海道本線及山陽本線に於ける国有鉄道の輸送力拡充方策如何」という諮問に対して、鉄道幹線調査会は必要性を答申した。鉄道幹線調査会の特別委員長は島安次郎(37)である。その新幹線計画は複線であり、標準軌の四フィート八インチ半（一四三五センチメートル）とされた。五四年までの一五年計画、総工事費は五億五六〇〇万円、初年度の四〇年は六〇〇万円として議会を通過した。

この当時、東京・下関間は特急で一八時間を要するが、新幹線では九時間に短縮され、東京・大阪間は四時間半となる予定である。戦後開通した新幹線と差がない。一九四〇年度に用地買収に三四二万円を支出し、四一、四二年には新丹那トンネル、日本坂トンネルの準備と一部着工になった。東京・下関間の軌道延長は九八二・九キロメートルであり、東京・静岡間と、名古屋・姫路間は電化の計画であった。電車か蒸気機関車かについても議論があった。陸軍は蒸気機関車であれば攻撃されてもダメージが少ないとして蒸気機関車を主張し、電化に反対した。

それだけではない。下関と釜山間を航路連絡ではなく、海底トンネルにより連絡しようという計画があった。下関と釜山間は二〇〇キロメートル余りのトンネルで結ばれ、航路による七時間半は海底トンネルにより二時間に短縮になる。四一年五月に朝鮮海峡横断トンネルの地質調査が実施された。それは弾性波式地下探査法による実地調査であった。そこまでであった。結局、島安次郎の時代には新幹線は実現しなかった。実現したのは島の長男の島秀雄であった。

おわりに

一八七二（明治五）年のわが国鉄道は一八マイル（二九・〇キロメートル）、六つの停車駅、機関車一〇輌、客車五八輌、年間の旅客は五〇万人であった。一九〇六年、官民合計の鉄道延長が五〇〇〇マイル（八〇四五キロメートル）になり、五月に名古屋で盛大な祝典が開かれた。この席で「帝国鉄道の創勅者」である伊藤博文、大隈重信、井上勝に対して、頌功書が進呈された。三名は創設期日本の鉄道を引っ張ったからである。この年に鉄道国有法が成立した。帝国鉄道庁、鉄道院が組織された。国鉄の営業距離は〇五年二五六二キロメートル、六年四九七八キロメートル、七年七一五三キロメートルのとおりに、拡大を続けた。職員は同年に、二万九〇〇〇人、六万人、八万八〇〇〇人と増加した。そして国鉄営業距離が一万キロメートルに達したのが、二〇年のことである。鉄道省が設置された。このころは哩表示であり、たまたま一万キロメートルであったのであろうか。四四年に二万キロメートルに達してから、今日まで現状維持になる。

鉄道業は線路をどこにとるか、という点で、利害関係者の議論が沸騰した。端的には山側か海側か、軍事線か産業線か、であるから真剣である。議会対策もある。線路、トンネル、橋梁は土木技術者が担当した。機関車になると機械技術者である。運転が始まるとダイヤグラム編成、一年三六五日の時間の管理、営業活動、現金管理、機関車の保守点検、数万人から数十万人になる従業員の管理など、鉄道業の産業上の特異性から規定され、鉄道官僚は土木、機械、人事、経理、営業、運転など専門家になった。

鉄道官僚は行政官僚と技術官僚である。彼らは東京帝国大学を卒業し、文官試験か選考により入省する。本省に配置され、現場を経験して、三〇代半ばに海外留学になる。帰国後は課長になり鉄道先進国で学び見聞したことを、「創案」「模倣」し現場に導入し実行した。その後、局長、次長へと出世する。一九二〇年に鉄道省が成立した。これは明らかに政友会の意志である。ここで鉄道政策およびトップ人事が大きく転換した。広軌改築論者や鉄道新築に反対する改築論者はバッサリやられた。島や木下のことである。政友会と後期鉄道会議、とくに石丸重美は地方ローカル線を重視した。鉄道院から鉄道省への昇格により組織利益が確保されたが、他方でそれは地方交通線を抱え込み、戦後における鉄道赤字要因をつくり出した。

鉄道の本質は近代文明としてのスピードアップにある。それはＳＬの改良や新幹線により可能になった。これはもちろん技術者のおかげである。しかし技術官僚は技術革新の担い手であっても、行政官僚より出世に遅れた。また技術者は、高速化にともなう沿線住民への騒音公害にはほとんど配慮を欠いていた。

【注】

(1) 高級官僚は全て行政官僚ではない。しかし出世は行政官僚が早かったようだ。したがって、昭和期になると技術官僚により革新運動が展開されるし、「高級幹部たるものは、多少の例外は別として、原則として国家試験の行政科に合格した者でなければなり得ないといふが如きは、むしろ滑稽である」と、鉄道官僚から批判されている（長崎惣之助『戦時経済と交通運輸』産業経済学会、一九四一年、三〇〇頁）。

(2) 内政史研究会『青木得三氏談話速記録』第一回、一九六四年、七頁、青木は成績トップで大蔵官僚。

(3) 日本国有鉄道『日本国有鉄道百年史　第七巻』一九七四年、二八七頁。

(4) 『原敬関係文書』日本放送出版協会第一〇巻、一九八八年、二六～二七頁。

(5) 前掲『日本国有鉄道百年史　第七巻』三二一頁。

(6) 同右。

(7) 井上勝「帝国鉄道の創業」鉄道時報局『拾年紀年　日本の鉄道論』一九〇九年、二五頁以下を参照（日本経済評論社復刻『明治期鉄道史資料補巻(一)』一九八一年)。
原田勝正『鉄道史研究試論』日本経済評論社、一九八九年の「第二章　鉄道技術の自立過程における技術官僚の役割」は井上勝を書いている。

(8) 前掲『日本国有鉄道百年史（通史）』付録四二頁を参照。

(9) 後藤新平「鉄道院設置の趣旨」三二六頁、鉄道時報局、前掲書。

(10) 鶴見祐輔『後藤新平』第三巻、後藤新平伯伝記編纂会、一九三七年、一九一～二二六頁。

(11) 日本交通協会『鉄道先人録』日本停車場株式会社、一九七二年、一五五頁。傭人層の日雇い以下的低賃金（野田正穂

他『日本の鉄道』日本経済評論社　一九八六年、一六八頁）が背景にある、という指摘もある。

(12) 松本荘一郎は一八四八年兵庫県に生まれ、大学南校で学び、一八七〇年から七六年までアメリカの大学で土木学を修めた。九三年に井上勝の後の鉄道庁長官になる。

(13) 明治四四年八月三一日締結、前掲『原敬関係文書　第九巻』一九八八年、日本放送協会、四五四頁。

(14) 報告一号から報告甲第六まで参照、同右書、四五五～四九六頁。

(15) 木下淑夫「旅客待遇に就て」明治四〇年一二月、四一六～四二八頁。鉄道時報局、前掲書。

(16) 前掲『原敬関係文書　第十巻』、一六六～一七二頁。

(17) 高橋亀吉『明治三十九年　昭和七年　財政経済二十五年誌　政治編(下)』一九三二年、一九八五年、国書刊行会復刻版、二七頁。大正七年一月の政友会定期大会における原総裁演説、同三五三頁。

(18) 大正八年憲政会定期大会における政策決議、高橋亀吉、同右書、七一八頁。

(19) 一九一九年四月、憲政会東北大会での加藤総裁演説、高橋亀吉、同右書、八一七頁。

(20) 前掲『日本国有鉄道百年史　第七巻』五三～五四頁。

(21) 前掲『日本国有鉄道百年史（通史）』一二一～一四頁。

(22) 同右書、八四頁。

(23) 同右書、八九頁。

(24) 議長の川上操六（嘉永一～明治三二年）は、薩摩藩出身、戊辰戦争、西南戦争に参戦、明治一七～一八年に欧米の兵制視察、二〇～二一年にドイツ留学、二二年に参謀次長、二三年に中将、二八年日清戦争に出征、三一年参謀総長、大将、三二年死亡。

(25) 谷干城（天保八～明治四四《一八三七～一九一一》）年は高知県出身の陸軍軍人であり政治家。台湾出兵、西南戦争に従軍した。西南戦争では武勲をあげた。中将。陸士校長、明治一四年退役、農商務大臣、明治二三—四四年のあいだ貴族院議員。

(26)『第一回鉄道会議議事速記録　第二号』四、五頁（明治期鉄道史資料第Ⅱ期、第二集二）、日本経済評論社復刻版、一九八七年。
(27) 同右、以下本文に頁を記す。
(28) 石丸重美（一八六四《元治元》～一九二三《大正一二》年）は、大分県出身にして、一八九〇年帝国大学工科大学土木工学科卒業、九一年内務技師試補として秋田県に勤務、九二年鉄道庁雇、九三年逓信省鉄道技師になり鉄道局線路調査掛を担当した。その後事務所長、出張所長を経て帝国鉄道庁技師となり、一九〇七年欧米へ出張した。一三年鉄道院技監、鉄道院副総裁になるが、一五年官を辞した。一七年には東京鋼材株式会社取締役社長、政友会総裁原敬に近づき一八年鉄道院副総裁、二〇年鉄道次官、敷設法改正、鉄道網充実、鉄道電化に貢献した（前掲『鉄道先人録』四三頁）。二二年貴族院議員になり、貴族院最大派閥である政友会系の研究会に属した。研究会は貴族院最大勢力であり、原による貴族院工作は研究会を政友会に引寄せることであった。それが一九年末に実現できるようになり、貴族院は政友会の思いのままであった。
(29)『第二八回鉄道会議議事速記録』二二頁、（『鉄道会議議事速記録』第二〇～二八回）
(30) 同右書、二一～二二頁。
(31) 同右書、五九頁。
(32) 鉄道会議『第一回鉄道会議議事録』一九二二年一二月、一四～四〇頁。
(33) 鉄道会議『第一回鉄道会議議事録』一九三〇年七月、四頁。
(34) 山下興家は一八八一（明治一四）年四月兵庫県に生まれた。一九〇六年七月東京帝国大学工科大学機械工学科を卒業し、同年八月南満州鉄道株式会社に入社した。満鉄は同年一一月設立であるから、準備段階からの第一期社員である。一九〇九年から一一年九月まで英国に留学した。この間にアメリカも訪問している。帰国後は満鉄沙河口工場に勤務した。一六年に鉄道院技師、二〇年五月に大井工場長、二三年三月には大宮工場長、その後工作局工作課長、機械課長、工作局長を経て、三三年退官した。その後は国際労働会議政府委員顧問、日産自動車と日立製作所の取締役を経た後、日本機械学会会長や日本工業協会理事などをつとめた。

(35) 前掲『日本国有鉄道百年史　第九巻』五九六～五九七頁。

(36)「新幹線」という語は既に戦時下で使用されていたことに注意。以下は長崎惣之助、前掲書、六〇七頁及び前間孝則『弾丸列車』による。

(37) 島安次郎は一八七〇（明治三）年八月、和歌山市の薬屋の次男として生まれる。一八九四年七月東京帝国大学工科大学機械工学科を卒業し、関西鉄道に入社、汽車課に配属となる。ここでの業績は二つある。一つは汽車課長の時に、外見から見分けがつくよう、客車の等級帯色を、一等は白、二等は青、三等は赤と決めたことである。これは戦前に広く普及した。他の一つは名古屋・大阪間に動輪直径が五フィート二インチになる、大型の複式高速機関車を採用し、アメリカのピッツバーグ社から輸入した。これは同区間の高速直通運転を見通したものである。

一九〇一年逓信技師になり、翌年欧米に出張し、車輛工場、車輛構造、検査等について調査した。一〇から一二年にかけてスイスの第八回万国鉄道会議に出席しまたドイツに滞在した。ドイツでは日本が発注した旅客用の大型高速機関車の製作監督にあった。一五年六月に工作局長となり、日本の蒸気機関車の国産化に貢献した。七月仙石鉄道院総裁の指名により広軌鉄道改築取調委員となり広軌化を研究した。内閣が替わり、広軌化は実現しなかったが、島が計画した横浜線原町田の広軌車輛の実験は大成功を収めた。これは狭軌の線路の外に、一本のレールを敷き、容易に広軌に換えられるものであった。その計画は高く評価されている。また一八年には満鉄の理事に就任した。二二年一〇月筆頭理事となり、社長事務取扱の職にあった。二五年満鉄を辞め、汽車製造会社に移り、のち会長となる。四六年二月神奈川県辻堂で死去した。七六歳であった。

【参考・引用文献】

稲村直樹編［一九九六］『国鉄・JR鉄道廃線カタログ』新人物往来社。
大前研一［一九九四］『平成官僚論』小学館。

北岡伸一［一九八八］『後藤新平』中央公論社。

木下淑夫［一九二四］『国有鉄道の将来』私家版。

草柳大蔵［一九七五］『官僚王国論』文芸春秋。

佐々木聡［一九九八］『科学的管理法の日本的展開』有斐閣。

隅谷三喜男［一九六六］『日本の歴史』二二、中央公論社。

高橋亀吉［一九三二］『明治三十九年　昭和七年　財政経済二十五年史』一九八五年、国書刊行会復刻。

高橋泰隆［一九九五］『日本植民地鉄道史論』日本経済評論社。

田健治郎編纂会［一九三二］『田健治郎伝』。

内政史研究会［一九六七］『松本学氏談話速記録（上）』。

日本交通協会［一九七二］『鉄道先人録』日本停車場株式会社。

野田正穂・原田勝正・青木栄一・老川慶喜［一九八六］『日本の鉄道』日本経済評論社。

原田勝正［一九八九］『鉄道史研究試論』日本経済評論社。

福川秀樹［一九九九］『日本陸海軍人名辞典』芙蓉書房出版。

前間孝則［一九九四］『弾丸列車』実業之日本社。

升味準之輔［一九六八］『日本政党史論』第四巻、東京大学出版会。

水谷三公［一九九九］『官僚の風貌』日本の近代一三、中央公論新社。

百瀬孝［一九九〇］『事典　昭和戦前期の日本』吉川弘文館。

陸軍省［一九四二］『工場経営講座　管理編・上冊』日刊工業新聞社。

第５章　内務省社会局官僚と社会事業行政

大日方　純夫

はじめに

本章は、内務省社会局官僚を検討の俎上にのせ、とくに社会事業官僚にしぼって、官僚としての基本性格とその政策構想を探ろうとするものである。

社会局とは、周知のごとく、第一次世界大戦後の社会問題の深刻化、社会運動の高まりに対応して設置された内務省の一部局であり、内務行政が社会行政に本格的に進出したことを明確に示す特徴的な機構であった。最初、それは内務省の内局として設置されたが、やがて農商務省の労働行政をも統合して、外局へと昇格し、この期の内務行政を特質づける重要機構となった。ここでは、この内務行政の枢要な一環としての社会行政を、労働行政と社会事業行政を包括するものとしてとらえておくことにする。

したがって、内務省社会局とその社会行政については、これまでおおよそ社会事業史・社会福祉史の領域と、労働行政史・労働政策史の領域の二つの方向から研究がすすめられてきた。当然のこととはいえ、前者の研究においては一九二〇年八月の内局としての社会局設置の意味が強調され、後者においては二二年一一月の外局としての社会局の設置が重視されてきた。そして、こうした研究関心のありようは、社会局官僚に対する接近方法にも通じている。社会局官僚をめぐる研究動向を整理しておくことにしよう。

まず、後者の労働政策史の分野における研究動向から一瞥しておくことにする。この領域では、一九八〇年代後半から九〇年代にかけて、研究の飛躍的前進がみられた［林、一九八六。西成田、一九八八。安田、一九九四］。それらの研究は、社会局官僚の労働政策構想を検討の対象とし、協調主義的な指向性に光をあてた。そして、労働組合法や労働争議調停法の立法化をめぐる官僚層の動向を通して、内務省社会局が推進する政策構想と諸勢力の構想との間の対抗関係を浮かび上がらせた。また、それを通じて一九二〇年代の「デモクラシー」期から、三〇年代の「ファシズム形成」期にかけての官僚層の動きを展望した。

これに対して、本章が対象とする社会事業官僚については、社会事業史・社会福祉史の領域において、おおよそつぎのような評価、ないし性格規定がなされてきた。最も早く社会局官僚に注目した小川政亮は、床次竹二郎・田子一民・大野緑一郎・富田愛次郎・守屋栄夫ら初期の社会局官僚の思想を「社会連帯主義」と規定し、その二面的性格と日本的特質を指摘した［小川、一九六〇：二一八〜二二二］。フランスの政治家レオン＝ブルジョアの社会連帯思想の影響をそこにみたのである。

以後の研究も、基本的にはこの社会連帯思想の脈絡で社会事業官僚の新しさをとらえてきている。たとえば、系統的に社会局官僚のあり方について発言をつづけている吉田久一は、とくに初代社会局長の田子一民に注目して、彼を「社会事業新官僚」と規定し、その立場を「まだ明治からの家族有機体的国家観を思想とする官僚も多く、それと社会連帯思想を癒着させつつ、社会主義の予防をはかった」と性格づける［吉田、一九七四：一五九］。また、大正デモクラシーと社会事業の成立について論じ、「井上友一に代表されるような『経国済民』型明治官僚に代って、田子一民・藤野恵・富田愛次郎ら『社会連帯』型大正官僚が輩出し、『生活』や『福祉』あるいは『権利』を説く者も現れた」と指摘する［吉田、一九九〇：一二六］。その際、やはり注目するのは、「草創期社会事業行政の中心人物」田子一民であった［同、一四四］。社会福祉史の立場を前面に出す池田敬正も、やはり田子に注目して、「〝専制〟の明治にたいし〝協調〟の大正が形成されたことに相応じて、内務官僚が直接社会事業の必要を説」いたとする［池田、一九八六：五〇〇］。

こうした研究の流れのなかで、社会事業官僚の理論と実践はしだいに明らかにされてきた。ただし、それは主に田子にかかわってのものであり、他の官僚個々に焦点をあてての分析は、彼らの代表的な著作の復刻・刊行に際して付された解説においてなされた程度であった(1)。田子に関しては、近年、個別研究のなかでとくに注目の度合いが高まっており［笛木、一九九三・九四。加藤、一九九五。黒川、一九九八。池本、一九九九］、従来の社会事業史・社会福祉史の枠では、田子の思想をとらえきることはできないとの指摘もなされている。「生活」論・「家庭」論や「自治」論からも検討を加えようというのである。

田子を社会事業官僚としてみた場合、対象となる期間は一九二三年一〇月に三重県知事に転出するまでである。それは、外局としての社会局が発足してわずか一年しかたっていない。したがって、これまでの社会事業官僚に関する言及が、事実上、内局社会局段階にとどまっていたのもむべなるかなということになる。しかし、後述のように、この時期はなお、社会局の「啓蒙時代」でしかなかった。社会事業の本格的な活動について探るならば、むしろ〝田子以後〟に分析対象を定めなければならない。

こうした研究状況の反映であろうか、初期の社会事業の性格規定の明瞭さに対して、活動が本格化した時期、およびやがて厚生省に移行する時期の社会事業の性格規定については、言及の度合いが格段に減少し、しかも、曖昧化してしまう。官僚のあり方とかかわっての言及としては、わずかに吉田が、日本資本主義の危機の時代には「天皇や財閥及び軍事官僚、社会事業新官僚」が社会事業の主体の前面にでてきた結果、結局、日本の社会事業は社会保障の途を選ばずに、「戦時厚生事業の方向」をとったとしている程度である［吉田、一九九〇：一八九］。

これに対し、近年、高橋彦博が添田敬一郎・吉田茂ら協調会上層職員を「社会派官僚」と規定し、これら内務官僚を「新官僚」「革新官僚」とのかかわりで論じようとしているのは、従来の研究の弱点を克服する方向性を示唆するものとして注目される［高橋、一九九六］。しかし、協調会官僚は、やはりそのままでは内務官僚ではない。

こうした研究状況をふまえれば、今後、社会事業官僚の研究は、第一に、時期的には少なくとも外局社会局以後を対象とし、厚生省への移行までを展望するものであるべきこと、第二に、人的対象としては、田子個人にとどまっている研究水準を克服して、社会局社会部官僚そのものに分析を加えること、が必要となってこよう。もとより本章は、いまだそうした課題に応えるものとはなりえていない。もっぱらこのような研究方向への一階梯たることに甘んじざるをえない。

なお、これら二つの系列からの社会局官僚分析に対して、最近、社会局の社会保険行政に分析を加え、これを担った保険部官僚のあり方に言及する新たな成果があらわれた。「制度の導入・立案や政策の提唱・推進に最も主体的に取り組む存在であった官僚」に注目した中静未知の研究がそれで、「所管」に着目するという官僚研究の新しい方法的提起もおこなっている［中静、一九九八：五〜七］。本章ではこの提起を十分には組み込みきれていないが、今後への課題として記憶しておきたい。

以下、まず、社会局の全般的官僚配置をおさえつつ、社会事業官僚の位置に検討を加え、その性格を探る。つづいて、山崎巌・灘尾弘吉という二人の官僚に注目して社会事業官僚の政策構想を探りつつ、一九二〇年代半ばから三〇年代にかけての社会事業行政の展開方向を見通すことにする。それは、「社会保障構造改革」が喫緊の問題となっている現局面において、あらためて立ち返って検討すべき過去の一事象であるともいえよう。

戦前期の社会事業行政の時期区分としては、現在のところ寺脇隆夫の見解が最も包括的、かつ説得的である。(2)したがって、本章は、明治四〇年代から大正初頭の前史期、大正中期から昭和初頭の社会事業の誕生・成立期、救護法体制下での社会事業の展開期、戦時体制による社会事業の変質・崩壊期の四段階区分を前提として、その成立期と展開期に焦点をあて、変質・崩壊期を展望するものとなる。

一　社会局官僚の配置と社会事業官僚の性格

(1)　社会局官僚の人的編成

まず、社会局機構のなかに官僚がいかに配置されていたのかを検討することからはじめよう。ここでは、とくに外局社会局の幹部人事の推移に注目して、官僚層の編成方式を探ってみることにする。

内局社会局段階では、その職務内容はもっぱら社会行政に限定されていたが、外局社会局段階に至って、労働行政と社会事業行政を職務の両輪とするようになり、さらに、一九二六年、保険行政を独立させることによって、社会局は労働・社会・保険の鼎立体制にはいる。そこで、前提として社会局官僚にかかわる総体的な異動状況の特徴を指摘し、つづいてこの三部編成段階を基準として、社会部官僚の特質をみておくことにしよう。

表5－1は、外局社会局が成立した一九二二年一一月から、厚生省に組み込まれる三八年一月までの約一五年間について、内務省高官と社会局幹部の推移を示したものである。これを内務省の他の幹部ポストの異動状況と比較して

みると、この期間の内務次官数一六人は、警保局長一七人、警視総監一七人と対応しており、これらのポストが政治動向と深くかかかわってめまぐるしく変動していたことがわかる。なお、同一期間、県知事クラスでは、たとえば埼玉県知事一五人、千葉県知事一三人のように、これにつぐ異動状況を示している。これに対して社会局長官は一〇人であり、省内の他の局長クラスと同一程度の異動状況である（地方局長一〇人、神社局長一一人、土木局長一三人）。しかし、そのもとにある部長クラスではさらに異動が少なく、労働（第一）部長は六人、社会（第二）部長は七人となっている。

つぎに、社会部官僚の人事の特徴についてみることにしよう。社会事業行政を担当する第二部は、基本的に従来の内局社会局のスタッフを継承するかたちで編成された。すなわち、部長は社会局長の田子一民、第一課長兼第二課長は社会局第二課長の大野緑一郎、保険課長は社会局事務官で第一課長代理の石川芳太郎となった。そして、農商務系官僚を組み込んだ第一部（労働部）に対して、社会事業行政を担当する第二部（社会部）は、以後も内務官僚の独占領域でありつづけている。

社会部の主要官僚を一覧した表5－2から明らかなように、部課長クラスは部内での異動を基本としている。部を越えて異動しているのは、社会事業行政をメインとしつつ一時的に（二年二カ月）労働部長のポストについた富田愛次郎、労働部事務官から社会部職業課長となった長谷川透、保険部事務官から社会部福利課長となった灘尾弘吉、同じく保険部事務官から社会部保護課長となった持永義夫だけであり、同一部内にとどまることを基本としていたと考えられる。その意味で、専門性を

第二部長・社会部長
田子一民（22年11月）
三矢宮松　（23.10）
守屋栄夫　（24. 9）
大野緑一郎（28. 2）
富田愛次郎（31.12）
挾間　茂　（35. 1）
山崎　巌　（36. 3）

表5-1　内務省高官と社会局官僚

内　　閣	内務大臣	内務次官	社会局長・社会局長官	第一部長・労働部長
加藤〈友〉(22年6月)	水野錬太郎	堀田　貢	塚本清治（22年11月）	河原田稼吉（22年11月）
第２山本 (23. 9)	後藤新平	塚本清治	池田　宏　(23. 9)	
清浦　(24. 1)	水野錬太郎	井上孝哉		
第１加藤 (24. 6)	若槻礼次郎	湯浅倉平	長岡隆一郎（24.12）	
第２加藤 (25. 8)		川崎卓吉		
第１若槻 (26. 1)	若槻礼次郎			
	浜口雄幸			
田中　(27. 4)	鈴木喜三郎	安河内麻吉		
	望月圭介	杉山四五郎		湯沢三千男（28. 6）
		潮恵之輔	潮恵之輔　(29. 6)	
浜口　(29. 7)	安達謙蔵		吉田　茂　(29. 7)	富田愛次郎（29.10）
第2若槻　(31. 4)		次田大三郎	松本　学　(31. 5)	
犬養　(31.12)	中橋徳五郎	河原田稼吉	丹羽七郎　(31.12)	安井英二　(31.12)
	鈴木喜三郎			
斎藤　(32. 5)	山本達雄	潮恵之輔		赤松小寅　(32. 3)
岡田　(34. 7)	後藤文夫	丹羽七郎	赤木朝治　(34. 7)	
		赤木朝治	半井　清　(35. 6)	
広田　(36. 3)	潮恵之輔	湯沢三千男	広瀬久忠　(36. 3)	
林　(37. 2)	河原田稼吉	篠原英太郎		成田一郎　(37. 2)
第一近衛 (37. 6)	馬場鍈一	広瀬久忠	大村清一　(37. 6)	
	末次信正	羽生雅則		

資料：『内務省史』第4巻より作成．

要するスタッフとして、政治変動から相対的に独立した位置にあったといえよう。表５-２のなかで、課長として恒常的に登場し、やがて社会部長となるのは、大野緑一郎・富田愛次郎・山崎巌の三人であり、このほか、藤野恵・持永義夫・灘尾弘吉・川西實三らが課長をつとめている。

これら社会局官僚のうち、藤野・富田らについては、前述のように吉田久一が田子とあわせて「『社会連帯』型大正官僚」と規定し、「『経世済民』型明治官僚」との相違を強調している［吉田、一九九〇：一二六］。また、佐藤進は山崎巌を「大正デモクラシー期の行政実務官僚の先駆者」と性格づけ、山崎との関係から田子・富田・大野を「先輩行政官僚」、藤野・川西・持永を「同僚」、灘尾らを「後輩」とし、彼らを「有能な実務社会行政官僚」との表現で包括している［佐藤、一九八二：四〇八］。

表5-2 社会局社会部（第二部）の主要官僚

年	局 長	第一課長	第二課長			
1921	田子一民	富田愛次郎	大野緑一郎			
22	〃	〃	〃			
	長 官	第二部長	第一課長	第二課長	職業課長	救護課長
23	池田 宏	田子一民	石川芳太郎	半井 清	富田愛次郎	
24	〃	三矢宮松	〃	広瀬久忠	〃	今宿次雄
	長 官	第二部長	保護課長	福利課長	職業課長	
25	長岡隆一郎	守屋栄夫	富田愛次郎	小濱浄鑛	大野緑一郎	
26	〃	〃	〃	〃	〃	
	長 官	社会部長	保護課長	福利課長	職業課長	
27	長岡隆一郎	守屋栄夫	富田愛次郎	小濱浄鑛	川西實三	
28	〃	大野緑一郎	〃	富田愛次郎	〃	
29	吉田 茂	〃	〃	藤野 恵	〃	
30	〃	〃	山崎 巌	〃	〃	
31	松本 学	〃	〃	〃	〃	
32	丹羽七郎	富田愛次郎	藤野 恵	持永義夫	長谷川透	
33	〃	〃	〃	〃	〃	
34	赤木朝治	〃	〃	〃	〃	
35	広瀬久忠	山崎 巌	持永義夫	灘尾弘吉	近藤壌太郎	
36	〃	〃	〃	〃	〃	
37	大村清一	〃	〃	〃	〃	

厚 生 省

		局 長	保護課長	福利課長	児童課長
38		山崎 巌	灘尾弘吉	武島一義	伊藤 清
39		新居善太郎	堀田健男	〃	〃

資料：『職員録』,『内務省人事総覧』日本図書センター刊より作成.

では、これらの官僚たちは、どのような形で内務省の官僚となり、官僚ポストの階梯を異動していたのであろうか。これを検討するため、代表的な社会事業官僚と見なされる田子一民・大野緑一郎・富田愛次郎・山崎巌・藤野恵・持永義夫・灘尾弘吉の七人について、その略歴を整理したものが、表5-3である。

出身大学は東京帝国大学が五人、京都帝国大学が二人で、学部はいずれも法学部（法科）である。入省と文官高等試験の合格時期の関係をみると、盛岡出身の田子の場合、一九〇八年七月、卒業と同時に同郷の先輩原敬の推挙で入省し、その後、一一月に試験に合格している。大野の場合は、入省は一二年七月であるが、試験合格はその翌年一一月である。一九年入省の藤野、二二年入省の持永、二四年入省の灘尾も、内務省に入ってその年のうちに合格している。ところが、富田は一三年の入省から九年後、社会局の課長となってからの合格である。逆に山崎は在学中の一八年に合格し、卒業とともに入省している。

入省と文官試験の関係について、大野はつぎのように語る。すなわち、友人と相談して教授の山田三良のところへ行ったところ、「君はどれくらいの成績だ」と聞かれ、まず、採用された。それから文官試験を受けた。当時は「先に試験を受けなくともよかったわけなのです。非常に呑気なものだった」というのである［内政史研究会、一九六八：七］。しかし、これはしだいに在学中に受ける方向へと変わっていった。

経歴について、つぎに注目されるのは、田子から藤野までと持永・灘尾の対比である。藤野までの五人が入省したのは、いずれも社会局設置以前であり、それぞれ警察官ないし県官吏として、まず地方に勤務している。これに対して、持永と灘尾は社会局設置後であるが、ともに衛生局からスタートしている。灘尾は入省当時を思い起こして、「とにかく、官僚になろうということになると、いちおう、内務省だけは考えますよ。大蔵省にするか、内務省にするか、とかね」と語っている［草柳、一九九二：七］。任官指向にあたっての各省のステイタスの度合いをうかがうにたる発言である。

官僚の経歴

社会局勤務	洋行
20第一・第二課長→22社会局長→22第二部長（23三重県知事～23辞職）	18
22第一課長兼第二課長→24職業課長（26知事）28社会部長（31地方局長）	23
20第二課長→23職業課長→25保護課長→29社会部長（35三重県知事）	22
26事務官→29保護課長（31大臣官房・課長）36社会部長（38厚生省社会局長）	28
24事務官→28福利課長→31保護課長（35香川県知事）	27
27保険部事務官→33福利課長→35保護課長→93庶務課長（38厚生事務官）	—
26保険部事務官→31保護課→35福利課長→37保護課長（38厚生省保護課長）	34

さて、灘尾は内務省に入って、「社会局あたりがいい」と希望したが、採用になったのは衛生局だったという。その事情を、「当時の衛生局も一つの転機にあったと思うのです。つまりそれまでの消極行政から積極行政の方へ転換しようという時期であったような気がします」と説明している［吉田ほか、一九八二：二八七］。

つぎに、社会局への入り方についてであるが、内務省入省の時期に対応して、三つの類型に分けることができる。田子から富田までは課長として、山崎・藤野は事務官として、持永・灘尾は保険部事務官として入っている。そして、やがていずれも課長になるのであるが、およその流れとしては、福利課長→保護課長→社会部長という昇進ルートが想定できそうである。課長ポストは県知事クラスに転出し得る位置にあったとみられる。この点に関しては、灘尾の発言が参考になる［吉田ほか、一九八二：二九四］。

役所の中でどこの課がどうということはありませんが、社会部では保護課が第一課であって、それだけのウエートを保護課に置いておったという気がしますね。（中略）保護課長というポストは、すぐ知事に出ていけるポストだというぐらいに扱われておったようですね。

こうして、田子は三重県、大野は徳島県・岐阜県、富田は三重県、藤野は香川県の、それぞれ知事をつとめるのである。なお、山崎・持永・灘尾も、厚生省新設後、いったん厚生省に身を置いた後、静岡県・愛媛県・大分県の知事をそれぞ

表5–3　主な社会事業

氏　名	生年	出身	学　歴	高文	入省	初　任	前　職
田子一民	81	盛岡	東京帝大法(政治)	08	08	山口県警部	地方局社会課長
大野緑一郎	87	埼玉	東京帝大法(独法)	13	12	秋田県属	香川県理事官
富田愛次郎	85	東京	京都帝大法(独法)	22	13	京都府警視	警保局事務官
山崎　巌	94	福岡	東京帝大法(独法)	18	19	長崎県工場監督官補	大阪府理事官
藤野　恵	94	広島	東京帝大法(政治)	19	19	群馬県属	震災救護事務局
持永義夫	93	宮城	京都帝大法	21	21	衛生局属	衛生局属
灘尾弘吉	99	広島	東京帝大法(英法)	24	24	衛生局調査課	栃木県事務官

注：数字はいずれも西暦年の下2桁で，たとえば81は1881年，08は1908年をあらわす．

れつとめている。

（2）社会事業官僚の性格

つぎに、社会局の局としての全般的雰囲気をおさえることによって、社会事業官僚がどのような状況のなかにおかれていたかを明らかにし、あわせて彼らがいかなる思想的境位にあったのかを垣間みてみることにしよう。

内局社会局設置当時の状況を、第二課長をつとめた富田愛次郎は、つぎのように回想している〔厚生省社会局、一九五〇：二六〕。

当時は資本主義旺盛の時代であり、中央機関は出来たがさてどんな事業を押し進めてゆくべきかお先き真暗であつた。社会一般には「社会」と言へばや丶もすると社会主義と間違へられるような時代であり、漠然と社会局と言つても何をする役所か不明であつた。

富田は内局社会局の性格づけの不明瞭さを強調しているのである。その後、第二課長には香川県勧業課長であった大野緑一郎が任じられたが、その大野も、当時の様子を「なんと言うか、社会局というものは、ごたまぜで、権限があるようなないような」と語っている〔内政史研究会、一九六八：三二〕。また、社会局の内務省内における位置についても「すこぶる不安定」だったと語る。さらに、人的配置の面でも、各局が「仕事の出来る奴はくれないので、大体変てこな奴が多いということになります」と述べる［同：三三］。加えて、政策執行にあたっての法的な立脚点という面からみても、「立法的なものはほとんど芽も出ない、その時分の日本の一番大切な救貧制度なんてものは、ほとんど目鼻がついてない」という状況であった［同：三九］。当時の社会局は大野が「啓蒙時代だな」というような状況だったのである［同：四〇］。研究史的には、内局社会局の開設の画期性を強調する傾向が強いが、こうして実態面に注目すれば、創草期に特有の混沌状況にあったことがうかがえる。

さて、すでにふれたように一九二二年一一月、社会局は農商務省の労働行政などを組み込んで内務省の外局となり、その位置を格段に強めた。二年後、社会局長官となった長岡隆一郎は、当時の社会局の陣容は「実に堂々たるものであつた」として、その顔触れをつぎのように描写している［長岡、一九三九：三〇一］。

初め第一部長は河原田稼吉氏、第二部長は守屋栄夫氏であつたが、軈て河原田氏が台湾の総務長官に栄転され、守屋氏が宮城第一区から立候補された後は、労働部長湯沢三千男氏、社会部長大野緑一郎氏、保険部長山口安憲氏と云ふ顔触れとなつた。五氏何れも今に社会の第一線に於て花々しい活動をして居られる。

性格づけの明確化と、人的配置の再編成がはかられたとみることができよう。このような状況にあった社会局に入ってきたのが、新進官僚の灘尾弘吉であった。彼は、衛生局で二年間「見習い」をし、それから地方事務官として栃木県に出、半年ほどして、また内務省に戻されたのであった［吉田ほか、一九八二：二八七］。当時を振り返って灘尾は、「そのころの内務省社会局には『我々は、新しい行政のパイオニアだ』というある種の気概がありましたよね。労働問題や健康保険、社会事業などいわゆる社会政策を積極的に押し進める牽引車ですよ」と語っている［草柳、一九九二：二二］。社会政策の必要性や重要性がようやく認識されてきたというのである。

当時の社会局には「一騎当千の逸材」がそろっており、社会政策に一生を捧げようと社会局を希望してきた事務官もいたという。(3) 社会局はさきの大野らの回想とは大きく異なる様相を呈することになっていたのである。したがって、灘尾にとって社会局は「大変愉快な、明るい気持ちの、ちょっと一風変わった環境」であった［吉田ほか、一九八二：二八七］。

では、「ちょっと一風変わった」とはどういうことであろうか。おそらくそれは、「わからん奴にいわせれば、社会局は桃色じゃないか。アカじゃないけど、ピンクだろう、という訳だ」［草柳、一九九二：二二］というような、局外からの社会局観にかかわっていよう。大野ははっきりと、「とにかく社会局とか言うと、『あいつは社会主義だ』なんてよく言われたものです。『内務省の連中はみんな赤いのだ。』というようなことを言われたのですね」と、繰り返し語っている［内政史研究会、一九六八：八四］。

「赤」ないし「ピンク」と見なされつつ、社会局官僚たちは何をめざしていたのであろうか。大野は社会局の政策意図をつぎのように語る。「『とにかくいままでのような考えではとてもやっていけない。どうせやるのなら早くやればいい。組合運動にしたところで、だんだん起こってきているのだから、これはやはり適当な規制を与えて、そしてあまりぐれないようにやっていくのが本当じゃないか。』と考えていた」というのである［内政史研究会、一九六八：八四］。社会矛盾の深刻化を必然とみ、これに社会政策をもって対処することにより体制的矛盾の噴出を回避しようとしたのである。

そのために彼らが依拠しようとしたのは、当時、イギリスにおいて本格的な展開をみせていた社会政策であった。大野は「フヱエビヤニズム、に近いそういう考えがかなり多かつたものと思います。だから一番元になつているものは、シドニーウエッブなどの書物を皆良く読みビベリッジなどにもかなり影響されておつたように思います」と語っている［厚生省社会局、一九五〇：二四］。

この時期、彼ら社会事業官僚はかわるがわる洋行していたが、彼らが注目したポイントは、イギリスの社会政策であった。一九二二年から翌年にかけて洋行した第一課長富田愛次郎は、つぎのように当時を回顧している［厚生省社会局、一九五〇：二七〜二八]。

英国では当時第一次大戦の後を受け失業問題が重大であり、殊に失業保険が給付の激増の為財政難に陥り、これが議会論議の中心であり、帰郷軍人の住宅問題が高潮して居た。（中略）又私は当時フエビアンソサイエテイーに注目していたので、或日ウエッブ夫妻をテームス河畔のお宅に訪ねた。ウエッブ氏はエヂンバラの労働大会から帰宅したところであつたが、氏は開口一番「エ市の労働党大会は成功であつた。共産党を労働党に加入せしめぬ決議が大多数を以て通過した。国家はエボルーションなるべくレボルーションであってはならぬ。」と言われた。

つづいて一九二三年三月から翌年三月にかけて洋行した大野も、「私は失業問題というようなことをひとつ見たいと思ってね。だから、イギリスにおって有名なSir Beveridgeと言って、これは失業問題についてはオーソリティーです」と、その目的を回想している［内政史研究会、一九六八：四二〜四三］。

したがって、この時期、社会局官僚に影響を与え、彼らが基本的に依拠しようとしたのは、研究史上、指摘されてきたフランスのレオン＝ブルジョアの社会連帯思想というよりも、より具体的にはイギリスのフェビアニズムやビバリッジの理論と実践であったといってよかろう。

こうした社会局官僚の政策意図に対する他勢力からの非難が、社会局＝「赤」論であった。それは、他部局の官僚からも寄せられたと考えられるが、政策推進と直接にかかわる局面で社会局を困難に直面させたのは、むしろ議会勢力からのそれであった。社会局長官をつとめた長岡隆一郎は、つぎのように書いている［長岡、一九三九：三〇八］。

概して当時の政治家の頭には自由主義経済理論が浸み込んで居た。従つて契約自由の原則に正面衝突をする社会立法には甚だ諒解が乏しい。毎度社会連帯の観念から説明してかからなければならない。そのすきに乗じて一部の階級は社会局赤化と云ふやうな激しい言葉を以て排撃を続ける始末で、社会局の立案は如何に努力しても仲々実現を見る事が出来ない。

こうした状況のもと、社会局ではつぎのような二つの指向性が顕著だったようである。第一は、政党に一定の距離をおくという構えであり、第二は、攻勢的に立法化を推進するという路線であった。前者にかかわって、灘尾はつぎのように回想している(4)。

そのころ政友会、民政党など政党の影響がいろいろな形で役所に入ってくることもあったのだが、社会局には、社会政策が政争の具に供せられてはならぬという見識があり、政党入るべからずの精神を貫いていた。当時、社会局は政治的な対立から距離をおいていたらしく、その意味で政党の「無風地帯」だったという。

長官長岡のもとでの第二の指向性は、社会政策の攻勢的立法化であった。長岡は「社会局は毎年国会へ必ず立法は一つは出せ、通っても通らぬでも出せ」と指示していたという〔吉田ほか、一九八二：二九三〕。こうした指向性のもと、実際に立法作業に従事していたのは、社会局の専門官僚たちであった。山崎保護課長、藤野福利課長を先頭に、灘尾ら社会部官僚たちは各種の社会政策の立法化に鋭意取り組んでいた。救護法の立案は山崎が手がけ、山崎が大臣官房文書課長に転出した後は、藤野が保護課長となって、立法化の推進にあたった。このような立法化作業とそこにあらわれた官僚たちの政策意図については、救護法を具体例にとってつぎに検討するが、その前に、第一にあげた社会局官僚と政党とのかかわりについて、もう少し立ち入ってみておくことにしよう。

社会局が設置当初から政党と無縁であったかというと、必ずしもそうとはいえまい。そもそも内局としての設置をみたのは原政友会内閣の時期であり、内相は政友会員床次竹二郎であった。やはり政友会に近かったものと推測される。

初代社会局長田子一民は、外局社会局の第二部長をつとめた後、一九二三年一〇月、三重県知事に昇格したものの、五ヵ月後の翌年三月には辞職して、五月の総選挙に出身の岩手県より出馬している（ただし、落選）。所属はこの年一月の第二次護憲運動の際、政友会を割って床次らが結成した政友本党であった。政友本党は二七年六月、憲政会と合体して立憲民政党となるが、田子はこれには参加せず、政友会に入党している。そして、二八年二月の第一回普通選挙に当選して、以後、四五年一二月まで、六回の当選を重ねるのである。

また、一九二四年九月より第二部長（社会部長）をつとめた守屋栄夫は、二八年二月、辞職して政界に進出し、衆議院議員に当選していた。当初、無所属であったが、三〇年一月からは政友会に所属している（三五年一二月、脱党）。こうした点につき、水谷三公は興味深い事実を指摘している［水谷、一九九九：二二〇］。それによれば、守屋の場合、「官場に於ける生活は極めて順調」で、「同期に大学を出て行政官となった友人には、未だ高等官三等に止まって居るのが多い」なか、「昭和二年の十月末に高等官一等に上り、従四位勲三等」になった。ところが時勢は政党内閣となって、政党人でないと国政の中枢に立つ見込みがなくなり、地方長官が鈴木内相の手で「大根でも切るように首を斬らるる」のをみて、侮辱・義憤を感じ、その年のうちに退官して、翌年の選挙に出馬した。守屋の上司だった長岡の場合は、逆に内相の鈴木と次官の杉山から、佐賀県から政友会候補として衆議院選に出馬することを強く要請されたが、固辞したという。

したがって、社会局が政界と無縁だったわけではない。しかし、長岡が政党間の政治的対立から一線を画そうとしていたらしいことは、一九二九年六月、彼が社会局長官から警視総監に転任した際の社会的評価にその一端をみることができる。これは、和歌山遊廓の設置問題にからむ疑惑で辞職した岡田光雄の後を襲ったもので、田中政友会内閣の時期である。この人事について、たとえば『東京日日新聞』は「同長官従来の施政方針は政党政派に偏倚せず真に至公至平の態度を持しつゝあつたのであるから現内閣の人事行政としては唯一の善政とされ氏の手腕に非常な期待をかけられてゐる」と報じている[5]。

また、大野緑一郎は一九三一年一二月、社会部長からいったん地方局長に任じられたものの、直後の翌年一月、警視総監となっている。同月、警視総監に就任したばかりの長谷川久一がただちに辞職に追い込まれたからである。内閣は、犬養政友会内閣であった。この大野の就任も、かつての長岡と同様、相応の期待をもって迎えられている。たとえば、『東京朝日新聞』は「局長級の優秀どころを持つて来て驚異的新例を開いたのだが、確にこの人事は警視総監の人選に一新紀元を尽したものといふことが出来、政治警察から本来の警察事務への転向と見られる(6)」と評している。

先にみたように、警視総監は政治変動と密接にかかわって、交替の度合いの高いポストであったが、長岡、大野、ともに政友会内閣の窮状打開策として登板した。その意味で、相対的には政友会に傾斜しつつも、政党とは一定の距離を保っていたとみることができよう。ちなみにつぎにみる救護法は田中政友会内閣のもとで成立したが、つづく浜口民政党内閣では実施が見送られ、店晒し状態にされた。財政的事情とは別に、社会行政と政友会の積極政策との連動関係を客観的には類推させる。

なお、一九二九年七月からは吉田茂、ついで三一年五月からは松本学が社会局長官となっている。ともに内務省の革新官僚の中心人物である。ただし、彼らは必ずしも生え抜きの社会局官僚とはいい難く、したがって、社会局官僚の「新官僚」度を云々することには慎重でなければならない。

二　社会事業官僚の政策構想――山崎巌と救護法

（1）　救貧制度の調査と救護法の立法化

社会部長であった大野緑一郎は、「極めて雑然たるもの」だった社会部の仕事を、「或程度法制化し組織化したい」と思ったと語っている［厚生省社会局、一九五〇：二二］。そのためには、これまで準拠してきた恤救規則（一八七六年制定）の「原始的な規定」をあらため、「一番元になる救貧法」を制定しなければならない。そこで、イギリス・フランス・ドイツ・オーストリアなどの救貧法を調べたという。

現在、国立国会図書館憲政資料室が所蔵する大野緑一郎関係文書のなかには、救貧法制の立法化に関係する資料が多数残されているが、(7) そのなかにはヨーロッパの制度に関するつぎのような調査資料が含まれており、大野の証言を裏づける。

社会局では早くも一九二二年九月、『救貧法問題資料（第一輯）』を作成し、二六年には社会局第二部保護課として「救貧法問題資料第二輯」『欧米諸国救貧制度概要』、「救貧制度資料第三輯」『英蘭救貧法』、「救貧資料第四輯」『独墺救貧制度及救貧統計』を相次いで印刷している。ついで社会部となって以後、二七年七月に『英独仏救貧法規』、二九年二月に『英国救貧法』を発行し、また、三〇年三月にはイギリスにおける山崎巌の調査報告を、『英国救貧制度に関する調査報告』と題して発行している。いずれも社会行政官僚による外国制度研究の成果を示すものである。また、二六年九月には、社会事業調査会社会事業体系に関する特別委員会での幹事富田愛次郎（保護課長）の説明を、

『本邦救貧制度概要』と題して発行している。

こうして社会局官僚は、ヨーロッパの制度を参酌しつつ、救貧制度の調査立案作業をすすめていた。一九二六年七月には社会事業調査会に「社会事業体系ニ関スル件」を諮問し、翌二七年六月、決議答申「一般救護ニ関スル体系」を得て、救護法案の立法化を本格化させた。(8) そして、その結果作成された「救護法案」は、二九年三月、帝国議会に上程され、可決・成立をみて、同年四月、公布されることとなった。

では、いつごろから救貧法規の立法化が強く意識されるようになったのであろうか。社会局は、一九二二年六月発行の『本邦社会事業概要』で「救貧制度改正の問題」を取り上げ、これは「国家の重大問題」だとしている（四二ページ）。もし、一度誤れば、親族が互いに養い「隣保」が助け合うとの情誼を薄くしてしまう。また、「細民」の「自助的精神」を弱め、かえって彼らに誤った「義務救助の観念」を抱かせるおそれがある。『概要』はこのような観点から、内外の歴史に鑑み、国家が包括的な政策として「救貧的施設」の充実をはかる方向は避けて、むしろ、「相互扶助」と個別具体的な「積極的社会政策」によって事態に対処していくべきだとしている。国家が「救貧主義」にもとづいて「貧民救助」を行うことはせず、むしろ「相互扶助」の委員制度や、「老衰不具廃疾者」の保護、「貧児及寡婦」の保護、医療保護、失業保険など、それぞれについて「健全なる施設」を実施すべく、目下、調査立案中だというのである（四三ページ）。したがって、この『概要』による限り、前記のような『救貧法問題資料』の作成にもかかわらず、社会局は救貧法規の立法化にはむしろ否定的であったといえる。救助する側に属する「親族」「隣保」の「情誼」と、救助される側の「細民」の「精神」の双方の解体が強く懸念されていたのである。

しかし、一九二六年六月の『本邦社会事業概要』では、こうした立場は一変している。同じ「救貧制度改正の問題」という箇所で、日本の救貧に関する法制と公私の事業の現状は規模が極めて小さく、欧米に比較すると雲泥の差があるとして、救貧法規改正の必要性を強調しているのである（五六〜五七ページ）。すなわち、二二年の『概要』とほぼ同様な問題点を指摘しつつも、最終的には「現に自活不能となれる老衰、疾病並廃疾者等の為め救助施設を完備することと最も急務なり」と結論づけている（五八ページ）。日本における現状の切迫化と、外国制度の研究の進展があいまって、救貧法規の立法化を指向することになったのであろう。ただし、「自活不能」に「現に」という限定が付されていることを注意しておきたい。また、『概要』全体の結論部分では、「今後社会生活の改善を行ふに当りても、我が特有の国風と国民思想を尊重すべきは勿論、一方新時代の国民生活の精神的基礎を確立すること最も肝要なり」として（二二七ページ）、固有の伝統の保存と、新時代に対応した革新の〝二兎〟を追求する決意を表明していたのである。

ちょうどこの年四月、大阪府理事官から社会局事務官となり、社会部に勤務することになったのが、山崎巌である。彼は当時を回想してつぎのように語っている［厚生省社会局、一九五〇：三六〜三七］。

大正十五年春から昭和六年の暮まで内務省の社会局に転じまして、保護課の事務官、保護課長として在勤致しました。当時日本の救貧制度が太政官布告の恤救規則という明治初年の制度を踏襲しておりましたので、主として救貧に関する新制度の制定の研究に没頭致しました。昭和三年海外出張中も、英国を中心として各国の救貧制度を研究し、視察も殆んど救貧施設を中心としました。

山崎における救貧制度調査の足取りを、発表した論策から探ってみよう。彼が救貧制度そのものについてはじめて発言したのは、社会局事務官となって一年後のことである(9)。この論策で山崎は、ドイツにおける救貧制度の沿革と現行制度の概要にふれた後、つぎのように結論づけた。

各般の法制に於て顕著な発達を遂げた独逸に於て、而も最近（一九二四年）に至り各種の救助法規を統一し、救助義務令を発布した事実は、救貧法制を研究する者の見逃すことの出来ぬ所である。

わが国においても、久しく顧みられることのなかった救貧立法の機運が生まれてきた。これは「喜ぶべき現象」である。山崎はこのように述べた。その意味で、彼にとってこの論策は、救貧法の立法化へ向ての研究の中間報告であり、具体化のための決意表明でもあった。しかし、この論策のなかで、山崎が「要救助者と家族との関係に付ては、非常に疑問が多い」としていること、また、「統一的の法制」をとるか、「分科的立法」によるべきかは大いに議論があるとしつつ、結論を留保していることは、重要である。とくに後者については、この時期、社会局内部に路線対立があったと考えられるからである(10)。

さて、ドイツの制度を紹介してからおよそ半年後、山崎は「救護事業促進の急務」を訴え、その「絶対的必要性」を強調した(11)。これは、外国制度の紹介を主眼とした先の論策に対して、日本の救護事業の現状分析を行ったものというべく、現行法制と施設の不備を指摘して、救貧調査の施行、現行法制の活用、救護施設の充実、方面委員制度の普及など、現状を打開するための具体的な方策を提起している。しかし、「深刻化する不景気」のもと、貧困に直面している現状においては、こうした個別的な対応だけでは決定的に不十分である。そこで、救貧法の制定を強調せざるを得ない。ただし、山崎は慎重である。改善は必要であるが、利害関係と密接にかかわっているとして、救貧法プランを提示することは避けている。

その際、彼が最大の論点としたのは、前述の論策ですでに言及していた問題、すなわち「綜合的救貧法」をとるか、「分化的立法」を採用するかという立法様式の選択にかかわる問題であった。救貧を包括的に規定する前者をとれば、「極貧者」に対する最小限度の救護にとどまって、消極的たらざるをえない。これに対して、老者・幼者・病者などのそれぞれに対応して別個の法を定める後者の方式を選択すれば、より積極的な保護をはかることができる。前者はイギリス・ドイツの方式であり、後者はフランスのやり方であった。

山崎は、世界の趨勢は「分化的立法」に傾いているとし、廃疾・老衰・疾病などのそれぞれについて別個の救護方法を定めることこそが理想に適合しているとした。これに対して、「綜合的救貧法」については「経過的のものとして意義を有するばかりである」と評価は低い。しかし、「分化的立法」を一挙に推進することは国家財政が許さない。そこで、優先順位をつけて着手するのがよいとするのである。

こうした発言からみる限り、この時点の山崎は、単行法を基本とする「分化的立法」の推進を念頭においていたもののようである。彼は、その具体例として、さきに政府が社会事業調査会に諮問して決定した「児童扶助法要綱」をあげ、これにつづいて「疾病救助法」「老廃者救助法」などを制定していくのがよいとしていた。実際のところ、山崎はすでに一九二六年九月、世界の趨勢は分化的立法に傾いているとして、「貧児問題」について独自の立法化が必要であると主張していたのである。(12)

救貧立法をめぐって、分化主義をとるのか、総合主義をとるのか。社会局内部では、当初、児童扶助法案を突破口とする分化主義路線の推進が優勢を占めていた。山崎もその論者であった。しかし、一九二八年三月末あたり社会局では総合主義路線への転換がなされ、夏ごろから救貧法の立法化作業が本格化したとみられている。(13)

しかし、山崎はこの時、日本にいなかった。一九二八年二月、キューバで開催される第二回国際移民会議への出席を命じられ、三月一日、横浜を発っていたのである。移民会議終了後の四月末、彼はニューヨークに向かい、以後、一ヵ月ほど同地を中心に社会施設を視察して、五月末、ヨーロッパに渡った。そして、ジュネーブで開催されていた国際労働会議の状況を見学した後、六月末、パリに入って、同地で開催された国際社会事業会議に出席した。会議後、さらにイギリスに渡って救貧制度を調査し、議会における失業問題や救貧法改正問題の審議状況を目の当たりにする。その後、ドイツで一カ月半、ベルリンを中心に社会施設を視察し、帰途、モスクワに立ち寄ってソ連の社会政策の一端に触れ、一二月に帰国した。

ちょうどその一二月、社会局社会部は『本邦社会事業概況』を発行して、つぎのように明言していた（五二ページ）。

現行の救貧制度を見るに、其根本義を人民相互扶助・隣保相扶の情誼と云ふことに置いて居る。公的な救助をするにしても市町村の任意救助主義と云ふことに現在の制度はなつて居るが、是が現代の資本主義的経済組織の下に於ける貧民増加の趨勢にある今日に適応した制度であると云ふことが出来るのであらうか。最早日本の家族制度は漸次壊れて来た今日の状況に於て、現在の隣保相扶と云ふものにどれだけ信頼することが出来るか大いに疑はしいのである。然らばさう云ふ伝統的な隣保相扶主義や更に一歩進んで市町村の任意救助主義と云ふやうなことでやつて行けるかと云ふと、最早任意主義を捨てなければならない時代に来て居るのではないかと考へる。即ち更に一歩進んで最早公共団体の義務的救助と云ふものを認めなければならない時代に来て居るのではないかと考へるのである。

解体しつつある「伝統的な隣保相扶主義」と、「市町村の任意救助主義」では、もはや事態に対処することはできない。しかし、やはり「日本の家制を壊したり、或は濫給漏給になつたり、又他人に依頼するの心を馴致して惰民を作ることのない様にしなければならぬ」のである（五三～五四ページ）。

日本版救貧法である救護法案は三月一四日、衆議院に提出され、一八日、衆議院で可決、二三日、貴族院でも可決というスピード審議で成立をみた。貴族院での審議の際、社会局長官長岡隆一郎は、「濫救」の結果、「惰民」を養成する危険があるのではないかとの質問に対して、処罰規定を設けたから大丈夫だと答えた[14]。また、イギリスのような弊害が生じては困るとの意見に対して、イギリスは個人主義の国だが、日本には「家族制度」と「隣保相助」の「美風」があると応じた。救護法によって救助するのは、「家族制度」でも「隣保相助」でも救助できないものに限っているから心配はないというのである。

救護法は難なく成立した。しかも、衆議院では一九三〇年度に実施に移すとの付帯決議までつけられた。ところが、七月に成立した浜口内閣のもとで、救護法は緊縮財政と世界恐慌のあおりをうけ、施行を棚上げされてしまった。これに対して、方面委員をはじめとする関係者は、三〇年二月、救護法実施期成同盟会を組織して実現をめざす運動を盛んに展開し、三二年二月には、全国の方面委員の代表者が請願を上奏するなど、政府に実施を迫っていく[15]。

こうしたなか、山崎は一九三一年一月の論策で、方面委員制度の概況を整理し、救護法が方面委員を救護の補助機関としたことの意義を強調した[16]。「濫救」と「漏救」を回避するためには、「現実の細民生活を知悉」している方面委員の役割が不可欠だと考えたのである（この点については後述）。そして、三月には、日本で唯一の救貧制度に関する体系的な叙述『救貧法制要義』を刊行し、「画期的社会立法」、すなわち救護法の「一日も速かなる施行」を焦慮する（同書「序[17]」）。

（2）『救貧法制要義』における社会事業行政の構想

つぎに『救貧法制要義』に即して救護法にかけた山崎の社会事業行政の構想を検討し、西欧における救貧の理念・現実と、日本における救貧の伝統・現実をどのようにみていたのか、そして、いかなる救貧システムを導入しようとしたのかを探ってみることにしよう。

まず、なぜ貧困は生まれるのか、貧困の原因に関する認識についてである。山崎は、資本主義の確立によって社会問題が発生し、その結果として社会的原因にもとづく貧困が深刻になったと指摘する。貧困の原因は、「個人的」でもなく、「天災的」でもなく、「社会組織の不備欠陥」、すなわち「社会的原因」にもとづいても発生することが極めて明瞭になったとする（七ページ）。

では、これにどう対処すべきか。当然のことながら原因の変化にともなって「救貧制度の根本思想」も変化せざるを得ない。「隣保相扶、慈恵救済」といった「個人道義」や、「富者の慈恵」「強者の憐憫」のみでは対処しきれなくなったというのである（九ページ）。そこでフランスの政治家レオン＝ブルジョアの社会連帯責任説が登場する。山崎はブルジョアの『社会連帯論《ソリダリテ》』（一八九八年）を、「総ての社会の構成員たる各人は社会の存在の為には其の一部に害悪が生じたる場合、それが如何なる原因に因るを問はず、之が除去に努力すべき相互の義務と連帯の責任とを有する」とまとめる（一〇ページ）。そして、国家・公共団体が社会の各人にかわって立法または施設をもって貧困の救助にあたることを意味づけるのである。

では、国家・公共団体はいかなる方策をとるべきか。これについて山崎は、救貧制度による貧困者の救助と、貧困に陥ることを免れさせるための社会保険の制度の二つをあげる。そのうえで、「事後の救済」（救貧制度）より「事前の予防」（社会保険の制度）へ、という各国の歴史的趨勢を指摘する（一一ページ）。しかし、社会保険制度によってすべての貧困を除去することは困難であり、いかに社会保険制度が確立しようとも、救貧制度は不可欠であること、まして、救貧制度が確立している欧州各国の趨勢に幻惑されて、救貧制度を無用視するなど「本末顛倒の誤謬」であることを強調する。

このような思想的立場を前提として、日本の貧困問題の深刻さに目をやるとき、「救貧制度の確立こそは急務中の急務であり、今や全く猶予すべからざる状態」であると認識される（一五ページ）。その際、貧困問題の深刻さを「国民思想に及ぼす影響亦極めて重大である」ととらえていることに注意しておきたい（一四ページ）。すでにたびたびふれてきたように、貧困は思想問題ないし治安問題の脈絡で意識されているのである。

以上のように救貧制度の意義を強調したうえで、山崎は古代以来の日本の救貧制度の歴史的変遷を解説し、「大正時代」に至る。そして、第一次世界大戦後の低額所得者の生活難を指摘して、「時に不祥なる事端さへ発生を見」、社会事業に関する法が続々実現することになったとする（三八ページ）。職業紹介法、住宅組合法、不良住宅地区改良法、公益質屋法などがそれにあたる。「不祥なる事端」とは、おそらく米騒動を念頭においての表現であろう。しかし、これらの法は「防貧方面」にとどまっており、恤救規則に依存している「救貧制度」の不備は克服されなかった。そこで、救護法が成立したというのである。ここでも、世相の険悪化、社会不安の緩和が強調されている。

では、日本のこの救貧制度は、西欧の救貧制度をいかに参酌したのであろうか。彼は、各国の救貧制度の内容は、当該国の社会事情、経済制度などに対応して多種多様であって、それぞれ特色を有するがゆえに、外国の制度をそのまま模倣すべきではないとする。それ自体は当然の指摘であるが、では、日本の特色とは何か（四〇ページ）。

我が邦では貧困者救護に関しては古来より家族制度の良風と隣保相扶の美俗とが存在し、之を無視することの出来ぬ特殊の事情あることを考慮しなければならぬ。

「家族制度の良風」と「隣保相扶の美俗」は揺るがせにできない。したがって、これをふまえて西欧の制度を参酌したというのである。山崎は一般貧困者を対象とする西欧の救護制度を二つのパターンに分ける。すでにふれた単行の法律をもって各種の救助を行おうとする「綜合的立法」と、老衰者・児童・病者などをそれぞれ別個に救助しようとする「分化的立法」の二つである。前者の代表はイギリスとドイツであり、後者はフランスの制度であった。すでにふれたように、救護法はイギリスとドイツを参照することによって成立した。それは、「我が邦古来の美風たる隣保相扶の情誼を重んじつつも其の根本思想は社会連帯に基くもの」であった（一六九ページ）。日本型救貧法たる救護法は、思想としてはフランスのレオン＝ブルジョアの社会連帯説に依拠しつつ、制度としてはイギリス・ドイツの救貧制度を参照し、精神的には日本の「美風」に留意したというわけである。

救護法はイギリス・ドイツ型の「綜合的立法」の方式を採用した。しかし、イギリス・ドイツが陥った「濫救の弊」は克服されなければならない。そこで、山崎はつぎのように述べる（一七二ページ）。

被救護者の資格条件に付ても若し英独各国の救貧制度に於けるが如く単に貧困のみを理由として救護を与ふるときは之等の諸国が既に経験したるが如く徒に惰民を養成し濫救の弊堪へ難きものを生じ国及地方財政を危ふするに至るべきを慮つて相当の制限を設くることとした。

恤救規則に比して救護の資格要件を緩和しつつも、一方では「惰民を養成」するというイデオロギー的観点から、他方では「財政を危くする」という経済的観点から、「相当の制限」なるものを設定したのである。被救護者の資格条件と種類は、まさに「緩に失すれば濫救となり厳に流るれば救護の目的を達成し難い」難問であった（一七四ページ）。これに対する処方箋として山崎が導いた結論は、「適当なる制限」を設けること、であった。

「適当なる制限」の基準は、①「貧困の為生活すること能はざる者」と、②「精神上若は身体上の障碍又は幼弱、老衰、出産等の事由に因り労務を行ふに故障ある者」の二つの条件を具備することであった。②を裏返せば、労働能力をもつものは救護の対象としないということになる。救護を制限することによって、「濫救の弊、惰民養成の害」を回避しようとしたのである。

では、貧困か否かを認定する際、基準となるのは家族（世帯）なのか、個人なのか。山崎の答えは、もちろん家族（世帯）である。「家族制度の美風が古来発達し常に家族（世帯）が消費の単位」となってきたととらえるがゆえである（一七五ページ）。ただし、救護するのは、個人であって、家族ではない。家族に重要な意味づけがなされていることを明瞭に示すのは、被救護者とその扶養義務者との関係について山崎が展開する論理である（一八五～一八六ページ）。

我が民法が扶養義務を認めたのは人倫の常情と徳義の観念を基礎として我が邦古来の美風たる家族制度を維持せんとする趣旨に外ならぬのであつて、此の点は大いに留意すべき所である。（中略）若し民法の認むる扶養義務に対して何等の考慮を払はずして国公共団体の救護を為すときは、家族制度は忽ちに破壊せられ救護は濫救となり弊害続出するに至ることは明である。

日本の「醇風美俗たる家族制度」は、貧困者の救護以前に守られねばならない絶対条件であった。「救護施設」についても、「居宅救護」を原則とし、「収容救護」を併用するとした。救護の前提を家族におく思想からすれば、それは当然の結論であった。山崎にとって、「家庭を破壊せざる様留意する」ことこそ救護の第一義であった（二三二ページ）。

では、このような観念を中心におく救護システムにおいて、行政はどのような役割を果たすべきなのか。山崎は、救護することは国・公共団体の義務であるとして、一方で行政の側の「義務的救助主義」を明確にしつつ、他方で、救護を受けることは権利ではないとして、要救護者の権利を否定する。貧困者の権利を認めたイギリス・ドイツとは異なるというのである。

救護機関としては、市町村長が国の機関として救護事務を行うのが最も適当であるとする。市町村長は管内の事情を知悉しているがゆえに、「濫救の弊」を回避し、「費用の節約」をはかることができるというのである（二〇三ページ）。救護費については、国・道府県・市町村が分担して経費を負担するものとする。救護は国家事務であるとの立場をとりつつ、費用については国庫のみが負担するという方法を退ける。道府県・市町村はこれまでも救護費用を負担していた。しかも、実際に救護事務を行うのは市町村長だから、市町村に費用を負担させるのは「濫救」を防止し、節約をはかるためにも必要である。道府県がある程度の負担をするのは管内居住者に対する責務である。山崎はこのようにさまざまな理由をあげるが、つまるところ国家財政からの支出を切り詰めて、その負担を地方に転嫁することに狙いはあったというべきであろう。それは、実務・財政ともに地方依存型の救護システムであった。

とはいえ、地方行政のみで救護を推進するのはむずかしい。そこで注目するのが方面委員である。救護法は、これまで任意に発達してきた方面委員を補助機関に組み込んだ。これに法的基礎を与え、全国的な統制を加えようというのである。方面委員の職務の中心は、「社会調査」と「救護」の二つであった。生活の状況、貧困の原因などを「詳査」し、これをカード化してつねに部内の状況を知り得るように整理すること、これが基本であった。いっそうこの「社会調査」を徹底させようというのである。貧困をつねに透視可能な状態にしておくことにその狙いはあった（二一一二ページ)。「濫救の弊、惰民養成の害」を駆逐するためとの名目のもと、「救護」の見返りとして、「細民生活」は常時監視の目にさらされるのである。

以上が救護法にかかわる山崎の理解と立法意図である。施行をめぐって難航を極めていた救護法ではあったが、一九三一年五月、第五九議会においてようやく予算が成立し、三二年一月一日をもって施行に移されることが決定された。

三　社会事業官僚と戦時行政――灘尾弘吉と社会事業法

(1)「時局」と社会事業の法制化

一九二六年一二月、栃木県事務官から社会局の事務官となった灘尾弘吉は、保険部に勤務した。翌年一月の健康保険法全面実施にあたって、事務官の増員がはかられたからである(18)。以来五年間、灘尾は保険部で同法の実施業務などにあたっていたが、三一年一二月、社会部保護課への異動を命じられた。行政整理のため保険部では事務官が一人減員となり、他方、社会部では、翌年一月からの救護法実施にあたって、人手を必要としていたからである。異動にあたって、保険部長から「社会部という所は、内務省の昔からのやり方が残っている部だから、勉強にもなる」とすすめられたという(19)。社会部長は大野緑一郎、保護課長は山崎巌である。その後、灘尾は三五年一月に福利課長となって福利課に移るが、三七年七月、保護課長となって保護課に戻る。その間、社会部長は大野から富田愛次郎、ついで山崎巌となっていた。

灘尾が「保護課長になったとたん」[20]、盧溝橋事件がおこり、日中戦争は全面化した。かくて、新任課長灘尾は、戦時体制下の社会事業行政という新たな課題に直面していくこととなる。そして、翌三八年一月、厚生省の新設にあたっては、同省の社会局長に山崎が就任し、灘尾は保護課長となる。

保護課長灘尾は、一九三八年六月発行の『日本社会事業年鑑』（昭和一二年版、中央社会事業協会社会事業研究所編刊）で、さかのぼって三六年の救護事業を総括し、つぎのように述べている。準戦時体制のもと、生活困難者は増加し、救護を要する者も増加した。これは、一般救護事業の活発な活動を要請すると同時に、制度の改革を進展させた。すなわち、一一月の方面委員令の公布（三七年一月より実施）、第七〇議会（一二月から三七年三月にかけ開会）における母子保護法の成立（三七年三月公布、三八年一月施行）、救護法・軍事救護法・北海道旧土人保護法の改正に関する諸案の通過など、「社会事業の法制化」がすすめられたというのである。こうしたことをふまえて、灘尾は三六年は社会事業上、「誠に意義深い年」だったと総括する。

では、救護事業の具体的実相を、灘尾はどのように把握していたのであろうか。まず、一般救護事業についてである。救護法が実施にうつされたのは、すでにみたように一九三二年のことであったが、同法は「我国救済制度の根幹」として、ますます重要性を増し、「逼迫せる社会情勢」に対して相当の機能を発揮してきたととらえられる。しかし、国庫補助率は当初の方針である二分の一を維持することができず、低下をきたした。本年度、予算の増額をはかったが、これは応急措置にすぎない。そこで、第七〇議会で救護法の改正案が成立したというのである。改正のポイントはつぎの三点であった。

第一は、国庫の補助率を「二分の一」（従来は「二分の一以内」）と規定するとともに、町村に対しては「十二分の七」を補助するとした点である。すなわち、町村の負担を軽減することに主眼はあった。実際のところ、社会局の調査によれば、一九三五年五月現在、全国一万一四〇〇余の市町村のうち、救護費予算をまったく計上していない町村が約七三〇、予算には計上したものの、実際には支出しなかった町村が二三〇〇にのぼり、結局は約三〇〇〇の町村が事実上、救護法を運用していないという。他方、同時点で救護を要する人数は三八万五〇〇〇人にのぼったが、実際に救護法により救護を受けていたのは一二万五〇〇〇人で、約三分の一にすぎなかった。そこで、このような措置がとられたのである。

改正点の第二は、方面委員を「名実共に救護法の補助機関」とした点にある。従来は救護法が規定する「救護委員」に事実上、方面委員をあててきたのであるが、方面委員令をもって方面委員を公式に規定し、救護法に組み込んだのである。

方面委員令を制定した狙いは、およそ三点あった。一つは、これを全国化するという量的な側面である。当時、なお方面委員未設置の町村は全国で三二〇〇余を数えた。したがって、都市中心の制度を全国に及ぼすことにまずもっての狙いはあった。二つには、任意制度であるために生じた機構・指導精神・運用方法のばらつきを一掃し、画一化をはかることであった。統制を強化することによって制度上の一元化をはかるという質的な側面である。そして、三つ目には、方面委員自体の質的改善をはかることが狙われた。こうして、方面委員にかかわる「国家的指導方針」が明確化されたのである。

救護法の改正点の第三は、救護費用を扶養義務者から徴収することができるとした点にある。それは、直接には「不当に扶養義務を免れんとする者も尠くない」という現実に対する対策であった。結局のところ、救護は本来、扶養義務者が担当すべきものであり、国家はこれを代行しているにすぎないとの理念を明示したことになる。また、これには救護費用の確保という財政的事情もかかわっていたものと考えられる。

以上のような公的救護とともに、私設の社会事業団体による私的救護についても、補完的役割が重視されてきていた。しかし、財政的基盤の薄弱さによる経営の不安定性が問題となっており、これに対する対策として国庫助成のあり方が議論されていた。「私設社会事業助成法」ないし「社会事業法」の制定が要望されるようになっているというのである。

一九三八年四月、社会事業法が公布された（七月より施行）。七月、灘尾は保護課長として、社会事業法の運用についてつぎのように説明した[21]。「銃後国民生活の実」をはかるためには軍事援護事業の拡充・強化とともに、「時局の国民生活に及ぼす生活不安の緩和に資すべき方策」が必要である。戦時体制下、全国民は「偕和協調進んで国策の遂行に協力」しなければならない。こうした「時代の要求」に応じ、「保護救済の実」をあげるために社会事業法は成立した。社会事業団体に対して指導監督と助成を行い、「社会事業の健全なる進展」をはかることに同法の立法意図はあるというのである。

つづいて八月五日、灘尾は社会事業法講習会で社会事業法の内容と運用について講演した[22]。彼は、「国家総動員」という「国情」を指摘し、これに見合った社会政策の拡充強化が必要であるとする。そして、そのための方法として、国家・公共団体による助成、社会事業全体に対する指導監督、社会事業相互間の連絡の三点を指摘した。こうした意図のもと、社会事業法は、法の適用範囲を具体的に列挙する方式をとり、これらに対する助成と指導監督に関して規定した。同時に、罰則を設けて、法に合致しない社会事業の経営に対しては「制裁」を加え得ることとしたのである。

こうして、内務官僚灘尾は新設厚生省において一〇カ月間、社会事業行政にかかわる施策の推進にあたった後、内務省に戻って土木局道路課長となり、ついで内務大臣官房会計課長の職につく。

（2）灘尾弘吉における社会事業行政の展望

一九四〇年一月、灘尾弘吉はすでに社会事業行政の現場を離れていたが、これまでの経験をふまえて『社会事業行政』を著した。[23]同書は戦前期の社会事業行政を主題とした唯一の書物であると評されているものであるが、[24]戦時体制下の社会事業のあり方を示唆するものとして注意すべき記述が含まれている。

たとえば、厚生省設置以後の現状にふれ、「国民の国家意識を愈々強くし日本本来の面目に還ることが強く叫ばれるに伴ひ社会事業の方面に於ても欧米の流れを汲むこと多き従来の社会事業に対し再検討が加へられ精神的方面に於ても技術的方面に於てもより日本的な方面に移行しつつある」との情勢認識が示されている（一一～一二ページ）。

あるいは、精神と物質の両面から「社会事業の効果」を説明して、つぎのようにいう。精神面では、社会事業は「国民思想の中正穏健を得ることに寄与」し、「社会不安の激化を防止し、社会の秩序、統制を保持する」ことにかかわる（二七〇ページ）。他方、物質的には、「犯罪」「不良行為」などの「社会の害悪」がもたらす「経済的負担」を軽減することができる。さらに、生産という見地からみても、生業資金の貸付、職業補導、授産、授職、児童保護などによって、生産力の増進、生産力の蓄積をはかることができる。こうして、「人的資源の充実涵養」という観点から、「現下の重大時局」における社会事業の有効性が新たに強調されるのである（二七一ページ）。

また、灘尾は社会事業家に「迫力」をもとめ、そのためにも「覚悟」と「決心」が必要だと、彼らの奮起をうながす。「社会連帯の思想、相互扶助の理論」はもとより正しい思想・理論だが、社会事業家の「心術」はこれによってわざわいされてはならないというのである（二七六ページ）。思想・理論よりも精神と志を重視する灘尾の特徴をうかがうことができる。社会連帯思想は相対化され、情緒的精神主義への重点移動がはかられているとみることができる。この部分は、内務省時代の一九三三年に発表した「社会事業行政雑感」[25]の冒頭部分をほぼそのまま収めたものであり、灘尾の年来の主張といってよい。

さて、同書の末尾は、「時局と社会事業」である。この箇所は、まさしく戦時下において、社会事業はいかにあるべきかを展望した部分となっている。「人的資源を確保し、労務の需給を調整することが極めて緊要なこととなつて来た」（二七八ページ）として、人的資源の確保という観点から社会事業の各領域は位置づけられる。たとえば、職業保護事業は「現存の労働力を必要に応じて極度に合理的に配置、利用せんとし、更に将来に向つてはより多くの人的資源の培養を要求してゐる」との脈絡でとらえられ、児童保護事業は「職業人たる児童を保護、救済せんとする所に専ら重点を置かんとする傾向に進んでゐる」とされる。さらに、軍事援護事業も「過去の救済概念から全く脱却して、国家当然の責任に基くものとして扶助や援護が行はれてゐる」（二七八〜二七九ページ）とされる。

このような社会事業の新たな意味づけは、新たな社会事業理論を提起せざるを得ない。「社会事業界に於ける変化に並行して新らしい社会事業理論の論議せらるることは蓋し当然のこと」だからである（二七九ページ）。そこで、灘尾は「一部研究家」のつぎのような説を紹介する（二七九ページ）。

現在の社会事業理論乃至指導精神は旧時代のものであつて、新東亜建設の大業に対応する為には社会事業も編成替をしなければならない。（中略）人的資源として労働力の残存する限り之を救護し訓練し人的資源にまで再生せんとする。人的資源に於ける廃品の回収は社会事業独特の分野であつて新東亜建設の段階に於ける社会事業指導理論の拠点をそこにまで押進めんとしてゐる。

すなわち、「人的資源」としての社会事業理論である。一九三七年に発足した日本社会事業研究会は、社会事業のファッショ的再編成を主張して盛んな活動を展開していた。[26] おそらく、そうした議論を念頭においたものであろう。ただし、灘尾はこれには批判的である。理論は「時勢に応じて簡単に変更して行く」べきではないというのである。灘尾は当面している「戦時体制」を「過渡期」「異常事態」「走馬灯の如く動きつゝある」ものととらえる。すべてを戦争目的の貫徹という一点に集中させるのではなく、戦闘行為の終息や「日満支を一体とする共同体の実現」など、さまざまな将来を想像しなければならない。したがって、今、「直ちに軽々しく社会事業の編成替を試みたり、理論的決定を急ぐことは大いに慎まねばならぬ」というのである。

では、灘尾にとって揺らぐことのない社会事業の指導精神とは何か（二八一ページ）。

我国の社会事業は色々盛衰の波を画きつゝ発達し来り、其の指導精神も時に多少の消長変遷はあつたが、之を静かに眺める時、その根底を流るるものは矢張我国三千年来伝統の皇室を中心とする大家族主義的な精神に外ならないと考へられる。

近代化されたのは社会事業の範囲・方法・技術上の問題であって、その根底には「皇室を中心とする大家族主義的な精神」がある。「隣保相扶の淳風」「互助共済の精神」にもそれは流れている。まさにこれこそが、日本の社会事業の「特異性」である。天皇制＝家族主義のもとでの慈恵的・恩賜的社会事業――。

しかし、こうした社会事業の「基本精神」は、一人灘尾に固有のものであったのではない。さかのぼって社会局というシステムが国家機構に登場して以来の、あるいは社会局官僚が出現して以来の、総体としての前提的な了解事項であった。それは、各年度の事業概要などにも如実に示されている。たとえば、内務省社会局による最初の社会事業の総括書『本邦社会事業』（一九二二年）は、社会事業の沿革を「皇室と社会事業」でまとめ、社会局社会部『本邦社会事業概要』（三三年）は、「我皇室と社会事業との密接なる関係は、他国に類例を見ざる一大特徴として誇るに足る事実である」と強調する（五ページ）。

社会局の創設以来、一九三五年一月、社会局社会部長を最後に三重県知事に転出するまで、一貫して社会局に勤務しつづけた典型的な社会事業官僚富田愛次郎も、四二年一二月、その書『日本社会事業の発達』(27)で「皇室」と「家族制」の二つを度外視しては日本の社会事業を真に理解することはできないと主張している（一ページ）。そのうえで富田は、戦時体制下、社会事業の基調は「自由主義、個人主義を背景とする社会連帯の思想から、国民主義的国家一体観の思想」へと転換し、したがって社会事業そのものも質的転換を遂げるのは必然的だとした（三七八ページ）。社会事業から戦時厚生事業への質的転換をまえにして、灘尾の〝批判〟は一つの違和感の表明にとどまったのである。

おわりに

弱肉強食の市場原理が支配する無慈悲な資本主義の論理に対して、国家・行政が政策的に介入し、それによって社会的弱者の救済をはかること、こうした課題意識にもとづいて社会行政ないし社会事業行政は誕生した。日本におけるその主管部局が内務省社会局であり、同局の設置を契機として、社会局官僚という一群の官僚群が内務官僚の重要な一翼を構成していくこととなった。社会局官僚のなかにあって、社会部官僚ないし社会事業官僚は、農商務省の系譜を重要な構成要素とする労働行政官僚に対して、生粋の内務官僚としての出自をおよそ共通させていた。

彼らは、一九二〇年代の社会行政の成立期、新たな関係法規の立法化によって社会事業の制度化をはかるべく努めた。それは、彼らに相応の調査・研究と専門性を要求し、内務官僚とはいいながら、政治動向とは相対的に独立した安定性を彼らに付与した。彼らは、社会矛盾の深化による秩序の動揺への危惧につき動かされつつ、西欧から輸入した社会連帯思想によって自らの理念を根拠づけ、これによって政策・施策の具体化をはかろうとした。そうした制度化作業のなかで、とくに重要な意義を有したのは、体系的・系統的な救貧制度の創出へむけての取り組みであり、やがてそれは救護法となって結実した。

山崎巌に即してみたように、彼ら社会事業官僚たちは、「家族制度」と「隣保相助」に日本の扶助システムの〝伝統〟を発見した。しかし、資本主義化の進行は、一方では貧困の深刻化によって家族・地域の扶助力の限界性を露呈させ、他方では家族と地域を動揺させることによって、その扶助力自体を衰弱させていく。貧困の社会化に対して、どのような救貧の処方箋を書くのか。彼らは、一方で西欧の扶助システムの導入をはかりつつ、他方で日本の〝伝統〟なるものの温存に心をくだく。「家族制度」＋「隣保相助」の日本的「美風」を守るためには、救助しすぎてはいけない。しかも、「濫救」は人を堕落させるうえに、金がかかる。かくて、日本型救貧システムは、家族依存型・地域依存型となり、しかも限定的・制限的なものとなった。たしかに、日本の歴史上、はじめて救助を行政側の義務としたことの意義は極めて大きい。しかし、義務に対応すべき国民の側の権利は一顧だにされなかった。なお、制度化にあたって、一時、分化主義か総合主義かという路線対立が社会局の内部には生じたらしいが、結局は後者の立場にたつ救護法が成立した。

その後、一九三六年から三八年にかけて、方面委員令の公布、救護法の改正、社会事業法の公布などがつづき、社会事業の法制化がはかられていった。その間、時代は準戦時体制から戦時体制へと移行し、社会事業理論を再編成しようとする動きも起こる。社会連帯の思想は過去のものとなり、「人的資源」の思想を前面にすえる潮流が台頭してくる。これに対して、灘尾のように違和感を表明するかつての社会事業官僚もあったが、総体として社会事業は戦時厚生事業へと急転開をとげていく。その際、かねて刻印されていた「恩賜」的性質と、家族主義の精神を高唱することによって、社会事業は自らの存在意義を主張していくのである。

〈付記〉本章は、早稲田大学特定課題研究助成費（課題番号99Ａ－815）による成果である。

【注】

（1）　田子の『社会事業』と山崎の『救貧法制要義』は、佐藤進編『田子一民・山崎巌集』（社会福祉古典叢書5、鳳書院、一九八二年）に収められており、また、「戦前期社会事業基本文献集」（日本図書センター）の中には、灘尾弘吉『社会事業行政』（第七巻）、田子一民『社会事業』（第二六巻）、山崎巌『救貧法制要義』（第三二巻）、藤野恵・持永義夫『社会行政』（第四二巻）、富田愛次郎『日本社会事業の発達』（第五七巻）の復刻版が含まれ、いずれにも解説が付されている。
（2）寺脇隆夫「『社会事業行政』調査について——戦前期における社会事業行政の成立と展開——」（社会福祉調査研究会編『戦前日本社会事業調査資料集成』第一〇巻、勁草書房、一九九五年、「解説」）。
（3）灘尾弘吉「私の履歴書⑨」（『日本経済新聞』一九七七年三月六日）。
（4）同前。
（5）『東京日日新聞』六月二五日（『新聞集成昭和史の証言』第三巻、一九五ページ）。
（6）『東京朝日新聞』一月三〇日（『新聞集成昭和史の証言』第六巻、六〇ページ）。
（7）大野緑一郎関係文書には、直接の立法関係資料として、「救護法案」「救護法案資料」「救護法案参考法条」「救護法沿革資料」「公救護法案」「公救護法参考書」「救護法逐条説明」などが含まれている。
（8）救護法の立法過程については、寺脇隆夫「昭和初頭における救貧立法制定方針の確定と児童扶助法案の帰趨」上・下（『長野大学紀要』第一七巻第四号・第一八巻第二号、一九九六年）、「戦前昭和期における救護法の成立・実施と社会事業行政の展開過程に関する研究」（『私学研修』第一四一号、一九九六年）が、新史料の発掘にもとづいた詳細な考証を加えている。
（9）山崎巌「独逸に於ける救貧制度」『社会事業』第一一巻第二号、一九二七年。
（10）前掲、寺脇「昭和初頭における救貧立法制定方針の確定と児童扶助法案の帰趨」を参照。
（11）山崎巌「救護事業促進の急務」『社会事業』第一一巻第一〇号、一九二八年。
（12）山崎巌「児童問題の基調」『社会事業研究』第一四巻第九号、一九二六年。
（13）前掲、寺脇「昭和初頭における救貧立法制定方針の確定と児童扶助法案の帰趨」を参照。
（14）社会問題資料研究会編『帝国議会誌』第一期第三巻、東洋文化社、一九七五年、三四一ページ。
（15）救護法の実施を求める運動については、柴田敬次郎『救護法実施促進運動史』（巌松堂書店、一九四〇年）に詳しい。
（16）山崎巌「方面委員制度と救護法」『斯民』第二六編第一号、一九三一年。

(17)　山崎巌『救貧法制要義』良書普及会、一九三一年（〈戦前期社会事業基本文献集〉㉜に収録）。以下、同書からの引用については、原本の該当ページを本文中に記す。
(18)　灘尾弘吉「私の履歴書⑩」（『日本経済新聞』一九七七年三月七日）。
(19)　同「私の履歴書⑫」（『日本経済新聞』三月九日）。
(20)　同「私の履歴書⑭」（『日本経済新聞』三月一一日）。
(21)　灘尾弘吉「社会事業法の運用に就て」（『社会事業』第二二巻第四号、一九三八年）。
(22)　灘尾弘吉「社会事業法に就て」（『社会福利』第二二巻第八号、一九三八年）。この会合は、中央社会事業協会・全日本私設社会事業聯盟・東京府社会事業協会・東京私設社会事業聯盟の共催で開催されたものである。
(23)　灘尾弘吉『社会事業行政』常磐書房、一九四〇年。以下、同書からの引用については、原本の該当ページを本文中に記す。
(24)　寺脇隆夫「灘尾弘吉『社会事業行政』解説」（前掲『社会事業行政』〈戦前期社会事業基本文献集⑦〉に収録）。
(25)　灘尾弘吉「社会事業行政雑感」（『社会事業』第一七巻第三号・第四号、一九三三年）。
(26)　日本社会事業研究会は一九四〇年八月、「日本社会事業ノ再編成要綱」を発表して、「刻下ノ日本社会事業ハ在来ノ自由主義的恩恵的施設ヨリ脱却シ、敢然統制主義的国策遂行ノ線ニ即応スル指導精神ヲ確立シテ、其ノ事業施設ヲ根本的ニ改編シ、以テ最モ有効適切ニ興亜国民厚生ノ実ヲ挙グベキナリ」と主張していた（〈戦前期社会事業基本文献集〉㊿に収録）。
(27)　富田愛次郎『日本社会事業の発達』巌松堂書店、一九四二年（〈戦前期社会事業基本文献集〉57に収録）。

【参考・引用文献】

池田敬正［一九八六］『日本社会福祉史』法律文化社。
池本美和子［一九九九］『日本における社会事業の形成――内務行政と連帯思想をめぐって――』法律文化社。

小川政亮［一九六〇］「大正デモクラシー期の救貧体制」日本社会事業大学救貧制度研究会編『日本の救貧制度』勁草書房。

加藤千香子［一九九五］「大正デモクラシー期における『国民』統合と『家』――内務官僚・田子一民の思想に見る――」『日本史研究』第三九八号。

加藤千香子［一九九六］「近代日本の国家と家族に関する一考察――大正期・内務官僚の思想に見る――」『横浜国立大学人文紀要』第一類・第四二輯。

草柳大蔵［一九九二］『灘尾弘吉先生と語る』全国社会福祉協議会。

黒川みどり［一九九八］「第一次世界大戦後の支配構想――田子一民における自治・デモクラシー・社会連帯――」内務省史研究会編『内務省と国民』文献出版。

厚生省社会局［一九五〇］『社会局三十年』厚生省社会局。

佐藤進編［一九八二］『田子一民・山崎巖集』社会福祉古典叢書5、鳳書院。

高橋彦博［一九九六］「新官僚・革新官僚と社会派官僚――協調会分析の一視点として――」『社会労働研究』第四三巻第一・二号。

内政史研究会［一九六八］『内政史研究資料　大野緑一郎氏談話速記録』。

長岡隆一郎［一九三九］『官僚二十五年』中央公論社。

中静未知［一九九八］『医療保険の行政と政治』吉川弘文館。

西成田豊［一九八八］『近代日本労資関係史の研究』東京大学出版会。

林博史［一九八六］『近代日本国家の労働者統合』青木書店。

笛木俊一［一九九三・九四］「一九二〇年代初頭における内務官僚の社会事業論研究のための覚え書――〈田子一民・社会事業論〉研究ノート――」『社会事業史研究』第二一号・第二二号。

水谷三公［一九九九］『官僚の風貌』中央公論新社。

安田浩［一九九四］『大正デモクラシー史論』校倉書房。

吉田久一［一九七四］『社会事業理論の歴史』一粒社。
吉田久一・一番ケ瀬康子編［一九八二年］『昭和社会事業史への証言』ドメス出版。
吉田久一［一九九〇］『改訂増補版　現代社会事業史研究』川島書店。

第6章　国際金融官僚の人事と政策

齊藤　壽彦

はじめに

財務官は国際金融行政面で大蔵大臣を補佐する大蔵官僚で、国際金融政策における官僚側総元締めである。今日、英語ではVice Minister of Finance for International Affairs（国際問題担当次官）と呼ばれている。通貨調整、経済政策の国際協調、経済協力、債務累積問題への取組みなどの決定に関与し、このために主要七カ国蔵相・中央銀行総裁会議（G7）、国際通貨基金、二国間金融協議などの会議に参加する。この財務官の前身は第二次世界大戦前の海外駐箚財務官である。この海外駐箚財務官が戦前における日本の国際金融官僚であり、この国際金融官僚が国際経済官僚としても活動したのである。国際金融官僚、国際経済官僚の在り方を考えるためにはまず、海外駐箚財務官のことを知らなければならない。海外駐箚財務官は戦後の大蔵省内にいる財務官と異なり、海外事務所に常駐していた。

海外駐箚財務官が関与した外債募集や国際会議などの研究はあるけれども(1)、重要な役割を果した海外駐箚財務官についてのまとまった研究はほとんど存在しない。(2) これは経済史・国際金融史研究者に官僚史研究の視角が乏しく、官僚史研究者に経済史・国際金融史研究の視角が乏しかったためと、資料的制約によるものである。海外駐劄財務官を研究するためには財務官についてこれまでに指摘されてきた事実の再構成と再評価を行うとともに、資料の発掘に努めなければならない。

本章においては、津島寿一の回想録などにもとづきながら、海外駐劄財務官制度の変遷を明らかにするとともに、とくに財務官の人物像、その人事決定や、国際金融官僚、国際経済官僚として外債募集政策の遂行や国際的政策決定のための国際会議への参加などにおいて財務官が果した役割を明らかにしたい。

一　財務官制度成立期の人事と政策

(1)　帝国特派財政委員登場以前

海外駐劄財務官の前身は帝国日本政府特派財政委員である。この帝国日本政府特派財政委員が登場する以前にも日本政府側の対外金融政策関係者の活動がみられた。すなわち、明治初期の日本外債発行についてみると、一八七〇年（明治三）の第一回外貨公債（九分利付外貨公債）発行においては、外国人（レイが独断で外債発行）、外国銀行（オリエンタルバンクがレイの権利を継承）による外債発行が実施された［立脇、一九八七：二八五～三〇三］。七三年の第二回外貨公債（七分利付外貨公債）発行においては、大蔵少輔吉田清成が理事官（発行交渉委員）に就任している。この時には吉田と駐米少弁務使（公使）森有礼との確執から米国市場における募債が困難となった［立脇、一九八七：三〇三～

三一八］。

一八九九年の第三回外貨公債（四分利付外貨公債）発行においては、駐英公使が交渉委員に任命され、加藤高明特命全権公使に発行交渉を委任した後、加藤の帰国後は松井慶四郎臨時代理公使に発行交渉が引き継がれた。と同時に、新たに発行団に参加することとなった横浜正金銀行の中井ロンドン支店長およびロンドンに派遣された早川大蔵省課長の尽力がみられた。当時は大蔵省の財務官も日本銀行の在外代理店（横浜正金銀行ロンドン支店）監督役（ロンドン駐在）も設けられていなかった（一九〇四年一一月に日本銀行はロンドン代理店監督役を新設し、また〇五年にニューヨーク代理店監督役を新設）。在英大蔵省書記官早川千吉郎を通じて政府の意思を受けつつ、正金銀行ロンドン支店長中井芳楠が委任状にもとづく日本銀行代理人として実際の外債発行交渉に従事したのであった。ただし契約は松井代理公使が締結している（正金銀行ロンドン支店長が外債発行交渉に直接あたるという方式は日露戦争以降には踏襲されなくなる）。

（2）帝国特派財政委員の派遣

日露戦争以後、日本は外資を本格的に導入するようになる。多額の外債発行とその恒常化を背景として、日本の信用保持を図り、外債発行を専門的、恒常的に行う職制が事実上形成されるようになる。これが帝国特派財政委員である。帝国特派財政委員の派遣について立ち入って考察してみよう。

日露戦争当時、高橋是清日本銀行副総裁が外債募集のために英米に派遣された。このときは「帝国日本政府特派財政委員」（Financial Commissioner, Imperial Japanese Government）という役名を与えられた。これは別に官制によったものではなかった。高橋が帝国特派財政委員に選ばれたのは、「松尾総裁日記」（松尾家所蔵資料）一九〇四年二月一日などによれば、次のような事情によるものである［齊藤、一九九一・七：六四］。

日露戦争期には外債発行が必要となり、この発行交渉を誰に担当させるかがきわめて重大な問題となった。元老松方正義は最初から国際金融に通じた高橋是清を外国へ派遣しようとしたが、元老井上馨は高橋を外国との電信往復の要務に従事させようとして、元横浜正金銀行頭取園田孝吉を派遣するのがよいと考えた。高橋も松方に対して外債募集交渉に従事することを固辞し、園田を推薦した。曾禰荒助大蔵大臣や松尾臣善日銀総裁も大事な正金銀行の業務を指図するのに高橋副総裁がいなくては困ると述べた。だが園田は健康上の理由から外国へ行くことを固辞した。松方は相馬永胤（正金銀行頭取）、早川千吉郎（三井銀行専務理事）、添田寿一（日本興業銀行総裁）ではどうかと考えたが、松尾総裁はこれにも反対した。松方は荒川巳次ロンドン総領事に担当させることも考慮したが、松尾はこれを承諾しなかった。ほかに海外の金融事情に通じた有力者が見当たらず、結局、高橋是清が特派財政委員に選ばれたのである。

高橋は帝国特派財政委員の役目を命じられ（第一回一九〇四年二月、第二回〇五年二月、第三回〇六年四月）［津島、一九六二：二三四］、外債発行交渉に直接従事し、〇四年二月から〇七年三月の三年間にわたり、一億三〇〇〇万ポンド（邦貨換算約一三億円）の外債募集に成功した。日本においても高橋是清という国際的に通用する金融家が登場するようになったのである。(3)

日露戦後の対外財政処理や、満州経営の資金調達等のために、この特派財政委員の制度は存続する必要があった。一九〇六年八月の高橋の渡航に際し、大蔵省高等官をも派遣することになり、神野勝之助秘書官が渡欧したが、その際、大蔵省または臨時国債整理局の高等官一人を欧米に駐在させるときは、臨時にその官を増設するものとした。すなわち、〇六年八月勅令第二三五号により、高等官一名が欧米に駐在しうる規定を定めた［大蔵省財政金融研究所財政史室、一九九八：四九一］。高橋是清は在外財務官を派遣する必要があることを何度も西園寺公望内閣総理大臣や阪谷芳郎大蔵大臣に述べており（松尾家旧蔵資料「高橋是清副総裁からの書簡」〇七年一一月一九日付）、高等官一名の欧米駐在もその結果であろう。

高橋は、英仏の資本家などと会談してますます在外財務官の派遣が急務であると感ずるようになった。外資の輸入を仰がなければならない日本が「国家財政経済ノ信用ヲ海外ニ維持発展」させようとするには、その機関が必要であり、これが無ければ国家にとって有形無形の損失を招くと考えた。高橋が取組んだ五分利英貨公債の発行が首尾よく〇七年春に決まれば、在外財務官の選任が等閑に付されることを恐れた。そこで特派財政委員で日本銀行副総裁の高橋は、政府に、財務官を公債発行が必要になった時に派遣するのでなく、英仏等に常駐させることを求めたのである。すなわち、前述の松尾家旧蔵「高橋是清副総裁からの書簡」（〇七年一一月一九日付の書簡の形態をとった西園寺および阪谷宛報告書）の中で、その理由として次のようなことを挙げている。

在外財務官ハ決シテ其時ニ臨ミテノミ必要アルモノニアラズ　平時無事ノ際ニ於テ英仏等ノ如キ重ナル市場ニ駐留シ重ナル資本家ト往来交際シテ信用ノ地盤ヲ固メ置クコト非常ニ大切ニ有之候　平常ニ信用ノ地盤固マリ居ラザレバ時ニ及デ急ニ発動セシトシテモ其ノ効能薄クシテ遺憾ヲ感ズルコト尠カラズ　又日本ヨリ無責任ノ電報等ハ随時ニ来リ　時トシテハ甚シク市場ヲ惑ハス事モ往々ニ有之候処　若シ斯ル場合ニ責任アル財務官在リテ其ノ妄ヲ弁ズレバ大ニ市場ヲ安心セシメ無用ノ疑惑ヲ掃清スル等ノコトモ容易ニ出来テ　帰スル所ハ日本ノ利益トナルベク候……常設ノ財務官御選任ノ事実ニ緊急ニシテ殆ド焦眉ノ感無クンバアラズ　依テ前報ニモ申上候通リ相当ノ逸材ヲ御簡抜シテ至急御任選相成候様　為国家不堪希望候(4)

高橋が考える財務官の資格とは、普通の資格のほかに次のような条件を満たしていることであった［前述の高橋の書簡］。第一に、少なくとも英仏両国語を自由に操れる人であるということである。通訳を経て談話交渉をするようでは意思が十分に伝わらず、このため微妙な内輪の相談等が覚束なく、またフランスの資本家等の中には英語を理解できない者もいた。高橋は〇五年に初めてフランスに行き、ロスチャイルド家の老宰ノイボルジェルと会見した時に、英語とフランス語での議論が一向に合致せず困ったという経験をしていた。

第二に、風采があがる人でなければならないということである。名声がすでに世に聞こえている人か、もしくはすでに接触してそのひとの技量がよくわかっている人は風采など関係がないであろうが、財務官は東西の要地を旅行して種々の人に接する場合がはなはだ多いから、風采があがらない人はそのために損をすることが少なくない、一見人を圧する容姿をしている者は初めて会った時から重きをおかれ、何かに付けて利益が多い、と高橋は述べるのである。

第三に、少なくとも一〇年くらいは在外勤務に堪えることができる人であるということである。初めの二、三年間は誰でも信望がなかなか得られるものではない。二、三年の間に信用地盤を固めて交際の範囲を広め、種々の関係を結びつけてしだいにその能力を発揮するようになるのである。どのような適材を簡抜したとしても、二年内外で帰還するようでは役立つようになった時にその任を去ることとなり、国家の不経済この上ない、と高橋はいうのである。

国際金融官僚は国内官僚とは異なる資質と経験を有することが、すでに高橋によって認識されていたのである。また実際に、このような条件を満たす人物として後に森賢吾や津島寿一が財務官に選ばれるのである。

高橋の後を承けて、当時の大蔵次官若槻礼次郎が一九〇七年四月一三日付で、帝国政府特派財政委員に任命され、英仏に駐在することとなった。当時若槻は〇六年一月以来大蔵次官であり、次官の地位のままで委員となった。同日付で理財局長水町袈裟六が、とりあえず大蔵次官心得となり、間もなく五月一〇日付で大蔵次官となった。すなわち、この期間は大蔵次官が二人いたわけである。若槻特派財政委員のロンドン駐在時代には、神野書記官に代わって森賢吾書記官が欧米に派遣された。森の外、井内勇、青木道が部下として随行した。井内の帰国後、神鞭常孝が加わった。

財政委員の仕事は、日本の財政経済の信用を維持すること、機をみて公債の募集、借換を行う（状況がよかったらその機会をとらえて外債を募集する）ことなどであった。高橋是清の時は公債を募集して戦費の調達に努めたが、若槻が海外に行った時には、公社債の新規募集ということがほとんどなく、日本の財政経済の実情を明らかにしてその信用を高めることが主な仕事となった。日本は大いに発展しつつある、財政も立ち直った、だから新たに公債を募集したり、増税をしたりして国費を賄わなければならないということはない、日本の財政は堅固に保たれている、すなわちノーローン（非募債）、ノータックス（非増税）だということを若槻は唱え、これを宣伝した［若槻、一九八三年：一〇七、一一六、一二四］。若槻は一年余滞在の後、一九〇八年七月帰国して再び大蔵次官の本務に戻った。同月に水町大蔵次官が次官のままで特派財政委員に任ぜられた。すなわち若槻と水町が入れ替わったわけである。

（3）　海外駐箚財務官制度の成立

一九〇九年一〇月、特派財政委員の体制を追認するため、大蔵省高等官二人を欧米に駐在させるときは、臨時にその官を増設するものとした（勅令第二六八号）。高等官は親任官（広義の勅任官に含まれる）、勅任官、奏任官の総称であり、天皇が任免に関わる官吏である。さらに、この体制を制度化するために、水町特派財政委員の在任中の一〇年五月、勅令第二三六号で、海外駐箚財務官臨時設置制が定められ、ここに海外駐箚財務官制度が正式に設けられたのである。これにより、海外における帝国の財務に関する事項を処理するため、英国またはフランスに海外駐箚財務官一人、書記官一人をおくこととなったのであった［津島、一九六三：二六～二八］。

一九一〇年六月に水町が初代海外駐箚財務官に任命された。もっとも、役名は変わったが、仕事の内容には変わりなく、英文の官名も高橋時代以来のものを継続使用した。森は、引き続きこの官制による大蔵書記官として、水町財務官を補佐した。それは実質的には、従来となんら変わるところはなかった。水町は一八八九年七月に東京帝国大学を卒業し、九一年七月に同大学院研究科を修了した後大蔵省に入省している。官僚を養成することを大きな目的とする東京帝国大学を卒業した大蔵官僚が財務官になるということは、その後も森、津島、冨田、荒川、湯本と継承されているのである。ここに大蔵省の人事政策をみることができる。水町財務官は一九一一年六月まで財務官の官職にあり、一〇年六月の第三回四分利公債一一〇〇万ポンド発行に寄与した。

(4) 森賢吾の財務官就任と活動

森賢吾の財務官就任

水町は一九一一年六月に日本銀行副総裁となり、財務官を退任した。同月、森賢吾が財務官心得となった。それまでの森賢吾の経歴は次のとおりである[津島、一九六三:一～八]。森賢吾は一八七五年に佐賀鍋島旧藩士森九郎右衛門の次男として佐賀市に生まれた。一九〇〇年七月に東京帝大法科大学政治科を卒業すると直ちに大蔵省に奉職し、大蔵属として主税局に勤務した。森が大蔵省に入ったのは、佐賀出身の先輩水町袈裟六が当時大蔵省参事官を勤めていたのと財政学の松崎蔵之助教授の推挙があったためである。森は同年一一月に文官高等試験に合格した。入省わずか五カ月を経たばかりの同年一二月に英国に出張を命ぜられ、翌年三月から約一年英国に滞在して〇二年五月に帰国した。その出張の用務は、主として英国の地方行政、租税制度などの調査であった。この滞在を契機として森は英国の政治経済全般にわたって勉強した。英語にもみがきをかけた。これが後年の森の活動を基礎づけるものとなる。

森は英国出張中の一九〇二年三月に司税官兼大蔵書記官に任ぜられ、〇三年七月から〇五年五月にかけて大蔵大臣秘書官を兼ね、〇三年一〇月に大蔵省参事官となり、〇五年五月に専任大蔵大臣秘書官兼大蔵省参事官となった。〇六年九月に理財局銀行課長に就任したが、同月から〇七年四月にかけて大蔵大臣秘書官を兼任した。要するに森は四年間にわたって大臣秘書官を勤めたわけである。ところが前述のように若槻が英仏駐在を命じられると、若槻を補佐するために〇七年四月から森は大蔵書記官として欧米に派遣されることとなった。これが森の長期在外勤務の序幕となったのである[津島、一九六三:六]。

森は若槻に続き、水町も補佐していたが、水町財務官が一九一一年（明治四四）六月に帰国して日本銀行副総裁となった時、森が海外駐箚財務官心得となった。森の肩書に「心得」がつけられたのは「勅任」となる必要年限が足りなかったためであり、森の仕事振りとは関係のないことであった。当時の官僚制には身分上の制約があり、能力だけではポストを得ることが難しかったのである。

ここで官庁の身分制度について述べておこう。もともと官僚制は身分（職階）を絶対条件とする官僚から構成される国家の制度である［村川、一九九四：一〇］。戦前には親任官、勅任官、奏任官、判任官、雇員、傭人の身分区別が官庁の世界にあった。高等官の身分上の等級についていえば、親任官が最高の官吏で、天皇自らが任命する。大臣、枢密院員議長以下の枢密顧問官、特命全権大使などがこれにあたる。親任官は勅任官に含まれることもあるが、この場合には親任官が勅任官の頂点に立つ。勅任官は天皇の勅令によって任用される官吏で、狭義には親任官を含まない。これには高等官一等、二等があり、本省の次官・局長クラスや各県官選知事などがその代表である。奏任官は長官の推薦により勅裁を経て任用される官吏で、高等官三等以下をいう。高等官は八等まであったが、一九一〇年からは九等までとなった。奏任官は課長以下の中堅幹部と幹部候補生を含んでいる。ここまでが高等官である。高等官の下に位置する判任官は属あるいは属官とも呼ばれる。この下級官吏は長官の権限によって任用される。蔭では「半任官」とも呼ばれている。ただ次々とポストの替わることの多い高等官とは違って、おおむね一カ所に長くとどまり、実務の現場を押さえていた。判任官は「官吏」の仲間であったが、雇員や傭員は長期アルバイター同然であった［水谷、一九九九：四二～四四］。

森賢吾は一九一三（大正二）年六月、正式に財務官となる。これは森に勅任官の資格ができたためである。森は三八歳という若さで次官なみの地位を与えられたのである。大蔵省は組織の統制がよくとれており、序列が厳しかった。この大蔵省にあっても、国際的に通用する人材が求められる国際金融の分野においては、その制約を受けつつ、能力にもとづく一種の抜擢人事が行われたのである。「心得」という名を附したにせよ、森は勅任官となる資格がないのに財務官が行う仕事を与えられたし、一定の年数を経てこの資格が得られるようになると、森は二等官を超えて正式に、一等官であり、次官級ポストである財務官に三八歳でなれたのである。

森賢吾は一九二七年五月に財務官を辞任する。森の財務官としての在任は、同月に津島が後任となるまで大蔵省では異例の一四年、「心得」の期間を含めれば一六年の長きに及んだのである。

森賢吾の人物像

森賢吾はどのような人物であったのか。津島寿一によれば、森は次のような性格、特質（思想、能力、経験）を持っていた。［津島、一九六三：六〇～六一、六九～一一九、一二五～一三九］。

森賢吾は、第一に、非凡な頭脳、秀徹明敏な思考力、判断力の持主であった。津島は森のことを、頭のよさという点ではまさに超弩級品であり、書を読んでは眼光紙背に徹し、人と語っては相手の胸中をとらえる達眼の持主であった。

第二に、英語に堪能で、西洋事情に通暁し、欧米人を深く理解していた。幼少時代から英語を特別に勉強していた森は、英語については読み方、書き方、会話・スピーチともにすぐれていた。フランス語にも熟達していたようである。森の語学力は優秀であり、欧米人の胸に焼きつけるような印象深い用語、表現を自由に駆使し、聴者の理解と共鳴をかちとる至妙のテクニックの保持者でもあった。

第三に、（高橋是清が財務官にとって必要であると考えていたような）颯爽とした風姿をしていた。森の風貌は日本人離れした鋭さと叡智とを印象づけ、しかも、その態度、挙措においても世界の大家に伍し、堂々たる構えを示したのである。

第四に、森は武家の流れを汲み、葉隠れ論語によって鍛えられ、葉隠れ武士の魂が根強くしみこんでいた。（新渡戸稲造の著書『武士道』（英文）が海外で評価されたように）、武士道で尊重される忠孝、尚武、信義、節操、廉恥、礼儀などの中には欧米人と共通する倫理観があった。森の基本的修養は漢学（四書五経）であり、古典国文であり、端的にいえば、森は和魂漢才の士であるということができる。和漢学の素養は森の文章や講演に活かされた。

第五に、森は自己に与えられた職務に忠実で、責任感が強く、仕事振りは献身的であった。自分の仕事以外のことは口出ししなかったが、自分の仕事には心身を張って打ち込み、日本の国力発展と国際的地位信用の向上に努め、一身一家の利害などは顧みなかった。（このため長期の海外生活にも耐えることができた）。

第六に、森は金銭には淡白で、内外人の接待には惜しみなく金を使い、対外的に対面の保持に意を用いた。このため森には貯蓄ができなくなったが、財務官の仕事を完全に遂行するためにはそれは必要とされたのである。

第七に、森はエチケットに詳しく、またやかましかった。森は万事に几帳面で、約束は忠実に履行し、とくに時間は厳守し、服装身なりはぱりっとするように特別の注意を払った。森は部下にもこれを求め、うるさがられもしたが、森は外人の前に出ても、また会食に参加しても、日本人として恥かしくないようにしなければならないと考えていたのである。

第八に、森は若くして海外に出ており、海外での生活が長く、海外に知己が多かった。国際金融官僚として活動するためには海外の国際金融関係者から人的信頼を得ていることが重要であるが、森はこの条件を満たしていた。森が一九三四年に死去したとの報が伝わると、海外（とくにロンドン、ニューヨーク等）の旧友から鄭重な弔電が無数に届き、津島が答電を発送するのに繁忙を極めたという。

第九に、森は多年海外に在住し、第一次大戦前、大戦後を通じ、国際財政金融の研究に没頭し、とくに実践的な修練を積み上げ、知識、経験ともに諸外国の最高権威者に対し一歩もひけをとらなかった。(5)

このようにまさに森は国際金融家、国際金融専門官僚にふさわしい資質を備えていたということができるのである。このようなことから森が財務官に選ばれ、また長期にわたってその地位を保持することとなったのである。なお森は自尊心が強く、自信たっぷりであり、人から傲慢だとみなされる場合が多く、八方美人どころか、人に対しては好き嫌いが強く、したがって味方も多かったが敵も多かった。森にはこのような側面があったことも付言しておく。

森賢吾の財務官活動

森財務官は日露戦後外貨公債発行に従事した［津島、一九六二：四四～四五］。すなわち森は、水町特派財政委員の下で書記官として四分利付仏貨公債（一九一〇年五月、四億五〇〇〇万フラン）、第三回四分利付英貨公債（一〇年五月、一一〇〇万ポンド）、また財務官心得として第一回英貨鉄道債券（一九一三年三月、三〇〇万ポンド）、五分利付仏貨国庫債券（一三年四月、二億フラン）、財務官として第二回英貨鉄道債券（一四年二月、二五〇万ポンド）の発行に関与している。

会社や都市の債務について政府が元利払いを保証して外貨債券を発行することが行われた。会社や都市がそれ自身の信用では外国市場で資金を調達することが困難な場合でも、政府の支払い保証があれば、この社債や市債を外国市場で売出すことができる。この政府保証外貨債の場合には、投資家は、会社や都市を当てにするよりもむしろその債務の保証人となった政府を信用して債券を買い取るのである。戦前においては南満州鉄道、東洋拓殖会社、震災復興のための東京、横浜市債などが国家重大の理由の下に発行されている。このような債券も財務官が依頼を受けて発行交渉を行った［金融経済研究所、一九七三：三四五～三四六］。

森は若槻特派財政委員の下で書記官として政府保証満鉄社債（①一九〇七年七月、第一回、四〇〇万ポンド、②〇八年五月、第二回、二〇〇万ポンド）、政府保証日本興業銀行債券（〇八年一一月、二〇〇万ポンド〈英仏半額〉、発行時点では特派財政委員は水町）の発行に関与した。また森は、水町特派財政委員の下で第三回満鉄社債（〇八年一二月、二〇〇万ポンド）、水町財務官の下で書記官として第四回政府保証満鉄社債（一一年一月、六〇〇万ポンド）、さらに財務官心得として政府保証東洋拓殖社債（一九一三年一月、五〇〇〇万フラン）の発行に関与した。

さらに非政府保証外貨債券も発行された。このような債券発行に財務官がすべて関与したわけではないが、財務官は依頼を受けて発行交渉を行ったのである。このように国債以外にも財務官が発行に関与したのは発行団が安心できるからであり、財務官が加わることによって発行交渉が円滑に運んだのである。非政府保証外貨債券として戦前に特殊銀行や東京、大阪、横浜、神戸のように海外に名の知られた大都市が地方外債を発行しており、ごく少額を名古屋市が奇跡的に発行している［金融経済研究所、一九七三：三四六］。森は水町特派遣財政委員のもとで北海道拓殖銀行債券（一〇年六月、五〇〇万ポンド）の発行に関与し、また財務官心得として東京市電気事業公債（一九一二年一月、英貨五一七万五〇〇〇ポンド、仏貨一億八八万フラン）の発行に関与したのである。

民間社債は民間事業の経済能力のみに立脚して信用を海外に示さなければならないから、その発行はなかなか困難であった。山陽鉄道社債（一〇〇万ポンド）を除けば、日本の民間社債が外国市場で最初に発行されたのは一九二三年のことであり、この時に東京電燈社債（三〇〇万ポンド）が発行されている［金融経済研究所、一九七三：三四七］。民間社債の発行にも財務官が従事したが、第一次大戦前にはそれが発行されていないから、当然、森は第一次大戦前には民間外債発行には関与していないことになる。

二　財務官制度展開期の人事と政策

（1）財務官制度の拡充と整理

第一次世界大戦期の財務官の拡充

財務官制度は国内の行政制度改革や経済政策の影響を受ける。この一九一四年の大蔵省機構の整理で、[6] 財務官のもとでの書記官を廃止して属（属官）とすることとなり、これが一五年四月から施行された。かくして同月以降は、英仏駐箚財務官の勅任官一人と属官一人という構成となったのである［大蔵省財政金融研究所財政史室編、一九九八ⓐ：四九二］。

寺内内閣期には、勝田主計大蔵大臣は、財政経済に関する根本方針を積極方針、経済的立国主義、日支経済親善、与国財政援助の四点と定めた。また第一次大戦勃発後には国際金融が大きく変化した。さらに連合国財政援助などに見合う体制をとることが必要であると考えられた。このような背景のもとで、海外駐箚財務官制度が増強されることとなったのである。すなわち、寺内内閣の勝田蔵相時代に財務官制度が拡大された（一九一七年九月、勅令第一四九号）。英仏の方はそのままであったが、そのほかに米国（ニューヨーク）、ロシア（ペトログラード）、中国（北京）駐在の財務官が新設され、一七年九月に財務官は四人となった。そのうち、二人は奏任官であった［津島、一九六三：二八］。財務官事務所勤務者も増員され、事務官（高等官）二人、財務書記（判任官）八人となった。

さらに地域別に財務官の増設理由を指摘しておこう。第一次大戦勃発後に米国が国際金融の中心市場として台頭してきた。米国はヨーロッパへの資金援助も実施するようになった。これが米国に駐箚財務官が置かれるようになった理由であろう。日本は一九〇七年に第一回日露協約を締結して以来、日露両国の国境に接している満州・蒙古地方の特殊権益を認めあい、共同して英国、米国の勢力に対抗してきた。第一次大戦勃発後には、ロシアの円貨大蔵省証券を発行し、日本で購入した兵器代の決済資金にあてさせることも行われた。ロシア駐在財務官が設置されたのはこのような背景があったからである。寺内内閣はまた積極的な対中国投資も行った。これは日中経済提携強化のための具体策であると同時に、金融調節策でもあった。このような情勢の中で中国駐在財務官が設置されている。

第一次大戦以後、満州事変前の、英仏駐在以外の財務官は次のとおりである［大蔵省財政史室編ⓑ、一九九八：四五五］。

米国駐在財務官＝田昌（一九一七年九月～二二年六月）、松本脩（二二年六月～二三年四月）、勝正憲（二三年四月～二四年一〇月）、ロシア駐在＝今村次吉（一七年九月～一九年九月）、草間秀雄（一九年九月～二〇年九月）、中国駐在＝小林丑三郎（一七年九月～一九年四月）、公森太郎（一九年九月～二〇年九月、財務官心得）。

公森が財務官心得として選ばれたのは次の事情による。秀才の多い大蔵省に入れば大学の成績のよくない者でも秀才として世に通り、大蔵省課長が銀行の頭取となるようにどこへいっても出世するとの阪谷芳郎（元大蔵次官、大蔵大臣）の助言により、公森は大蔵省に入省した。地方の税務監督を長く務めていた公森は、第一次大戦期に日本が青島を占領しその税関を押収した時に選ばれて青島の税関事務を担当することとなり、中国との関わりができた。また第一次大戦期に中国幣制改革問題が起こった時に、四国借款団に加わっている日本から阪谷が顧問となって中国に行くことになり、大学生時代に保証人をしてもらった阪谷に公森が随行した。このような経緯から小林丑三郎の財務官辞任後、公森が中国財務官心得となったのである［大蔵省大臣官房調査企画課、一九八〇：一四五～一八三］。

第一次大戦後の財務官の整理

第一次大戦中に拡充された財務官制度も、大戦後には財務官の整理をこうむることとなる。ロシアでは一九一七（大正六）年にロシア革命が起こり、今村財務官が引き揚げて帰るという意外な出来事が起こった。ロシア革命の勃発により、提携を強化してきた日露の同盟関係は瓦解した。一八年に寺内内閣はシベリア出兵さえ実施した。その後も日露間に関係改善の展望が見出せず、二〇年九月に駐露財務官が廃止された（勅令第四一六号）。同時に同勅令で中国駐在財務官も廃止された。これは大戦後の中国への投資の困難性を反映していると考えられる。なお中国では代わりに事務官をおくこととなり、海外駐剳財務官心得であった公森が引続き大蔵事務官として中国に駐在している［大蔵省財政史室編ⓑ、一九九八、四五五］。かくして二〇年九月末には財務官は英仏駐在と米国駐在の二人に縮小されたのである。もっとも、賠償に関する国際会議などによって事務多忙のため、財務官のほか事務官四人、書記一〇人となっている［大蔵省財政史室編ⓐ、一九九八：七三〇］。

加藤友三郎内閣（一九二二年六月成立）および、加藤高明内閣（二四年六月成立）は行政改革を実施した。加藤友三郎内閣は軍縮にともなう伴う財政の整理緊縮を実施した。憲政会総裁加藤高明内閣は、普通選挙、綱紀粛正、行財政整理という憲政会の公約を三大政策として掲げ、これを実行することとなった。経済不況を背景として、行政機関の整理、人員整理を主とする軍縮、特別会計整理、既定継続事業の繰延べなどが実施され、これらの行政、財政整理を通じて、一般会計において二四年度の実行予算の一六億一五四一万円に対し、二五年度の予算は一五億二四三六万円と、九一〇〇万円の節減をみた［大蔵省財政史室編ⓐ、一九九八：五八六～五八七、六二五～六二七］。

一九二四年一二月、行財政整理の一環として米国駐在の財務官が廃止され、財務官は一人となり、英仏駐在の財務官（森）が米国駐在をも兼ねることとなった（勅令第三一八号）。定員は事務官三人、財務書記官五人となった［津島、一九六三：一一九］。

財務官制度は対中国政策の影響も受けている。一九二七年四月に成立した田中義一内閣は、金融恐慌を切り抜けることに成功すると、対中国政策積極政策への転換を図った。すなわち同内閣は、蒋介石国民政府軍による北伐が展開されると居留民の現地保護を名目とする三次にわたる山東出兵を行い、また、中央・各関係出先機関の協議・連絡のために第二次東方会議（「満支鮮出先官憲連絡会議」）を開催し、さらに満鉄社長に山本条太郎を起用しての鉄道交渉、満州の治安維持に関する中国南北両軍にたいする警告等の措置に出た。このような背景のもとで二九年四月に勅令第八八号で再び中国駐在財務官を設置することになった。同月から公森が三〇年八月まで中国駐在財務官を務めている。もっとも公森は財務官として特段の成果をあげていない。

三一年四月、勅令第五九号で再び中国駐在財務官が廃止されている。以後三八年一月に勅令第二号で再び復活するまで中国駐在財務官はいなかった。

（2）　森賢吾財務官の活動

第一次大戦期の英仏債券の引受等

第一次大戦中には日本は原則として外債募集を行わず、逆に対外投資を行うようになり、森財務官は債務者としての立場よりもむしろ債権者としての立場から活躍している。津島は「財務官」が「財権官」になったと評している［津島、一九六三、五五～五六］。

第一次大戦後には日本は戦勝国の一員としてドイツから賠償金を取り立てる立場となるが、関東大震災後には再び外債を募集するようになるから、財務官は震災後には債務者としての活動と債権者としての活動の両方を行うこととなる［津島、一九六四：三五～三六］。賠償問題についての活動は国際会議での活動として論ずることとし、ここでは第一次大戦期の資本輸出について見てみよう。

第一次大戦期には国際収支は大幅に好転し、これを背景として日本は対外投資を推進することとなり、この一環として与国、すなわち日本と連合した国に対する財政援助を行うようになった。この方策として日本は連合国政府が発行する債券を引受けた。このうちロシア政府公債の引受は森財務官の権限外であったが、英仏政府が発行する債券の発行交渉、調印は森財務官の担当するところであった。

第一次大戦中に英国政府債券を日本が引受けたのは三回で、その合計金額は邦貨二億八〇〇〇万円に及んでいる。英国政府英貨大蔵省証券（一九一六年七月、英貨一〇〇〇万ポンド、邦貨換算一億円、日本政府引受）、英国政府円貨大蔵省証券（一八年一月、八〇〇〇万円、大蔵省預金部引受の後、日本銀行を通じて一般に売出）、英国政府円貨国庫債券（一六年一二月、一億円、日本政府の勧奨による日本民間銀行団引受）を日本が引受けた。フランス政府債券の引受も三回で、その合計金額は約一億三三〇〇万円に上っている。仏国政府円大蔵省証券（一七年三月〜一〇月、分割発行、合計二六二四万六〇〇〇円、大蔵省預金部引受の後、臨時国庫証券特別会計が継承）、第一次仏国政府円貨国庫債券（五〇〇〇万円）、第二次仏国政府円貨国庫債券（一八年一一月、五〇〇〇万円、東西銀行団引受）を日本が引受けたのである。

このほか、大戦中に日本が政府・日銀所有の在外正貨を英仏政府の公債および本邦外債に運用投資をしたことも、資本輸出であるとともに英仏両国に対する資金的援助としてあげられる。この額は一九一四年末には皆無であったが、一七年末には政府所有分一億六二〇〇万円、日銀所有分約一億九〇〇〇万円の多額に達した。このうち、英国政府が買入れまたは受託したものを日本が買入れることについては、森財務官が英国大蔵省と折衝して実現をみたのであった。

このような連合国への資金援助は日本の国際的地位を強化する大きな支柱となったが、また森財務官の国際的地位を高めることとなり、森の海外での活動を助けることとなったのである。

第一次大戦以後の外資導入政策

財務官の活動は国内財政金融行政によって制約される。財務官の仕事として重要な外債発行交渉への参加も外債を発行するかどうかについての国内の方針によって決まる。第一次大戦以後の外資導入は次のような推移をたどっている［齊藤、一九八七：一五四～一六二］。

第一大戦期における国際収支の大幅黒字の下で日本は外資をほとんど導入しなくなる。外債発行が再開されるのは一九二三年度のことである。同年度に震災外債が発行されている。二四年度から二九年度にかけては外貨国債発行は中断されている。三〇年に日露戦争時の外債借換のために再び外貨国債が発行されている。二六年から二七年にかけては外貨市債が発行されている。これは都市財政を支えるとともに在外正貨を補充するものであった。また長期資金調達のために、二三年から三一年にかけて、電力債などの外貨社債も発行されている。

第一次大戦後の外資導入政策は抑制策を基調としたジグザグの過程をとっている［伊藤、一九八九：一五五～一五七］。すなわち、二二年に成立した加藤友三郎内閣は緊縮財政方針を発表しており、二三年に入っても政府は緊縮政策を継続し、外資導入抑制方策をとっていた。だが同年九月に震災が勃発すると第二次山本権兵衛内閣が成立し、大蔵大臣となった井上準之助は外債発行方針を採るようになる。護憲三派内閣である加藤高明内閣の浜口蔵相の二四年一一月の関西銀行大会における演説では外資輸入を抑制するのかしないのかはっきりしなくなる。二五年一二月には大蔵省は外資導入抑制を省議決定する。ところが二六年五月には外資導入を寛大に取り扱う方針を大蔵省は内示し、さらに同年一〇月には外資導入が有利と認められる場合はそれを抑制しない方針を採ることとなる。二七年の金融恐慌後には外資導入抑制方針は事実上放棄されたのである。

一九二五年一二月の外資導入抑制方針の大蔵省議決定は憲政会内閣である第二次加藤高明内閣の時であり、外資導入抑制方針の事実上の放棄は金融恐慌後に成立した立憲政友会内閣の田中義一内閣の時であるから、政党の基本方針により外資輸入方針が左右された可能性を否定するわけにはいかない。積極主義を標榜する政友会に対して、二〇年代の憲政内閣期には金解禁政策との関連で緊縮政策と外資輸入抑制が同党の公約となっていた。

だが二六年五月および一〇月の外資導入抑制緩和方針は憲政会内閣の第一次若槻礼次郎内閣の時であって、同じ憲政会内閣の下で異なった外資方針が採用されているのであるから、政党の方針によって大蔵省の外資導入方針が決定されたとは必ずしもいえない。実際には在外正貨の保有状態が外資政策に大きな影響を与えているのであって、在外正貨の急減、枯渇やその恐れが大震災後や二六年以後の外資導入方針をもたらしたのであり、これによって憲政会の方針は修正を余儀なくされたのであろう。(7)

森財務官の外債発行への関与

森賢吾は英仏駐在財務官であったが、一九二四（大正一三）年一二月以来、英米仏三国駐在財務官となり、二七（昭和二）年五月まで在任した。内務官僚にみられたような党派的人事異動は大蔵省にはみられず、大蔵省は一般に政党の人事介入を排除していた。入省時の成績を基準とした配属に始まり、育成と選別の累積によって人事の政治的自立性を保とうとする大蔵省の基本的な姿勢は、大正から昭和の時代にも、おおむね保たれていた。

しかし、大蔵官僚のなかにも例外はあり、青木得三は政党色が強く、一九〇九年に入省した後、若槻、浜口らのちに憲政会、民政党の有力者となる人々によって一六年四月に銀行課長に抜擢され、その後左遷されたこともあったが、二九年の浜口内閣の成立とともに主税局長に昇進している［水谷、一九九九：一八八～一九〇］。

だがこのようなことは例外であり、ことに国際的に通用する専門家が求められる財務官人事は政党の影響を受けず、しかも海外生活が長いことも加わって森は政党には関与しなかった。二七年四月に森は貴族院議員となっているが、貴族院議員は国民の選挙によって選ばれるわけではないから、森が貴族院議員になったことは財務官の政党化、代議士化を意味しない。

第一次大戦以後も森財務官は外債発行業務に従事している。第一次大戦当初においては森は第三回英貨鉄道債券（一九一五年三月、三〇〇万ポンド）の発行に関与し、さらに第一次大戦後には震災復興外貨公債の発行に心血を注いでいる。すなわち、震災復興と四分半利付外債借り換えのために二四年二月に六分半利米貨国債（一億五〇〇〇万ドル）と六分利英貨国債（二五〇〇万ポンド）が発行されているが、これは森賢吾財務官が発行交渉に従事した結果である。

森は政府保証外債の発行にも関与している。このようなものとして第五回満鉄社債（一九二三年七月、四〇〇万ポンド）、東京市英貨債（二六年九月、六〇〇万ポンド）、横浜市米貨債（二六年一二月、一九七四万ドル）、東京市米貨債（二七年三月、二〇六四万ドル）を挙げることができる。このほか森は東電米貨社債（二八年六月、七〇〇〇万ドル）、東電英貨社債（二八年三月、四〇〇万ドル）という非政府保証民間社債の発行にも関与している。

このように森は専門的な国際金融家としての役割を果たしたのである。公債だけでなく民間社債発行に従事したという意味でも森は国際金融家であったということができる。

津島は高橋是清と森賢吾が「欧米金融業者から絶大の信用と尊敬と、そして賞讃をかちえた人であった」と述べている［津島、一九六二：三三］。日本でも森という欧米の金融業者と互角にわたりあえる国際金融家が登場してきて、活躍した。森が欧米の金融業者から信用を得たということが震災外債起債交渉にとり有利に作用したと考えられる。外債交渉においては発行者と発行引受業者との利害が激しくぶつかるが、それにもかかわらず取引の基礎は信頼（信用）である。秘密裡に情報を得たり、イングランド銀行総裁などから助言を得るのに信頼関係は重要であった。森はモルガン商会に引受を依頼した際に、クーン・レーブ商会をも発行団に参加させることや、万一クーン・レーブ商会が参加しない場合でもモルガン商会が起債を引受けるということについての言質をとった。これは、パリ平和会議における同僚として、森とモルガン商会のトーマス・ラモントが密接に提携し、お互いに敬愛する間柄となっており、このように微妙な問題についての話し合いに心中を吐露しうる相互信頼がものをいった結果である［齊藤、一九九三：四六］。森は単なる国際金融専門家でなく、国際的に絶大な信用を得て金融界で受け入れられた国際金融家であったということができる。

だが日露戦争以後国際金融家、「国際フィナンシャー」として活躍したのは森だけではない。日本では森のほかに横浜正金銀行の巽孝之丞がいる［藤村、一九九二ⓑ：三九］(8)。また三谷氏によれば、高橋に同行して外債募集交渉を補佐した日本銀行の深井英五や、一九〇八年一一月に日本銀行ニューヨーク代理店監督役に就任した日銀の井上準之助も日露戦争以後国際金融家となっていた［三谷、一九七四：一三〇〜一三四］(9)。

専門的な国際金融家という言葉は範囲が広く、日本では大蔵省、日本銀行、横浜正金銀行に集中されていたが［三谷、一九七四：一一三］、巽は、半官半民の金融機関の関係者として、国家の政策に寄与しつつも市場取引に接しており、また長期にわたってもっぱら国際金融業務に従事しており、海外の金融業者から高く評価されており、巽こそが国際金融家というにもっともふさわしい。深井や井上は国際金融家という側面以外に中央銀行家という側面をもち、とくに深井は中央銀行家という方がよい。井上はさらに財政家という側面も持つ。森財務官は長期にわたって専門家として国際金融業務に従事したのであり、深井や井上よりも森の方が国際金融家と呼ぶにふさわしいといえる。

もっとも森財務官は単なる国際金融家、国際フィナンシャーとしてでなく、大蔵官僚として行動したのであり、政策目標は政府、大蔵省によって与えられた。外債募集が必要とされれば、政府、大蔵省の命を受け、大蔵官僚としてその実現に全力を尽くしたのである。また巽が日常の市場取引を通じて信頼をかちえることが多かったが、森は取引を通じて信用を得つつも、森の国際的信用の背後には巽よりも明確に日本国家の国際的信用があった［齊藤、一九九五：二二三〜二二八]。森財務官を特徴づける言葉として国際金融官僚という概念が考えられる。森財務官は、国際金融官僚であり、国際金融官僚制度の人格的担い手であったのである。

震災外債発行を行おうとした当時の英国金融市場は、一般的には緊縮市場、欧州復興資金の涵養市場、不自由市場であり、日本にとっては八方ふさがりの「災厄市場」（カラミティ・マーケット）となっていた。米国の海外投資はきわめて立遅れており、米国の公衆は未だ外国投資に慣れておらず、カナダ、南米を除き、海外投資には冷淡だった。多額の外債発行を実現しなければならない森財務官の発行交渉は、海外の金融情勢に大きく規定されていた。森の交渉は厳しい事態に直面したのである。

しかも外債発行に大きな影響を及ぼす日本の国際的信用度が震災後に低下していた。震災外債発行が不可能なほど低くはないまでも、日本は外国の金融業者からきわめて厳しい条件を押付けられた。すなわち、震災外債発行交渉に際しては、日本の国際的信用の低さ、外国の金融機関の厳しさのために発行条件が日本に不利となり、表定利率は英国発行分が六分利、米国発行分が六分半利とされることとなり、また発行価格は英国発行分が一〇〇ポンドにつき八七半（八七ポンド一〇シリング）、米国発行分が一〇〇ドルにつき九二半（九二ドル五二セント）とされることとなったのである[佐上、一九七二・五・七・八]。森は「凡そ一国の海外市場に於ける信用は、其国力経済力の測定せられたる結果、市場に定められたる標準があります。如何に有能有力の人と雖も、其国の経済力を代表する一定の信用程度を超越したる仕事は、絶対に不可能であります」と述懐している[金融経済研究所、一九七三：二九三〜二九四]。

国際金融行政は国内行政と深く結びついており、国際金融行政官はいかに有能であろうとも、関係する国内金融行政官や大蔵大臣を説得できなければその政策を実行できなかった。このことは震災外債の成立経過から明らかとなる。一九二四年二月六日、森財務官は外債の発行条件を前記のように決定するよう、訓令を仰ぐ旨を勝田蔵相に打電した。しかし、一日たっても二日たっても本省からは、なんの応答もない。他方、起債の調印日時は刻々と迫ってくる。森の苦悩は大きかった。大蔵本省では青木得三国債課長はその発行条件が日本にとって不利であるとして、その発行に対して頑強に反対した。後年度に大きな負担を残すような高利の国債発行にどうしても青木は踏み切ることができなかったと思われる。森の愛弟子ともいうべき冨田勇太郎理財局長も森を支援しなかった。外債発行の成立は危機に陥った。最終的には勝田蔵相が森賢吾の求めた発行条件を呑むことを決断することによって、ようやく震災外債の発行が決定することとなったのである［佐上、一九七二・五：五五～五六］。

日本の国際的信用度の低さや外国金融機関の対応に対しては国内は無理解であり、新聞も批判するようになった。森の海外での功績は、国内では理解されなかったのである。二月一四日付朝刊で新聞各紙はいっせいに「国辱外債の成立」などといった見出しで、発行利回りが高い震災外債を国辱外債であると激しい批判攻撃を浴びせたのであった［佐上、一九七二・五：五六～五七］。

森という国際金融官僚は国内官僚ほどの評価を国内では受けず、森は長期にわたって一等官として多大の労苦を重ねても、大蔵次官や大蔵大臣にはなれなかった。森が一九二九年四月にヤング委員会を終えて帰国する時には、ロンドンの森の友人たちから、森は帰国すれば総理大臣になるだろうといわれていたが。森は二七年四月に貴族院議員となり、翌五月に財務官を辞任したが、森は官界からでなく財界からの推薦によって勅選議員になれたのであった。森賢吾は三〇年五月の東京商科大学における講演（金融研究会寄付講座）の中で、「諸君の御卒業後如何に就職難に遭遇せられても海外駐劄財務官と云ふ職だけは決して御選びにならぬ様茲に御忠告申し上げて置きます」とこぼしている［金融経済研究所、一九七三：二九四］。内地で働いていた後輩が勲一等をもらっているのに対して、森は三四年に死去するまで勲一等をもらえなかった。こうしたことから森は悲劇の財務官と呼ばれるのである。

財務官の仕事は外債発行にとどまるものではない。第一次大戦以降、一九三〇年代初めにかけて、国際的に重要な問題、とくに財政経済などの問題については国際会議によって処理しようという風潮が強くなり、数多くの国際会議が開催されるようになる。会議の形態も賠償関係国会議、経済専門家会議、広く世界各国が参加した会議、国際連盟が主催した会議と様々であった。森財務官は、賠償問題等に関する戦後処理に関する国際会議に参加した。また、財政金融・経済問題に関する各種の国際会議に列席した。森財務官は、これらの会議に、あるいは全権委員として、政府代表委員として、全権補佐役として、委員として、あるいは専門家として出席し、「国際会議の花形」として活躍し、大きな足跡を残したのであった［津島、一九六三：五八〜六六］。一九六四年に津島寿一は、日本政府の役人で、各種の主要な国際会議に出席した回数においては、森が記録保持者であろうと述べている［津島、一九六四：一一二］。

森が参加した重要な国際会議を年代順に掲げると左の通りである。国際会議と森の活動を津島の回顧録や『大蔵省史』に基づきながら述べてみよう［津島、一九六三：五八〜六六。津島、一九六四：六〇〜一六五、二八七〜三二三。大蔵省財政金融研究所財政史室編、一九九八ⓐ：五九一〜六〇六］。

①　一九一六年六月　パリ連合国政府経済会議　第一次大戦後にはドイツ賠償問題が国際的な議題となったが、賠償問題以外の議題も国際会議で取り上げられた。パリ連合国政府経済会議はこのような国際会議のさきがけとなったものであり、連合国の経済上の連帯を図るための会議であった。日本政府特派委員長は阪谷芳郎元蔵相であった。森も委員として会議に出席した。

②　一九一九年一〜六月　パリ平和会議　第一次大戦が終了し、パリで講和会議が開催された。講和会議全権団の随員として、森賢吾海外駐箚財務官をはじめ財務官事務所勤務の事務官が参加し、会議中に組織された委員会のうち、主として賠償委員会、財政委員会、経済委員会および財政・賠償両委員会、両委員会合同委員会に参加した。森は諸委員から熱い信頼を受けて、多くの知己の間で存分に活躍することができた。賠償委員会には森が

第一分科会、正金銀行の巽孝之丞が第二分科会、外務省の長岡春一が第三分科会に出席したが、長岡のフランス語よりも森・巽の金融の専門家としてのすぐれた技量を伴った語学能力が相手を傾聴させる力をも持ち、長岡は段々と出ていかなくなり、賠償問題の主管は外務省でなく大蔵省となっていった〔藤村、一九九二：三九〕。賠償問題については、条約で原則を規定しただけで、賠償の総額、各国への配分および支払い方法は、新たに賠償委員会を組織して決定することとなる。

③　一九二〇〜二二年　パリ賠償委員会（ロンドン海事委員会を含む）　平和条約の規定にもとづく賠償委員会が二〇年一月に成立した。委員に森財務官、副委員に関場偵次事務官が任命された。森は議長の下で重きをなした。賠償委員会では、各国の調整がつかず、結局、各国政府首脳による最高会議の決定を待つことになった。そのために、二〇年四月サン・レモ会議、同年六月ブーローニュ会議、同年七月ブラッセル会議、スパー会議が開催された。二一年パリ会議という、最高会議が開かれたが、連合国側の意見は一致しなかった。

④　一九二〇年四月　サン・レモ最高会議　最高会議は首相等が参加するもので、日本からも松井駐仏公使が参加したが、森は用務のため出席できなかった。

⑤　一九二〇年六月　ブーローニュ最高会議　この会議は賠償問題にとって重要なものであった。日本から珍田捨巳駐英大使とともに森財務官が出席した。

⑥　一九二〇年七月　ブラッセル最高会議　スパー会議の議題を協議するこの会議に森は珍田とともに参加した。

⑦　一九二〇年七月　スパー最高会議　この会議で懸案の賠償の分配率が決定された。この会議に森財務官は珍田大使とともに参加した。

⑧　一九二〇年九〜一〇月　ブラッセル国際財政会議　第一大戦後には、経済の破綻によって生じる社会的危機を救済するため、各国の経済的協力体制を固める必要が広く唱導されることとなった。ブラッセル国際財政会議

はこの種の会議である。日本政府は森財務官（主席代表）ほか二名を代表委員に任命した。森賢吾によれば、この会議では、委員は純粋の専門家として出席し、政府の政策を代表させられることなく自由に私見を披露することを許され、その智識の全幅の利益を会議に貢献するようとりはからわれた。また代表者は公私にわたって昵懇になり、それぞれの上司である大臣達の間に意見の相違があっても、友情の籠った言葉で語り合うようになった。森賢吾は正金銀行の巽孝之丞と共に、会議参加諸委員から非常に信頼されて、英国のカンリッフ卿やブラッドベリー卿、米国のラモントなど有力委員の私的会合にも招かれ、楽屋裏の活動にも参画し、もっともすぐれた国際スタッフとして日本の優位を印象づけ、専門家兼大臣格の実力を示した［藤村、一九九二：一九、二一七］。この会議では財政、通貨および為替、国際貿易、国際信用について審議され、健全財政主義、金本位制への復帰、通商の自由の漸次回復などが決議され、国際信用機関の組織について検討する専門委員会の設置が建議された。森は国際貿易委員会では決議報告の起草にも加わり、自らの文体をもった国際官僚としても活動した。

⑨　一九二一年一月　パリ最高会議　　この会議で賠償問題をドイツと直接交渉する具体案がまとまった。

⑩　一九二一年三月、四～五月　ロンドン最高会議（第一回、第二回）　第一次ロンドン会議の結果、賠償委員会は賠償総額を一三二〇億マルクと決定した。これに基づくドイツの賠償支払いは二一八月から開始されたが、ドイツはこの支払いが困難であって、その後も賠償をめぐって、国際会議が開催されている。

⑪　一九二二年四～五月　ジェノア国際経済会議　　この会議は欧州経済復興などを討議したものである。日本全権委員には、石井菊次郎駐仏大使・林権助駐英大使および森財務官が任命され、大蔵省・外務省・日銀・財界から全権団が出席した。この会議は財政、経済、交通に関する決議を行った。財政、経済に関する決議は、ヨーロッパの経済復興に関するあらゆる問題を包摂し、ブラッセル会議の内容を具体化したものであった。ブラッセル会議およびジェノア会議によって金本位制への復帰という世界の体制が定まった。日本は一七年九月に金輸出

を禁止した後、金輸出禁止を続けていたが、ジェノア会議によって日本は直ちに金本位制に復帰することを国際的に求められることとなった。

⑫ 一九二六年四～五月　ジュネーブ国際経済会議準備会議　ジュネーブ国際経済会議は国際間の経済問題を平和的に解決するための会議である。わが国は志立鉄次郎元興銀総裁などの代表専門委員を派遣した。二七年五月の本会議には大蔵省は参加しなかった。

⑬ 一九二九年二～六月　ヤング委員会（パリ）　この会議でドイツの賠償総額が三五八億一四〇〇万マルクと決定された。その額は二一年に決定された額よりも一千億マルク近く削減されたことになる。（しかし時を同じくして世界恐慌が発生することとなり、ドイツは再び賠償支払いに窮することとなる。）同委員会の委員は、民間の経済金融の専門家であることを要し、政府公人は委員となる資格がなかった。同委員会の日本委員には元財務官森賢吾らが任命されている。森の国際会議での花形ぶりはこの委員会で最高度にあらわれた。

このように経済復興のための国際協調が図られ、金本位制復帰や賠償問題などが議論された中にあって、森は国際的に高い評価を受けた。森の発言は列国代表から傾聴されたという。森は国際会議の花形的役割を演ずることができた。森が在世中に参加しなかった賠償・経済に関する重要な国際会議に後述のローザンヌ会議やロンドン国際経済会議があるが、これが開催されたのは森が退官した後のことである。森財務官は国際金融専門官僚であるとともに、国際経済官僚としても活躍したのである。日本においても国際的に通用する経済官僚が登場したのであり、財務官はこのような役割も果たしたのであった。(10)

森がこのような役割を演ずることができたのは、森に前述のような資質が備わっていたことによるとともに、第一次大戦以後に日本の国際的地位が向上したからであった。

日本は中国における既得権益を擁護しつつ米兵と協調的な経済外交を展開し、日本の国際的地位の向上を図り、森がこれに貢献した。ブラッセル財政会議では森は日本の貿易為替の自由主義国としての立場を強調し、各国にアピールしている。森は特にドイツ賠償問題の解決とそれに連動した国際通貨安定に寄与し、世界通貨安定の要としての国際決済銀行の創設（一九三〇年）に大きく貢献したのである。ヤング委員会では会議決裂の危機を救っている。

前述の国際金融官僚としての活動と国際経済官僚としての活動には密接な関係があった。財務官の国際金融官僚としての活動が国際経済官僚としての活動を可能にしたが、国際経済官僚としての活動が国際会議に出席した財務官と英米の国際金融家との相互信頼を醸成し、これが財務官の国際金融家との外債発行交渉に貢献したのである。たとえば、前述のように、森とラモントとがパリ平和会議における同僚としてお互いに敬愛する間柄になっていたから、モルガン商会がクーン・レーブ商会に発行団への参加を求め、万一クーン・レーブ商会が参加しない場合でもモルガンがこの起債を引き受けるという言質を森がラモントからとることができたのである［津島、一九六四：二〇九］。

だが第一次大戦後は国際的協調が図られる一方で、国家的対立が激しかった。第一次大戦後に成立したワシントン体制はやがて崩壊した。国際官僚集団と最高政治家達との葛藤もみられた。ドイツ賠償問題は容易に決着しなかった。森の国際経済官僚としての能力も、国際経済関係そのものを変えることはできなかったのである。

（3）　津島寿一の財務官就任

一九二七年、津島寿一国庫課長は黒田英雄大蔵次官から呼ばれ、青木一男秘書課長と二人で、高橋蔵相の意向だとして財務官就任を要請される。

津島は東京帝国大学法科大学で首位の成績を終始保っていた［津島、一九六八：三二〇］。この津島が、一二年七月に同大学を卒業して大蔵省属官として大蔵省に奉職した。秀才であり、東京帝国大学を卒業し、大蔵省に入省したことは津島が財務官となる一つの要素であったといえる。

津島は入省後、まず、大臣官房参事官室付として勤務した。参事官室とは今日でいえば文書課のようなもので、大臣、次官への回議書類は人事に関するものを除いて全部ここへ回付されて、ここで審議されることになっており、とくに法的審議に重きをおいたものであった。当時の参事官室は第二次大戦後の文書課よりも大仕掛けで、専任として勅任参次官（一人）、奏任参事官（一人）がいて、ほかに兼任参事官が数名もいるという陣容で、兼任参事官は大臣官房各局等の課長が大体一名くらい任命されていたから、一種の各局合同審議会のようなものであった。兼任参事官の補助者として大蔵属が配属され、これを参事官室付といった。津島はこの参事官室で一三年一月まで勤務した。短期間ではあったが、津島は大蔵省各部局の仕事を大体呑み込むことができたのであった［津島、一九六二：六八～六九］。津島は将来の大蔵省幹部として養成されていたといえる。

津島は若くして桂首相の女婿であった長島隆二理財局長心得から嘱目されており、長島に呼ばれて一九一三年一月から理財局国庫課調査掛に勤務するようになった。財務官との連絡を担当する理財局に配属された津島は、後に海外出張に出かけるまでの一年三カ月間を、得がたい修練教養の期間として過ごした。全力を傾けて外国の事情調査、翻訳等に専心した。英米独仏等の幾十の雑誌新聞に目を通し、退庁後は下宿でもこれらを閲覧しかつ翻訳するなど、昼夜兼行の勤勉ぶりを発揮した。こうして津島は語学力を向上させ、海外事情に通ずることとなったのである［津島、一九六二：六八～七一］。こうして津島は将来財務官となる基礎能力を養なったのである。

入省したばかりの若い属官が大臣室に出入りする機会などめったにないはずであった。だが津島は、一九一三年二月に成立した山本内閣の高橋是清蔵相からの依頼を同年三月初めに受け、多忙な高橋のために、高橋への外国人からの手紙の整理役（また必要に応じて概要を翻訳）を本務のかたわら務めることとなった。こうして津島は大蔵省のトップで国際金融に通じた高橋と親しく接することができたのである。津島は強力な人脈を得たのであった。また翻訳力などを磨いたのであった［津島、一九六二：七二～七三］。

津島は一四年五月、欧州各国への出張を命ぜられ、七月に東京を出発、満州、ペテルブルグ、ドイツ、ベルリンを経てロンドンに到着する。同月二八日に第一次世界大戦が勃発すると、フランス、イタリア等に出張して戦時経済を勉強し、そののちロンドンの森財務官の下で働き、一六年一月に帰国したのであった。こうして津島は貴重な海外経験を積んだのである。

津島は一七年九月に大蔵書記官となり、一八年六月から二四年一二月まで大蔵省参事官を兼任する。二〇年五月から二四年五月までは理財局臨時調査課長も勤めている。寺内内閣が一八年九月に辞表を提出し、同月、後継内閣の首班に政友会総裁の原敬が就任し、ここに初めて政党内閣が成立する。高橋が原内閣の大蔵大臣に就任した。この時には、すでに津島は大蔵書記官となっており、大蔵省参事官、臨時調査局課長などを兼務していたのであるから、省務の上においても直接高橋の指導を受ける地位にあり、大臣の演説や講演の起草などを命ぜられた。それ以外に外国人との往復書信の整理事務なども命じられた。二〇年八月から二二年六月にかけて津島は高橋蔵相秘書官を兼任する。こうして津島は政界の大物の高橋といっそう密接な地位となり、直接の指導を受けることとなったのである。津島はその後も一九二三年九月まで大蔵大臣秘書官を兼務している。

一九二三年一〇月から二四年六月にかけて、津島は欧米各国に出張して、森賢吾財務官を補佐して外債発行業務に従事し、外債発行の経験を積んだ。また英、米金融業者に知己を得たのである。震災外債の発行に際しての森とモルガン商会のラモントとの交渉には津島がつねに参与しただけでなく、大綱の協調ができた後のモルガン商会の専門家との協議は常に津島がその折衝にあたった。この津島の有能性が震災外債の成立に寄与したが、また津島は米国や英国の外債発行関係者から称賛を受けた。津島は欧米の金融業者から信頼を得たのである［津島、一九六四：二三〇～二三二］。二四年一月から二七年五月にかけて、津島は理財局国庫課長を兼務している。また二五年一〇月から二六年八月にかけて、支那関税特別会議帝国代表随員となっている。こうして津島は国際金融家にふさわしい能力を身につけるようになったのである。

一九二七年の金融恐慌後に森賢吾財務官が辞表を高橋是清蔵相に提出した。高橋は大蔵省の序列にとらわれず、能力のある者を抜擢して後任の財務官を決めるべきであると考えた。高橋の意中の人物は津島寿一であった。高橋大蔵大臣の意向を受けた黒田大蔵次官と青木秘書課長は津島を後任の財務官となるよう説得した。津島はいったん財務官就任を辞退した。これは財務官の仕事の重大かつ困難なことを熟知し、微力到底その任でないということを痛感していたからでもあるが、また省内の人事行政という見地からもこれを受諾し得ないと思われたからでもある。

当時、大蔵省には有能な多数の先輩が、まだ課長、事務官として奏任の地位にあった。一九〇九年卒業の人々はまだ勅任官になっていなかった。先任者が奏任官級で、勅任官の有資格者は三〇数名もいた。それを飛び越して、津島が一躍財務官になるということは人事行政上とるべきではないと津島は考えた。海外駐箚財務官の地位は、次官なみの一等官であり、給与も同様であった。津島は大蔵省内の序列を考慮せざるをえなかったのである。だがそれが外国に通用するものではないと高橋は考えたのであろう。高橋は、「まだ勅任官に早いというが、年齢とか、地位とかいうものに拘泥すべきでない。自分は津島が財務官の最適任者と信ずるのだから文句を聞くわけには行かぬ」と黒田次官に告げた。津島と同じ香川出身の三土忠造文部大臣も津島を説得した。

そこで津島は森賢吾の支援を請いつつ、財務官任命を受諾することとなるのである。同時に、津島は財務官が一等官、一級俸給一本の官であるのを格下げの待遇も設けるよう要望した。五月二四日の閣議で財務官官制が改正されて財務官は、一等官、二等官とされ、俸給令も改正された。こうして森賢吾の後任として、津島が二七年五月に海外駐箚財務官に任命されるのである。大蔵省抜擢人事が実現したのである［津島、一九六二：一八六〜一九〇］。昇進の遅い大蔵省としては、破格の出世のスピードであった［芳塘刊行会編、一九七二：八七］。三九才という若さで財務官に就任した津島は、「ヤング・ツシマ」としてその令名を内外に謂われるようになる［津島、一九六八：二九九、三一二、三一三、三三二］。

津島が財務官になることを躊躇し、財務官就任にあたっても待遇の引き下げまでも願い出たことに見られるように、大蔵省内の人事では、大正から昭和の政党政治の時代にも、入省時の成績と能力と年次が基本となり、年次の上の人が抜けていかなければポストに就けないルールができていた。だが第二次大戦前において専門官僚を必要とする国際金融政策の分野においては、高橋是清という実力者の存在もあり、一九一一年から三三年ころまでは、適材適所、能力主義の抜擢人事が実施されていたのである。国際的に通用する専門官僚が求められた財務官の簡抜においては政党の関与する余地はほとんどなかった。大蔵省は内務省と違って官僚に政党色がなく、このことは津島財務官も同じであった。津島は三四年二月まで海外駐箚財務官を務めている。

（4）津島寿一財務官の活動

津島は森財務官を補佐して震災外債の発行に貢献したが、財務官になってからも外債発行募集交渉を行っている。その実績は次のとおりである。一九二八年には米国銀行団と交渉し、ニューヨークにおける東洋拓殖会社の一〇〇〇万ドルの外債発行を行った。また、東京電燈社債の発行交渉に参加し、ニューヨークにおいて七〇〇〇万ドル、ロンドンにおいて四五〇万ポンドの社債を発行した。また金本位制への復帰のため、二九年一一月、米国および英国の銀行団と通貨安定クレジット（ニューヨーク二五〇〇万ドル、ロンドン五〇〇万ポンド）を設定した。このクレジット契約が財務官の重要業務であったからこれについて立ち入って述べておこう。

一九二九年五月四日に津島は金解禁を準備しようとする三土蔵相から帰国命令を受け、さらに同月一六日に冨田理財局長からクレジット方式の調査命令を受けた。津島はパリにおけるヤング委員会の仕事の目鼻がつくころをみはからって、六月一日にロンドンを出発し、米国を経由して七月五日に帰国することとなる。津島は帰国に際して各国の金融の専門家と会い、金解禁、クレジット、第二回四分利外債借換等の問題について懇談した〔昭和大蔵省外史刊行会、一九六七：二八二〜二八三〕。津島が帰国する直前の二九年七月二日に浜口雄幸内閣が誕生し、大蔵大臣には井上準之助が就任する。同内閣は金解禁への強い意思を表明し、その準備を積極的に実行するに至る。井上蔵相は緊縮財政を実施するとともに、金解禁準備のために、津島財務官に対して、英米の国際資本から、日本に対するクレジット（信用供与）の約束を取り付けるよう命令する。クレジット契約は、万一の場合、各国が協力して資金を供給する用意あることを約束することにより、経済に安心感を与え、金本位制の破綻を防止しようとするものである。津島は一一月四日からこの交渉を開始した。津島はニューヨークで直接クレジット設定の交渉を担当した。井上は当初金解禁は三〇年早春に省令を公布すると同時に実施する、クレジットの設定も同日である、と津島に伝えていた。だが井上は金解禁を実行するのであれば早い方がよいと方針を変更し、一一月中に金解禁の大蔵省令を公布することとし（金解禁に関する大蔵省令は一一月二一日公布、三〇年一月一一日施行）、津島に電報をもってクレジットの交渉、設定を急がせた。大蔵官僚としての津島はこの命令に従い、モルガン商会を中心とするウォール街の金融業者との交渉を急いだのである。

津島は英国へ渡る間がなく、英国の銀行団とは、在英の湯本大蔵事務官などと連絡をとりつつ、ニューヨークから電報電話で米国での交渉と同時に交渉した。米国で株価が暴落し（一〇月二四日）、財界が不安となっている中、交渉はなかなか進捗しなかったが、ついに契約を成立させた（調印は一一月二〇日、発表は二一日）。契約内容は総額一億円を日本に信用供与することを約束するというもので、米国ウォール街と英国のロンドン・シティーの銀行団が折半する（米国側二五〇〇万ドル、英国側五〇〇万ポンド）形をとっている。契約当事者は日本側が横浜正金銀行（政府・日銀が支払いを保証)、米国側がモルガン商会、クーン・レーブ商会、ナショナル・シティー銀行、ファースト・ナショナル銀行、英国側がウェストミンスター銀行を初めとする五大銀行、ロスチャイルド商会、香港上海銀行などであった。契約期間は金解禁省令公布の日より一年間とされた。日銀が直接契約を結べなかったため、契約は形式上が横浜正金銀行、実質は日銀、交渉は政府主導という形で行われた［NHK〝ドキュメント昭和〟取材班編、一九八六：九六～一五〇］。かくして津島は金解禁準備に決定的に重要な役割を果したのであった。

一九三〇年五月、津島はニューヨークにおける五分半利ドル公債（七一〇〇万ドル)、ロンドンにおける五分半利ポンド公債（一二五〇万ポンド）の発行を行った。この公債発行は、〇五年に英米市場で発行した第二回四分利外債二五〇〇万ポンド（三一年一月満期、現在額二三〇〇万ポンド）を借替えるためのものである。これは、英米銀行団首脳も日本政府も、金解禁の実施によって日本の為替相場を安定した後に実現すべきであると考え、またロンドン軍縮会議（三〇年一月開会）で四月中旬に日英米三国間に妥協案の基本が確定した後に津島が英米両国の銀行団と折衝を始めて契約調印を見るに至ったものである（津島寿一「金解禁実施日の思い出」昭和大蔵省外史刊行会、一九六七年、付録所収)。

そのほか政府の保証公債に関する交渉および発行も実施している。

津島財務官も森と同じく国際金融家として活動したのであり、国際金融の分野で大きな成果をあげたのである。金解禁はクレジットの締結を前提として実施されたものであり、我が国の金本位制への復帰において津島が果たした役割はきわめて大きい。元日本銀行総裁・大蔵大臣の一万田尚登は津島を次のように評している。

明治時代から昭和時代の最近に至る迄、我国の国運の伸長或は敗戦後の経済復興そして今日世界的の産業大国となる迄外資の導入が如何に多く貢献したかは申す迄もないことである。これが衝に当る人は欧米金融業者の絶大なる信用と尊敬をかち得る人でなくてはならぬ、こういう意味に於て私は其の著名の人として高橋是清翁、井上準之助翁、深井英吾翁、森賢吾さんを挙げるに躊躇しませんが、それに津島寿一さんを加えねばならぬと思う。津島さんはこのことについて高橋翁の前に高橋翁なく森さんの後に森さんなしと謙遜されて居られるが、私は森さんの後に津島さんありと申し度いのです［芳塘刊行会編、一九七二：三八］。

このことは津島の能力に負うところが大きい。

それはまた、モルガン商会のラモントの、金解禁政策を推進した国際金融家としての井上準之助に対する信頼が背景としてあったからである［NHK〝ドキュメント昭和〟取材班編、一九八六：三五、一二九〜一三〇］。

津島が国際経済、我が国経済の難局時代にともかくも大過なく課題を処理できたのは、高橋や森といった先輩達の支援があったからでもある。津島はとくに高橋是清の海外における友人から便宜を受けており、津島は海外の人的ネットワークに入っていけたのである［津島、一九六二：一九〇〜一九一］。

また、それは、津島を補佐した財務官事務所の書記官、財務書記の努力の賜物である。権限を有する高級官僚は、優秀な部下を用いて成果を得ることができた。津島が財務官をしていた時にロンドン、パリ、ニューヨークの各財務官事務所で同僚として働いていた大蔵官僚の名前については津島の回顧録を参照されたい［津島、一九六二：一九〇、一九四］。なお財務官以外にさまざまの大蔵官僚が海外に派遣されて、外務省に身分を移して大使館に勤務して（外交一元化）、国際業務を幅広く行うようになるのは戦後のことである。

津島の活動の成果は日銀、正金銀行の協力によるものでもある。と同時に満州事変以前の我が国の国際的信用が大であったということが、それに堅固な基盤を与えていたのである。

金解禁準備のために津島が一九二九年五〜六月に英米の中央銀行や銀行家と意見を交換した際には、津島は新平価解禁が我が国経済にとって打撃が少なく適当であると伝えられた［安藤、一九七二：六三］。また津島はモルガン商会のラモントから新平価解禁を求められた［伊藤、一九八九：一三六］、英米のフィナンシャー（財政金融専門家）の新平価解禁論に津島も同調した［安藤、一九七二：六三］。昭和大蔵省外史刊行会、一九六七：三三二］。だが浜口内閣はこのような方策を採用せず、旧平価解禁を断行して、強力なデフレーション政策をとって財政経済の整理調整を図る方針を採用した。そのような方針が既成事実となった以上、津島は「政府の役人」であったから、自分の考えをおさえて、政府の方針に即応して金解禁準備のためのクレジット契約締結交渉を行ったのである［安藤、一九七二：六三］。津島が、一一月にニューヨークに戻った時にはモルガン商会の首脳者達に日本政府が旧平価解禁の方針で金解禁準備を進めていることを語り、当然、「それでは話が違うではないか」という反論を受けたが、津島は自らの新解禁構想をその腹中におしこめ、日本政府の解禁方針とそれに対する準備交錯について説明したのであった［昭和大蔵省外史・上、一九六七：二八三～二八四、三三一～三三三］。まさに津島はたんなる国際金融家、フィナンシャーとしてでなく、国際金融官僚をして行動したのである。

だが財務官の活動は社会によって規定されており、財務官の力には限界があった。大正時代末期になり、日本の対中国政策に対して英国が消極的な態度に傾き、昭和に入ると、津島が満鉄社債の新規発行について努力しても、成立間際になって英国政府側から反対が出て、実現することできなかった。また一九二三年と二八年の満鉄外債の米国における発行が、日本の中国進出を助けるものであるから好ましくないという米国政府の意向で失敗している。国際外交という歴史の波が国際金融政策に大きな変動を与えたのである［津島、一九六四：三四三］。

また、津島はさまざまな国際会議（財政金融・経済問題に関する会議）に出席している。満州事変以前に津島が参加した国際会議は次のとおりである［津島、一九六八：三四三～三四四］。

①　一九二五年一〇月～二六年八月　支那関税特別会議（帝国代表随員）
②　二七～三一年　国際連盟財務委員会（委員）
③　二八～三〇年　同経済諮問委員会（委員）

④　一九二七～三〇年　パリ賠償委員会（日本代表）
⑤　一九二七年一〇月、一一月、および一九二八年二月　輸出入禁止及び制限撤廃に関する国際会議（日本代表）（ジュネーブにおいて）
⑥　一九二九年二月～六月　パリにおけるヤング委員会（日本側専門家顧問）
⑦　三〇年　ロンドン海軍軍縮会議（財政関係随員）

津島も森賢吾と同じく国際経済再建をめざす国際協調の枠組み作りに加わった。世界一流の政財界人を相手に日本の立場を主張し日本の国益を守ろうとした。四〇歳前後の「ヤング・ツシマ」は、第一次世界大戦後における賠償会議などの国際会議の花形として縦横に活躍したのであった［津島、一九六八：三一二］。津島は国際金融官僚として活動するとともに、国際経済官僚としても活動したのである。

ワシントン体制のもとでの日本と米英との協調が日本の国際的信用を維持させて日本の外債募集を可能にした一要因となった［齊藤、一九九三：一二：二七～三三］。

だが一方で、後年津島は次のように述懐している［津島、一九五五：一三二～一三三］。

（戦間期には）各国の政治家が、大局に着眼せず、個々の国際交渉、自国の立場を主とした国際問題の処理の処理に専念した結果、ついに破局に導いてしまった……いいかえれば世界政治の指導的な地位にあった政治家諸公が、自国を守るの熱意はあったが、世界を守るの聡明さと英断と勇気とを欠い（ていたのである）…第一次大戦後の賠償問題の取扱い（がその）適例である…第一次大戦の集結として平和の回復を主眼とすべきヴェルサイユ条約（は）ドイツを無力化するため苛酷な条件を決定し、懲罰的の賠償を課した結果が、実行の不能に陥り、ドイツ国民…（の）民族的反抗心を燃えたゝせた…こういった客観情勢を透視する聡明さを欠き、早めにこれを減額し又は処理することを躊躇し、紛争に紛争を重ね、遂にヒットラーのごとき独裁政治家がドイツを支配し、平和の全面的崩壊を導くという…結果を招いたのである…ヤング案によって賠償総額が一挙に千三百二十億マルクから三百六十億マルクに削減したことは、フランスその他の大譲歩に…違いはなかろうが、…ドイツの国情から（いって）、この額でも、（ドイツが支払いを）実行（すること）が無理であるということは大体想像できたことである、にもかかわらず、フランスその他二、三の国の政治家が世論に引きずられて、中途半端な決定を敢えてするにいたったのである。

津島の国際舞台での活躍にもかかわらず、財務官の活動はこういった問題、制約をまぬかれなかったのである。

三　財務官制度後退期の人事と政策

（1）　金輸出再禁止

一九三一年一二月に犬養内閣が成立し、大蔵大臣には高橋是清が就任した。金流出、満州事変勃発、英国をはじめ欧州諸国の金本位離脱などを背景として、井上準之助が採った金解禁政策を高橋是清は同月に否定した。この結果、ニューヨークで政府の訓令により金解禁維持方針を説いていた津島は、同じ方面に向って金輸出再禁止の必要性を説かなければならなくなった。津島は、困惑と苦衷を感じざるをえず、辞意すら高橋蔵相に伝達したのである。高橋は津島を慰留する電報を発するとともに、津島に配慮し、ロンドンに渡るよう訓令した。津島はこれに従った。［津島、一九六二：二〇九］。ここに政策転換に際して矛盾を感じつつも同じポストにとどまり、新たな大蔵大臣に従う大蔵官僚の行動様式をみることができる。

（2） 財政金融・経済国際会議への参加

ドイツの賠償支払いは困難であり、賠償問題は依然として未解決であった。この解決のために一九三二年六月から七月にかけてローザンヌ会議が開催された。津島財務官はローザンヌ国際経済会議に日本代表として参加した。また代表団員中には大蔵省からは財務官事務所勤務者が参加している。ローザンヌ会議でドイツ賠償金は一挙に三〇億マルクに減額された。この会議によって賠償問題に終止符が打たれた。だがそれは遅すぎた、と津島は回想している［津島、一九五五：二三四］

二九年秋のアメリカの株式恐慌に端を発した世界恐慌は、金本位制の世界的離脱状態と各国の関税引上げ、輸入制限、為替管理などの自国経済優先の傾向をもたらし、三二年七月に開かれたオタワ英帝国会議はブロック経済化への道を踏み出した。こういう情勢のなかで、国際的な協力体制によって世界的不況、恐慌を打開し、国際経済の正常な機能を回復させようとの願いが高まった。ローザンヌ会議は七月に、国際経済の正常な機能を復活させるための国際会議を招集するよう国際連盟に要請した。国際連盟理事会は同月、連盟主催のもとに国際通貨経済会議を開催することを受諾し、この会議の準備と議題の予備的審議を行うための専門家準備委員会を組織している。

こうしてジュネーブで一九三二年一〇月～一一月および三三年一月の二回にわたって準備委員会が開催された。委員会は、英国、フランス、ドイツ、イタリー、ベルギー、日本の各政府委員二名、国際決済銀行の指名委員二名、国際連盟委員六名等により構成されていた。日本からは津島財務官が河合博之特命全権公使とともに参加した。津島はこの準備委員会における議論の内容を河合とともに報告書としてまとめている［河合・津島、一九三二、一九三三］。同委員会での議論の焦点は金本位復帰問題と関税引下げであった。日本側は当面金本位への復帰は困難であると考えていた。国益を守る立場に立つ日本代表委員の津島はこれを主張し、批判を受けながらもこの意見を変更しなかった。

いよいよ一九三三年六月、ロンドンにおいて国際通貨経済会議が開催され、参加国は六六カ国におよび、日本では代表として石井菊次郎枢密顧問官、松平恒雄駐英大使、深井英五日銀副総裁が任命された。大蔵省からは津島海外駐箚財務官が専門委員、日本代表代理として出席した。この会議は関税競争のような経済戦争を、国際協力によって抑制するだけでなく、国際通貨制度を安定させて景気回復を図ることも期待された。この会議は第一次大戦後最大の会議であった。だが各国の利害対立は激しく、会議は失敗に終わった。この会議にあらわれた傾向は、①金本位制から管理通貨制への移行、②自由貿易から管理貿易への移行、③多国間協議から二国間協議への移行であった［伊藤正直、一九八七：三。同、一九九一：一三八。大蔵省財政金融研究所財政史室編、一九九八ⓐ：六〇五〜六〇六］。(11)

パリ講和会議以後、経済的国際協力のための国際会議は、この会議で終幕となる。以後列国は否応なしに自国本位の恐慌対策をとり、経済のブロック化、関税競争が激化することとなった。こうして世界は第二次世界大戦へ突入することとなるのである。

（3）　津島退任後の人事と政策

津島退任後の海外駐箚財務官人事

一九三四年に津島は理財局長に転任する。後任の財務官は前任の理財局長で、津島より四年も先輩の冨田勇太郎であった。津島はこのような人事政策に異論を唱えたが、大蔵省には受け入れられなかった。財務官の方が理財局長よりも月給が高かったため、津島は減俸を承諾させられる［津島、一九六二：二一八］。抜擢人事は中断された。入省年次を重んじるという大蔵省の保守的人事政策の基本方針は依然として変わっていなかったのである。

満州事変ころから官僚の世界では親軍的な新官僚が台頭し、その後、新々官僚、さらには革新官僚が台頭するが、元来、海外駐箚財務官は国際協調路線を推進してきたのであって、満州事変以後にも海外駐箚財務官にはとくにこのような傾向はみられない。英仏駐在財務官となった冨田は一九三四年二月から三六年一一月までこの地位にあった。冨田勇太郎は財務官との連絡を国内で担当する理財局に長く勤務していた。すなわち、一六年に大蔵省理財局国債課長、一八年一〇月に同国庫課長となり、二四年一月から三四年の一〇年にわたって理財局長を勤める。このような経歴から財務官に選ばれたのである。

だが理財局は国内の国家資金を重要業務として取り扱っており、理財局勤務を長く続けたことが国際金融の専門家となることにはならない。冨田は理財局長のころ（一九三三年二月）には外国為替管理法案審議に当って満州国中央銀行の位置づけや金円対銀円の問題を捌いた体験を持っており、満州、中国の幣制に通じており、後述のように英国のリース・ロスに情報提供を行っている。だが、当時の銀問題の日本における最高権威者は、横浜正金銀行に入行後、一八九四年から一九一九年までの二五年の長期にわたり、ボンベイ、上海ともっぱら銀為替地域で勤務した児玉謙次であった［藤村、一九九二：二四三。八木、一九八八：二四、三〇］。（児玉は一九二二年三月から三六年九月まで正金銀行頭取を勤めている）。

冨田の後を継いで荒川昌二が三六年一一月から四〇年三月まで英仏駐在財務官となる。荒川は国際金融専門官僚でなく、さまざまなポストを歴任したのち、三六年三月に外国為替管理部長となる。この関係から財務官に選ばれた。冨田や荒川のころには海外で財務官に大きな仕事がなく、国際金融専門官僚の必要性が減退していたのであろう。

四〇年五月から同年一二月までは湯本武雄が英仏駐在財務官となる。湯本は国際金融関係部署を歴任しており、この意味では国際金融の専門家といえる。だが英仏駐在財務官としての在任期間は短い。湯本が四〇年一二月に独伊駐在財務官に転出した後の英仏駐在財務官は空席となっている。これは三七年に勃発した日中戦争の拡大にともなう日英関係の悪化、途絶のためであろう。

米国駐在財務官に関しては一九三八年一月、勅令第二号で再度米国駐在の専任財務官を置き得ることとなったが、実際は三九年四月まで英仏駐劄財務官が兼任した。三九年四月に西山勉が米国駐在財務官となり、四三年三月までこのポストにあった。西山勉は横浜正金銀行取締役兼大阪支店支配人からこの地位に移っている。大蔵官僚以外から採用という、このような人事は異例の人事である。西山は正金銀行為替課長、ニューヨーク支店支配人、大阪支店支配人、取締役を勤めた国際金融の専門家である。「国家非常時に際し全く当局の懇望に」より西山取締役が駐米財務官に転出したのである［東京銀行、一九八〇：三八八］。大蔵省は、日英関係の悪化のもとで、アメリカとの関係を重視しこのような人事を行ったのであろう。なお西山は日米開戦後、四二年八月に、アメリカに抑留中の横浜正金銀行の行員が日米交換船で帰国した時に帰国している［東京銀行、一九八四：一四〇］。同年五月に満州中央銀行総裁に就任している。西山の後任の米国駐劄財務官は存在しない。

一九三八年一月には勅令第二号で中国駐在財務官が再び復活した。大野龍太（三八年一～六月）、湯本武雄（三八年六～四〇年五月）、木内四郎（四〇年五～四一年七月）、小原正樹（四一年七～四三年三月）がそのポストに就任している。小原の後任の中国駐在財務官はいない。

四〇年一二月には勅令第八三〇号で海外駐劄財務官を同盟国独伊に駐在させることが定められた。湯本武雄（四〇年一二～四五年一〇月）がこの任に就いている。湯本は財務官として各地に派遣されたわけである。

津島退任後の海外駐劄財務官の活動

満州事変以後は外債発行が困難となる。外資導入は一九三一年七月の台湾電力ドル債募集を最後にほぼ消滅した。三〇年代における外債発行は、三三年、満鉄英貨社債四〇万ポンドの借換発行一件だけである。三三年のロンドン国際経済会議がほとんどなんの成果も上げえないまま幕を閉じた後は、国際協調のための国際会議は開かれず、世界経済はブロック経済への道を歩むこととなる。外資導入と多国間国際会議への参加という海外駐箚財務官の活躍の舞台は失われる。津島の財務官退任後には海外駐箚財務官は特筆すべき役割を果たさなくなる。

冨田勇太郎財務官の活動で明らかとなる事実は次のようなことである。一九三五年九月に英国政府主席財政顧問リース・ロスが中国幣制改革のための日英提携について協議するために来日する。だがこれ以前に、リース・ロスが、ロンドンで、冨田財務官や宗像久敬日銀ロンドン代理店監督役、加納久朗正金銀行ロンドン支店長らと会って、中国の幣制改革についての日本側の見解をきいて日本に赴く前の準備をしており、冨田がリース・ロスへの情報提供の一翼を担ったのである。冨田財務官らのリース・ロスへの中国情報の説明内容は津島寿一大蔵次官への書簡や加納支店長の正金頭取席あての報告に記されている。冨田ら在ロンドン日本関係者の見解は、中国全土における幣制統一は困難とするものであった［藤村、一九九二：二三八〜二四三］。八木、一九八八：二三一〜二四］。したがって三五年一一月に実施された中国幣制改革（リース・ロスの幣制改革）には冨田らの情報は影響を与えていないのである。またロンドンでのこの会見に際しては加納久朗の覚書と児玉謙次の覚書がリース＝ロスに渡されており、これをみても中国の貨幣制度の権威者は冨田財務官よりもむしろ正金銀行関係者であったといえよう［八木、一九八八：二三一〜二四、三〇］。

米国の一九三四年証券取引法にもとづき日本が米貨邦債の登録をニューヨーク株式取引所に申請することとなると、三六年二月に冨田財務官が日本政府から委任を受けて本邦米貨国債および政府保証債をニューヨーク株式取引所に登録している。(12) 英仏駐在財務官が兼務先の米国にいない時には、駐米財務官事務所大蔵事務官が実務を代行していた。たとえば、三七年に宇川春景が自らの名前を用いて、日本から米国に金を現送したことや、日本の為替相場政策に関する秘密情報を財務省やニューヨーク連邦準備銀行に伝えている。(13) こうした活動は日本と米国との信頼関係の維持に一定の役割を果たしたといえよう。だが、こうした活動が日本の政策立案やその執行に大きな影響を及ぼしたとはいえないであろう。

荒川、湯本、西山らの活動を示す資料は国内では現在のところ見あたらない。そこで米国公文書館保有資料を見ることとしよう。同資料によれば、荒川は英国その他のヨーロッパの実情を理財局に通信し、行政の参考に供している。たとえば荒川は一九三七年六月一日付の「雑感（其の三）」において、シティの知日家の言として、「日英関係は数年来悪化し、日独協定発表の頃どん底に陥りたるも、爾来好転し来れり。元来cityの人の大部分は日本の経済的実力に信任を失はず、唯満州事件以来日本がなにをするや判らずNervousとなりたるのみ」と報告している［大蔵省理財局、一九三七］。専任の駐米財務官が存在する時は財務官が、すなわち西山が、米国への金現送の実施などに関する情報を米国の財務省などに伝え、日米経済関係の円滑化を図っている。日中戦争後日英関係が悪化し、日英経済関係が制限される。このような情勢下で西山財務官は重要化した日米経済関係の維持に努めたのではないかと思われる。だが、右の情報提供以外にはその活動内容は明らかでない。

日米関係が険悪化すると、資産凍結問題が浮上する［平、一九九五：一六一〜一六九］。西山財務官はこの問題の処理に奔走したであろうと推察される。残された資料によれば、西山財務官は在米外国資産の凍結などの情報を大蔵省に伝えるとともに(14)、横浜正金銀行ニューヨーク支店が保管している日本政府（預金部および金資金勘定所有）公社債を、同行サンフランシスコ支店を通じて同行横浜本店に発送するよう指図している(15)。だがこのような活動も一時的なものに止まる。

太平洋戦争期には日本と英米との経済関係は途絶する。財務官の活動は英米以外で行わることになるが、その活動を示す資料はほとんど無い。

満州事変以降はまず外債募集の途絶によって戦前の財務官の中心的活動であった外債発行交渉が不要となり、次いでロンドン国際経済会議の崩壊以降は財務官が活躍してきたもうひとつの分野である多国間の国際会議への参加が不用となり、太平洋戦争期には英米には財務官が存在しなくなっていき、こうして海外駐劄財務官の活動は段階を追って後退を遂げ、ついには、一九四六年二月に海外駐劄財務官制度は廃止されるに至るのである。

おわりに

本章では第一に、海外駐劄財務官制度の成立、展開、後退の過程という、海外駐劄財務官制度の全過程を考察した。すなわち、海外駐劄財務官の前身が帝国特派財政委員であり、一九一〇年に勅令により海外駐劄財務官制度が設けられたこと、第一次大戦以後は海外駐劄財務官制度の拡充と整理がみられながら、海外駐劄財務官が大きな役割を果たしたこと、満州事変後の外債発行の停止、ロンドン国際通貨経済会議の失敗、第二次大戦の勃発にともなう英米との経済・外交関係の途絶により海外駐劄財務官の活動の舞台が失われていき、ついに海外駐劄財務官制度が廃止されるに至ったことを明らかにした。

第二に、駐劄財務官として望ましい資質としてどのようなものが考えられていたかを明らかにし、大蔵省の保守的人事政策の中でも、森賢吾や津島寿一のような人物を海外駐劄財務官として同省が養成し、選抜していったことを詳しく論じ、制度と人物の両面を述べた。

第三に、かれらのような海外駐劄財務官が、外債募集や第一次大戦期の連合国への対外投資のための交渉に従事し、国際金融官僚として活躍したこと、さらには国際会議への参加などを通じて国際経済官僚としても活動したということを明らかにした。すでに戦前において国際金融・国際経済官僚の活動がみられたのである。また本章では財務官の活動には日本の国際信用度や国際経済関係を大きく変えることができないという限界もあったということを論じた。こうした考察によって戦前の国際金融官僚の全体像を明らかにするよう努めたのである。

【注】

（1）　外債発行の研究史については委託研究報告No.5（5）『日本銀行制度・政策史』日本銀行金融研究所、一九九三年、五五～五六、六三～六四、六七～六八、七二～七四、七八、一三三～一三四ページを参照されたい。同書の増補版は東京大学出版会から刊行予定。また神山恒雄『明治経済政策史の研究』塙書房、一九九五年、第4章、第5章。Toshio Suzuki, *Japanese Government Loan Issues on the London Capital Market 1870－1913* (London, 1994) も参照。

（2）　これまでに国際金融官僚としての海外駐箚財務官に関する注目すべき研究がないわけではない。だが高橋是清に関する研究は財務官に関係するとはいえ、財務官そのものの研究ではない。三谷［一九七四］は国際金融家の登場を明らかにしているが、それは国際金融家の一員として財務官に言及するにとどまる。藤村［一九九二ⓐ、ⓑ］は海外駐箚財務官そのものに関する研究であり、第一次資料を発掘した注目すべき研究であるが、高橋是清英文日記やリース・ロス卿などについて多くのページが割かれ、財務官制度の推移、津島財務官、財務官の人事、政策の考察が不十分である。佐上［一九七二・五・七・八］は森財務官についての研究にとどまる。ＮＨＫ〝ドキュメント昭和〟取材班［一九八六］は津島財務官について述べているが、考察の中心は井上準之助と金解禁についてである。

（3）　三谷太一郎氏は、日露戦争を契機とする量的および質的な外債依存の増大が、その過程において、またその結果として、高橋をはじめとする専門家としての国際金融家を登場させることとなった、高橋が最初の国際金融家であった、高橋は国際金融家となるにふさわしい個人的要素、すなわち、国際体験、国際的社交能力、経済専門智識を有していた、と述べている［三谷、一九七四：一二四～一三〇］。だが海外の金融業者を相手として交渉した専門的国際金融業者としては高橋よりも前に正金銀行の中井芳楠がいる［玉置、一九九〇：七〇～七四、齊藤、一九九一：五五、六八］。高橋は国際社会で絶大な信用を得た国際金融家の日本最初の人と限定する必要がある。また高橋はその後中央銀行家、財政家、政治家と多面的な活動をしているから、国際金融家というのは高橋の一側面を表わすにすぎない。

（4）松尾家旧蔵「高橋是清副総裁からの書簡」（海外からの一九〇七年一一月一九日付書簡）。これは松尾臣善日本銀行総裁に送付して西園寺公望および阪谷芳郎に伝達するよう依頼した、西園寺総理大臣・阪谷大蔵宛報告書である。この複書の松方・井上両伯爵への提出をも高橋は松尾に依頼している（「高橋是清副総裁からの書簡」一一月二一日付）。

（5）三谷太一郎氏は、森が卓絶した語学力と経済専門智識との結合によって、深く英米の国際金融家たちの個人的信頼を得ていた、と述べている［三谷、一九七四：一三四］。

（6）一九一二年、第二次西園寺内閣は、政・財界の期待を担って行政整理の調査を行い、これに基づく行政機構改革が一三年六月、山本内閣の手で実施され、続く大隈内閣はさらに人員の削減を行った［大蔵省財政金融研究所財政史室編、一九九八ⓐ：四八九～四九〇］。

（7）外債政策は、一面においては選挙民の利害を反映して立法と内閣の行政に影響力を有する政党の政策に規定されていた。だが、他面においては、天皇または大蔵大臣によって任用され、国家資金を管理する大蔵官僚が、立法府や閣議が決定したことの執行、政策立案の基礎資料の作成と政策立案の選択肢の策定に止まらず、政策決定に関与し、在外正貨の保有状態という客観的事実を直視する大蔵省の方針によって外債政策が規定されていた。募集交渉を担当する財務官の行動はこのような政策決定に従うものであったといえよう。

（8）横浜正金銀行は対外信用を重んじ、そこに働く者の意識もまた専心して「信用」を貫くことにあった［東京銀行、一九八四：四九八、五二二］。巽は一八九二年に同行ロンドン支店勤務となり、一九〇三年に同店副支配人、〇八年に同店支配人となり一四年に正金銀行取締役に選任され、また同行ロンドン支店支配人を一九年まで兼務し、二〇年に在英実に三〇年を経て帰国している［東京銀行、一九八四：五七一～五七二］。森賢吾は、巽は高橋から、若槻、水町を経て、森の時代に至る我が国公債の発行に尽力した国家の殊勲者であった、と述べている［津島、一九六四：二一八～二一九］。正金銀行元取締役の西山勉は、巽を「達人」（学問でも芸能でも、その奥義を極め、これにつれて独自の見識なり、なにか一つの世界観をもちながら、資性は恬淡で私欲を離れ、処世は高踏的で俗流に迎合しないような人）であったとみなしている。巽は英国流の正統派経済理論を身につけ、この角度からあらゆる経済現象に明快な判断を下し、それに的確な見通しをつけることができ、特にロンドンの金融市場に深く通暁しており、巽の見解は英国の金融業者から尊重されており、特にロンドンのシティでの巽に対する信用は絶大であり、巽は海外でもっとも信用を博していた［東京銀行、一九八四：四六四、四七〇］。震災外債発行に際しても、森が米国で発行交渉に尽力している時に、森財務官の事実上の代理者として英国発行団との発行交渉を引受けた［藤村欣市朗、一九九二：三九～四四］。

(9)　井上は一九一一年に正金銀行副頭取、一三年には同行頭取となる。第一次大戦以後に米国のクーン・レーブ商会のモルガン商会に対する相対的地位の低下するとともに、クーン・レーブ商会と繋がりのある国際金融家としての高橋の比重が低下する一方、一九年三月に日本銀行総裁となった井上は、モルガン商会、とくにそのパートナーであるT・W・ラモントの信頼と支持とを背景として、我が国対外金融の指導者の地位に就き、ラモントに協力して日本を一九二〇年に成立した中国に対する新四国借款団に加入させ、それを媒介として英米の国際金融資本との提携を強化する［三谷、一九七四：一四一～一四六］。

(10)　藤村欣市朗氏は、第一次大戦後にはリース・ロスが「サーカス」（曲芸団）と呼んだ同じ顔ぶれの専門家集団、ケインズが「彼らは、『国際官僚』とでもいわれるべきものの精鋭の代表であって、皮肉屋で、人情味があり、知的で、事実と現実的処理を重視する強い傾向を持っていた」と特徴づけた、新しいタイプの官僚・エキスパート、ブラッセル的国際官僚が登場し、思想的広がりと合理的人間らしいさめた討論を行うようになっていた、と述べ、藤村氏は我が国におけるブラッセル的「国際官僚」として森賢吾と巽孝之丞をあげている［藤村、一九九二：一七、三四、四二］。このことについて付言しよう。

第一次大戦後の重要な会議であるワシントン会議やロンドン軍縮会議などには森は参加しなかった。ワシントン会議は一九二一年一一月から翌年二月までワシントンで開催された海軍軍備制限、極東・太平洋問題に関する国際会議で、日本全権は加藤友三郎（海相）、徳川家達（貴族院議長）、幣原喜重郎（特命全権大使）、埴原正直（外務次官）であった。幣原はさまざまな国際会議に出席し、幣原外交と呼ばれる協調外交を展開した。加藤海相が主席全権となったのは、軍縮には海軍部内を統率できる強力な指導者が必要であったからである。二七年六月から八月まで開催されたジュネーブ海軍軍縮会議には斎藤実朝鮮総督（海軍大将・前海相）、石井菊次郎駐仏大使が日本の全権に選ばれた。三〇年一月から四月までロンドンで開催されたロンドン海軍会議（正式名称）においては日本の全権は元内閣総理大臣若槻礼次郎、海軍大臣財部彪、駐英大使松平恒雄、駐ベルギー大使永井松三であった。したがって、森海外駐箚財務官はすべての分野にわたって国際官僚として活動したのではなく、その分野は賠償・経済分野に限られていたのである。この賠償、経済の分野においてはこの分野の専門知識と英語力が求められ、外交官よりも海外駐箚財務官や正金銀行取締役の方が活躍することができたのである。巽は官僚などではなく、国際官僚というのは適当ではない。また森は一般的な国際官僚ではなく、国際的水準の国際経済専門官僚、国際経済官僚であったのである。

（11）　ロンドン国際経済会議の研究史については木村昌人「ロンドン国際経済会議（一九三三年）再考」と題する論文を参照されたい。

（12）　この経過については Japanese Financial Commission #2, 4, 5, 6 in National Archives RG 131. 米国公文書所蔵）所載資料を参照。

（13）　Letter from Ukawa to Taylor of the Treasury, March 3, 1937, Letter from Ukawa to Knoke of Federal Reserve Bank of New York, March 12, in Japanese Financial Commission #2. Letter from Nisiyama to Hanes of the Treasury, August 9, 1939, Japanese Financial Commission #3.

（14）　西山は大蔵次官広瀬豊作宛ての一九四一年一月八日付書簡において、「在米外国資産ノ凍結及近年実施セラレタル貿易上の諸制限ニ関スル件」について、依頼に応じて調査書を送付するとともに、今後その改正や経過塘を引き続き報告すると述べている（Japanese Financial Commission #3.）

（15）　海外駐箚財務官事務所の一九四一年七月一四日付の日本銀行代理店・横浜正金銀行ニューヨーク支店長西井一雄宛書簡参照（Japanese Financial Commission #3.）

【参考・引用文献】


安藤良雄編［一九七二］『昭和政治経済史への証言　上』毎日新聞社。

委託研究報告№5（5）［一九九三］『日本銀行制度・政策史』日本銀行金融研究所。

伊藤正直［一九八七・三］「一九三三年ロンドン国際経済会議と日本」名古屋大学『経済科学』第三四巻第四号。

伊藤正直［一九八九］『日本の対外金融と金融政策』名古屋大学出版会。

伊藤正直［一九九一］「一九三三年ロンドン国際経済会議と日本――貿易・通商問題を軸にして――」後藤靖編『日本帝国主義の経済政策』柏書房。

NHK〝ドキュメント昭和〟取材班［一九八六］『ドキュメント昭和　6　潰え去ったシナリオ』角川書店。

大蔵省財政金融研究所財政史室編［一九九八ⓐ］『大蔵省史――明治・大正・昭和――』第一巻、大蔵財務協会。

大蔵省財政金融研究所財政史室編［一九九八ⓑ］『大蔵省史――明治・大正・昭和――』第二巻。

大蔵省大臣官房調査企画課［一九八〇］『続外地財政金融史』昭和財政史史談会記録　第五号。

大蔵省百年史編集室編［一九七三］『大蔵省人名録―明治・大正・昭和―』大蔵財務協会。

大蔵省理財局［一九三七］「英仏駐在財務官報告　昭和十二年　財信第三号」(Japanese Financial Commission #5, in NationalArchives RG 131.)

外務省外交史料館・日本外交史辞典編纂委員会［一九九二］『新版　日本外交史辞典』山川出版社。

河合博之・津島寿一［一九三二］「経済財政会議準備委員会第一次会合　報告」『昭和財政史資料』第4号第一九〇冊。

河合博之・津島寿一［一九三三］「経済財政会議準備委員会第二次会合報告」『昭和財政史資料』第4号第一九〇冊。

木村昌人［一九九一］「ロンドン国際経済会議（一九三三年）再考――日本の対外経済政策の観点から――」近代日本研究会編『年報・近代日本研究・一三　経済政策と産業』山川出版社。

金融経済研究所［一九七三］『金融研究会講演集（復刻）Ⅰ』同所（森賢吾講述［一九三〇］「国際金融」金融研究会『講演集』第四編所載）。

後藤田正晴［一九九四］『政と官』講談社。

齊藤壽彦［一九八七］「外資導入と資本輸出」渋谷隆一編『大正期日本金融制度政策史』早稲田大学出版部。

齊藤壽彦［一九九一・七］「横浜正金銀行の国家機関的性格と営利機関的性格」金融学会編『金融経済研究』創刊号。

齊藤壽彦［一九九三・一二］「震災復興外貨国債の発行と国際信用（1）」『千葉商大論叢』第三一巻第三号。

齊藤壽彦［一九九五］「震災復興外貨国債の発行と国際信用」『証券経済学会年報』第三〇号。

佐上武弘［一九七二・五］「悲劇の財務官（上）――森　賢吾秘録――」『ファイナンス』第八巻第二号。

佐上武弘［一九七二・七］「悲劇の財務官（中）――森　賢吾秘録――」『ファイナンス』第八巻第四号。

佐上武弘［一九七二・八］「悲劇の財務官（下）――森　賢吾秘録――」『ファイナンス』第八巻第五号。

昭和大蔵省外史刊行会編、有竹修二著［一九六七］『昭和大蔵省外史』上巻、昭和大蔵省外史刊行会。

平智之［一九九五］「経済制裁下の体外経済」原朗編『日本の戦時経済』東京大学出版会。

立脇和夫［一九八七］『在日外国銀行史』日本経済評論社。

玉置紀夫［一九九〇・七］「福沢諭吉書簡の発見――中井芳楠『福沢諭吉全集』未所収書簡解題――」『三田評論』第九一六号。

津島寿一［一九五五］『聖教序の立衝』（『芳塘随想』第二集）芳塘随想刊行会。

津島寿一［一九六二］『高橋是清翁のこと』（『芳塘随想』第九集）芳塘刊行会。

津島寿一［一九六三］『森賢吾さんのこと（上・概描）』（『芳塘随想』第一一集）。

津島寿一［一九六四］『森賢吾さんのこと（上・事蹟）』（『芳塘随想』第一二集）。

津島寿一［一九六八］『我国の国際貸借及び対外金融』（『芳塘随想』第一七集）。

東京銀行［一九八〇］『横濱正金銀行全史』第一巻、東京銀行。

東京銀行［一九八四］『横濱正金銀行全史』第六巻、東京銀行。

日本近現代史辞典編集委員会編［一九七八］『日本近現代史辞典』東洋経済新報社。

日本銀行金融研究所［一九九三］『日本金融年表（明治元年〜平成４年）』日本銀行金融研究所。

藤村欣市朗［一九九二ⓐ］『高橋是清と国際金融（上巻）――日露戦争と「外債募集英文日記」――』福武書店。

藤村欣市朗［一九九二ⓑ］『高橋是清と国際金融（下巻）――財務官の系譜とリース・ロス卿――』福武書店。

芳塘刊行会編［一九七二］『津島寿一追想録』芳塘刊行会。

水谷三公［一九九九］『官僚の風貌』中央公論新社。

三谷太一郎［一九七四］「日本の国際金融家と国際政治」佐藤誠三郎、Ｒ・ディングマン編『近代日本の対外態度』東京大学出版会。

村川一郎［一九九四］『日本の官僚』丸善株式会社。

八木慶和［一九八八・二］「中国幣制改革と日本銀行――リース＝ロスの訪日をめぐって――」『歴史学研究』第五七七号。

若槻礼次郎［一九八三］『古風庵回顧録』復刻版、講談社。

National Archives（米国公文書館所蔵）資料。

第７章　朝鮮総督府経済官僚の人事と政策

木村　健二

はじめに

一九一〇年代後半から二〇年代にかけての朝鮮統治政策、とりわけ経済政策に関して、それを起動づけた要因に関わる研究史をひもとくならば、日本本国の政治経済情勢、朝鮮における抵抗運動、そして日本の対外膨張路線、なかんづく大陸政策などが問題とされてきた。

具体的には、まず一九一九年の三・一独立運動以後、朝鮮の治安対策を骨子として諸政策が実施されたことが、朴［一九七三］・姜［一九七九］などによって従来より指摘されてきた。それには、警察関係予算の増加という直接的施策ばかりでなく、産米増殖計画や地方制度の改革など、民心の安定化、親日分子の育成につながるものまで含まれていた。近年の成果としては、井口［一九九二］によって、一〇年代の総督府による農村支配の方向と手法に関する特徴が検討されている。

その一方、一九一〇年代初頭から進行する「大正政変」＝憲政擁護運動のもとで、財政危機・軍備拡張政策への批判が噴出し、朝鮮武官専任制への批判も高まり、官制改革が実現しそうになるが、一五年の大隈内閣の成立によって頓挫してしまうというように、国内政治情勢に規定されて総督府の組織体制が左右されるという指摘も、李［一九九〇］によって出されている。さらに東洋拓殖株式会社に関連しても、有馬［一九八八］によって、野田卯太郎の副総裁就任をめぐる政友会内部および寺内総督との鞘当てのあったことが指摘され、黒瀬［一九八五・一］によっって、業務の満蒙への拡大をめぐる大隈と寺内との確執の存在が指摘されている。さきの産米増殖計画についても、三・一独立運動後の治安維持と民心の安定のための産業振興という観点もさることながら、米騒動以後の日本の食糧・米価問題解決のため、朝鮮米増産政策が位置づけられたことが、河合［一九八六］により指摘されている。(1)

産米増殖政策に続く一九二〇年代の朝鮮産業政策全般のプランに関しては、二一年九月に開催された産業調査委員会がとりあげられる。そこでは、具体的施策に関しては抽象的表現ではあったが、総督府側は治安対策を主眼とし食料品工業を中核とする農工併進を唱える一方、内地側は強烈な分業観にもとづく朝鮮工業化否定論がみられたことが金子［一九八六］および川北［一九九五］によって指摘され、ここに二〇年代の植民地官僚が必然的に抱える矛盾があったとされる。(2)

さらに大陸政策との関連では、世界的軍縮や中国における排日貨運動などによって日本の「満州」支配は思いどおりには進まず、結果として寺内以来の「鮮満一体化」政策は後退し、一九二四、二五年にあいついで、朝鮮銀行の大蔵省監督への移行（朝鮮銀行史研究会［一九八七］）、朝鮮鉄道の満鉄移管解除（高橋［一九九五］・平井［一九九七］）、東洋拓殖株式会社の実質的大蔵省監督化・朝鮮への事業傾斜（黒瀬［一九八七・二］）などが実施されるという。

本章では、こうした研究史の状況をふまえつつ、一九二〇年代の朝鮮総督府経済官僚のうち、政務総監・局長・課長クラスに着目し、それらの人事がどのような経緯のもとになされていったのか、そうして就任したこれらの官僚た

表7-1　内閣の変遷と総督府人事

内　閣	政　党	成立年月	朝鮮総督	就任年月	政務総監	就任年月	党派
原　敬	政友会	1918. 9	Ⅰ斎藤　実	1919. 8	水野錬太郎	1919.8	政友会系
高橋是清	政友会	1921.11					
加藤友三郎	海軍	1922. 6			有吉忠一	1922.6	政友寄り
Ⅱ山本権兵衛	薩摩	1923. 9					
清浦奎吾	貴族院母体	1924. 1					
Ⅰ加藤高明	憲政会・三派	1924. 6			下岡忠治	1924.7	憲政会
Ⅱ加藤高明	憲政会単独	1925. 8			湯浅倉平	1925.11	憲政会系
Ⅰ若槻礼次郎	憲政・政本	1926. 1					
田中義一	政友会・党外	1927. 4	(宇垣一成	1927. 4)			
			山梨半造	1927.12	池上四郎	1927.12	政友会
					児玉秀雄	1929.7	
浜口雄幸	民政党	1929. 7	Ⅱ斎藤　実	1929. 8			
Ⅱ若槻礼次郎	民政党	1931. 4	宇垣一成	1931. 6	今井田清徳	1931.6	
犬養　毅	政友会・党外	1931.12					

資料：秦郁彦・戦前期官僚制研究会編『戦前期日本官僚制の制度・組織・人事』東京大学出版会，1981年，より作成．Ⅰ・Ⅱは第一次，第二次を表わす．

ちが、上記の諸政策の策定や実施にあたって、どのような役割を演じたのかに関して検討していく。それらを通して、つまり近代日本の経済官僚の植民地的展開の特徴を描くことを通して、当該期の日本全体の官僚制の特徴を逆照射するとともに、そうした構造のもとに策定・実施された政策の朝鮮社会への影響の一端を垣間みてみたいと考える。

なお、実際の朝鮮総督府の人事に関しては、表7－1に示すように、内閣の交替にほぼ対応して、総督や政務総監の交替がなされている。そしてそれに付随して、各部局長から秘書官・課長人事にいたるまで、影響がおよんでいくことになる。したがって以下では、三・一独立運動後の官制改革から、満州事変にいたる時期における総督府の各部局長、さらに課長人事の変遷過程を三期に区分してあとづけていく。すなわち、原政友会内閣の影響下にあった一九二四年までの斎藤総督期、加藤高明内閣にはじまる「憲政会内閣」下の二四年から二七年までで、総督はやはり斎藤実が続投する時期、そして二七年以降の政友会・民政党が交替し、総督は山梨と斎藤が復帰する時期の三期である。

一　官制改革直後の人事と政策

(1)　官制改革と主要ポスト人事

一九一九年に朝鮮で勃発した三・一独立運動を契機として、総督府官制改革が実施されることとなり、「総督ハ親任トス陸海軍大将ヲ以テ之ニ充ツ」という条項が、「総督ハ親任トス」にのみ削減=変更され、いわゆる総督武官制は廃止される。(3) しかし実際には、後述する経緯にみられるように、原首相の推挙により、斎藤実海軍大臣が朝鮮総督に就任することとなる（『原敬日記』第八巻、乾元社、一九五〇年）。そして六月末以降、政務総監以下の人事が行われていく。(4)

原は政友会メンバーの前内相水野錬太郎を政務総監に推したが、水野はかねてより、藩閥=陸軍勢力と植民地との癒着を嫌忌し、文官の総督就任に期待していたため、当初拒絶の意向を示す。しかし、「文官を以て総督となすことは実際困難の事情あり、故に武官中尤も武官らしからざる武官、而かも陸軍にあらずして海軍出身者たる斎藤を推した」という原の説明、そして斎藤総督をはじめ、山県有朋・松方正義両元老も賛成していること、さらに再度の原の懇請により、いわば情誼に負けた形で八月六日に受諾する。(5) 以下に明かな水野の官界における影響力、そして政友会における一定の関わりを考慮すれば、従来の藩閥勢力に替わり、如上のような影響力を朝鮮に扶植する意図をもちつつ、水野は乗り出していったとみるべきであろう。

続いて八月一〇日には、総督秘書官としてやはり政友会の守屋栄夫が決定される。守屋は、浦潮派遣軍政務部付ということで、シベリヤから満州・朝鮮各地を旅行し、その現状および打開策を水野に注進したことから、内務省参事官・府県課長であったところを抜擢されたものであった。守屋も必ずしも朝鮮行きを希望してのことではなかったが、水野の心中を察し、同行することになったという（「朝鮮統治秘話（二）」『東洋』一九三三年三月）。以後守屋は、「総督府の人事と機密費の鍵を握る」とまでいわれる存在となる。

ここまでの人事をみると、首相の原（岩手）を筆頭に、同じく岩手の斎藤、秋田の水野、そして宮城の守屋と、東北出身者がならんでおり、以後、政友会系と東北出身者中心の人事が行われていくことになる。(6)

その後、警務局長に野口淳吉が、内務局長に赤池濃が決定し、守屋・野口・赤池の三者によって、各道第三部長（のちの警察部長）が地方事務官中から選定される。警務局長や各道警察部長がまず選任された点が、独立運動直後の朝鮮官制の特徴でもあった。その際には、内務省関係者が多く引き抜かれたのであり、(7)それについては、治安の維持が最優先されたこと、水野が永く内務省に在勤し、寺内内閣の内務大臣も歴任しており、「地方官に対しては非常なる威力を持つて居」たということ、床次内務大臣や小橋内務次官も当時は原傘下の政友会メンバーであって、地方官の朝鮮転任について諒解していたことなどがあったので、比較的スムーズに進んだという（前掲「朝鮮統治秘話（二）」）。

さらに、経済系統の重要ポストであった殖産局長に関しては、やはり内務畑で「人格手腕ともに評判の高かった」西村保吉に白羽の矢が立つ。西村は当時、島根県知事から埼玉県知事に栄転したばかりであり、子供の学校のことなど家庭の事情もあったというが、「多年世話になつた水野の朝鮮行きを余程の決心を以てのことであろうと判断し」就任を承諾する（前掲「朝鮮統治秘話（二）」八月一八日付、西村より守屋宛書簡）。このように水野の内務官僚への影響力は尽大なものがあり、それに政友系や東北閥がからみつつ人事が進行していったことが、この時期の特徴である。

一九二二年になると、政務総監が水野から有吉忠一へ替わる。この交替については、水野の内務大臣就任による本国帰還ということがあった。有吉についてみれば、政務総監ポストは大臣級というなかで、知事級を充てたという風評もあったが、併合を前後する時期の統監府総務長官・総督府総務部長の経験（ただし有吉自身にとってはその経験はマイナス要素であったという）、神奈川県知事時代の米騒動・労働運動への対処や「土木知事」と命名されるほどの土木関係事業の経験などにより、斎藤・水野の推すところとなったということである（「斎藤総督と有吉政務総監」『朝鮮及満州』一九二三年　月および Lynn［一九九八］）。政党関係としては、政友会寄りと目されていたが、「僕は政党から超然として来た」（「有吉前政務総監を訪う」『朝鮮及満州』一九二四年一〇月）と述懐しているように、水野に比すれば濃厚ではなく、政党批判の矛先をかわす役割も担っていたといえよう。

（2）局長・課長人事

表7－2に示すように、官制改革とはいっても、一九一九年五月と二〇年七月を対比した場合には、各局・部の名称が変わっただけで、局・部の構成それ自体に大きな変化はなかった。かえって総務局→庶務部や警務総監部→警務局にあっては、課の削減をみている。しかも局長にあっては、一一ポスト中七ポストが本国からの新たな招聘ということになり、課長ポストも留任を上回る新任と、そのうちやはり半数以上が本国からの招聘という変化を示している。留任が多い部署や総督府内部からの移動にとどまったのは、鉄道部、財務局、法務局、逓信局といった、専門知識・専門技術的な要素を強くもった部署（＝現業部門）や、内務省の影響の少ない部署（大蔵・司法省の影響大）に限定されていたといえる。ところが、新陣容による予算要求のもとに立ち上がった二一年七月時点についてみると、専売局が新設され、課についても土木部・殖産局などで増加している。そしてこの二部局は、本国からの就任はやや減少し

表7-2　官制改革前後の部局および人事の異動

1919年5月現在		1920年7月現在					1921年7月現在			
部局	課長	部局	部局長	課長	留任	新任	部局長	課長	留任	新任
政務総監	−	政務総監	(1)	−	−	−	留(1)	−	−	−
総督官房	3	総督官房	−	3(1)	1	2(1)	−	3(1)	2(1)	1
総務局	5	庶務部	1	3(2)	0	3(2)	留	3(1)	2(1)	1
土木局	2	土木部	(1)	2(1)	1	1(1)	新(1)	3	0	3
鉄道局	2	鉄道部	1	2	2	0	新	2	2	0
内務部	2	内務局	1	2(1)	1	1(1)	留	2(1)	2(1)	0
学務局	3	学務局	(1)	3(1)	2	1(1)	留(1)	3(2)	2(1)	1(1)
度支部	6	財務局	1	6	2	4	留	4	2	2
農商工部	5	殖産局	(1)	5(3)	1	4(3)	留(1)	6(5)	3(2)	3(3)
司法部	2	法務局	(1)	2	2	0	留(1)	3(2)	0	3(2)
警務総監部	5	警務局	(1)	4(2)	1	3(2)	留(1)	4(3)	3(2)	1(1)
逓信局	5	逓信局	(1)	6(1)	5	1(1)	留(1)	5(2)	3(1)	2(1)
—		専売局		未設置			新	3	−	3
合　計	40	合計	11(7)	38(12)	18	20(12)	12(7)	41(17)	21(9)	20(8)

注：1.（　）内は日本本国よりの就任者数.
　2. 兼任の場合もすべて数えあげた（以下同じ）.
資料：『旧植民地人事総覧』日本図書センター第3巻，1997年より作成.

つつも、相変わらず新人就任という傾向が顕著である。

ついで有吉政務総監期（一九二二年六月～二四年七月）にはどうなったかをみたのが表7－3である。就任直後の二二年七月には大幅な変更はみられないが、二三年七月になると、局・部長で一二のうち五ポスト、さらに課長で四四ポストのうち二七ポストという大幅な新任者を迎えることになる。経済関係では、土木部で変化がないのに比して、殖産局ではつねに本国より新任者を迎えていることが特徴である。また、逓信局も二二年七月新任三人、二三年七月新任五人と、多くのしかも本国からの新任者をみている。本国からということでは、とくに「有吉直参」として、兵庫県時代の部下であった大西一郎庶務部調査課長（前神奈川県警察部長）と中村寅之助秘書官が就任している（「総督府課長級総まくり　其一」『朝鮮及満州』一九二四年二月）。これらの本国組は、松村松盛（斎藤総督秘書官・宮城県志田郡出身、一九一二年東大卒）や中村寅之助（広島県福山市出身、一九一五年東大卒）[8]のように、朝鮮に残留し、のちに殖産局長にまでなっていくものもあったが、とくに局長ポストの場合、

表7-3　有吉政務総監就任前後の部局長・課長人事

年月	1922年7月現在				1923年7月現在			
部　局	部局長	課長	留任	新任	部局長	課長	留任	新任
政務総監	新(1)	−	−	−	留(1)	−	−	−
総督官房	−	4(1)	3(1)	1	−	4(2)	0	4(2)
庶務部	−	3(2)	2(1)	1(1)	新	3(2)	0	3(2)
土木部	留	3	3	0	留	3	3	0
鉄道部	留	2	2	0	留	2	2	0
内務局	留	2(1)	1	1(1)	留	2(1)	2(1)	0
学務局	留	3(2)	2(2)	1	新(1)	3	1	2
財務局	留	4	4	0	新	4	2	2
殖産局	留	6(5)	4(3)	2(2)	留	6(5)	3(3)	3(2)
法務局	留	2(1)	1(1)	1	新(1)	3(2)	0	3(2)
警務局	新(1)	4(3)	4(3)	0	留(1)	4(3)	1	3(3)
通信局	留	5(3)	2(1)	3(2)	新	7(6)	2(2)	5(4)
専売局	新	3	2	1	留	3	1	2
合　計	11(2)	41(18)	30(12)	11(6)	12(4)	44(21)	17(6)	27(15)

注　：（　）内は1919年9月以降日本本国よりの就任者数.
資料：『旧植民地人事総覧』第4巻より作成.

早々に本国に引き揚げるケースが多く、朝鮮はあくまでも昇進や「加俸」を得るための手段とするものが多かった。

なお、この時期の局長・課長は、いうまでもなく高文試験合格者であり、また東大法科卒という点でも、一部の例外（局部長クラスでは、西村殖産局長が高文合格のみ、竹内友次郎逓信局長が早大中退、弓削幸太郎鉄道部長が日大法）を除いて共通していた。年代的には、局長クラスが一九〇〇年代の前半に高文試験を合格し入省しており、課長クラスは一九一〇年代初頭に合格し、卒業後、一半は直接朝鮮総督府に、他半は本省各部局に入るという経路をたどっていた(9)。

つぎに、この時期の経済政策に関連のあるポストとして、土木部と殖産局をとりあげ対比してみよう。両ポストの人的推移を追ったのが表7－4である。総督官房内に所属する土木部は、道路・港湾・治山治水事業を担当するものであり、一九二一年に営繕課を廃止し、工事課と建築課に二分するという充実化をはかっている。課長には技師を配置し、ポストは留任者が多く、それだけ腰のすわった行政がなされたといえる。すなわち、土木部長には東大工科卒で内務省土木監督署技師などを歴任し、二一年に総督府土木課技師となった原静雄を、土木課長には統監府以来各道第一部長などを歴任していた須藤素を、さらに工事課・建築課には、これも一九年以前から土木局にいた鈴木坂鐵・岩井長三郎両技師を配置する。

表7-4　西村局長下の土木部と殖産局の人事

部　署	1920年７月　前歴	1921年７月　前歴	1923年７月　前歴
土木部長	(兼)西村保吉　埼玉県知事	原　静雄　内務省技師	留任　—
土木課長	岡今朝雄　留任	須藤　素　統監府属	留任　—
営繕課長	郡　茂徳　本国より	廃止	
工事課長	未設置	鈴木坂鐵　度支部水道局	留任　—
建築課長	未設置	岩井長三郎　統監府技師	留任　—
殖産局農務課長	篠原英太郎　本国より	留任→洋行→渡辺豊日子	留任→洋行→近藤常尚
山林課長	田中卯三　留任	岡崎哲郎　水産課長	後藤真咲　本国より
水産課長	岡崎哲郎　本国より	郡　茂徳　営繕課長	桑原一郎　沖縄警察
商工課長	平井三男　仁川税関長	田中卯三　山林課長	平井三男　洋行中
鉱務課長	黒木吉郎　本国より	留任　—	留任　—
土地改良課長	未設置	篠原兼任→渡辺兼任	留任

資料：前掲『旧植民地人事総覧』第3，4巻，『朝鮮及満州』1924年２月，４月より作成．

それに対して殖産局の方は、前述の西村局長をはじめとして本国からの招聘組が多く、鉱務課長を除き変動も激しい。とくに田中卯三は山林課長→商工課長→総督官房監察官室、秘書課長の守屋栄夫と同郷（宮城県遠田郡南郷村）の岡崎哲郎は、水産課長→山林課長→総督官房会計課長と、三年のあいだにめまぐるしく移動している。そして就任後ほどなくして洋行している(10)。新しくできた土地改良課も課長はずっと兼任である。従来、総督官房土木部に属していた治水事業を、殖産局土木改良課に移したものの、実際には両者の境界は明確ではなく、土地改良担当部署の不鮮明さが目立った。

（3）経済政策の策定と実施

この時期の総督府の経済関係政策に関しては、調査会などの設置を通じた統治方針に関連する事項、本国議会に提案し予算的裏付けのもとに実施される事項、そして許認可関連の事項に分けることができる。以下では、そうした区分にもとづいて、立案・実施された経済政策に関して検討する。

統治方針の策定

周知のように、原首相は、三・一独立運動後の朝鮮総督府官制改革に際して、「内地朝鮮共に帝国領土内にして、何等差異あるべき根本理由無し」とし、教育・産業その他の施設の日本本国との同等化をはかるための諸施策を行うことを宣言した。そして、完全な自治・独立は認めないものの、地方自治は認めるという方針を打ち出していく（『大阪毎日』一九一九年八月二一日付）。この線にそって産業政策・地方制度などが策定・遂行されていったことは、ほぼ疑いないところである。

これらの方針をより具体化する趣旨から、まず一九二〇年一〇月には、朝鮮各地の実業家一三〇余人を集め、「全鮮実業家大会」を開催する。その席で水野政務総監は、「朝鮮の産業開発を計ることは、独り朝鮮の発達のみならず、帝国の富源を増す所の基礎となる」としたうえで、交通機関の整備と水利灌漑等各般の産業方面に力を尽くさねばならないとする（「全鮮実業大会に臨みて」『朝鮮』一九二〇年一二月）。

さらに一九二一年には、「臨時産業調査委員会」を設置し、本国在住の政・財・官・学界より二〇人、朝鮮在住日本人・朝鮮人の貴族・財界より二〇人、そして朝鮮総督府より一七人を委員に任命し、九月一五日から一九日まで開催し、「朝鮮産業開発の方針並に計画要綱」を策定していく。この案は、西村によれば二年前の就任当時から希望し、上司にも進言していたものであり、本国各県での農事調査などの経験をふまえた西村の創案であったとすることができよう。そしてそこで提起された第一の案件は、「朝鮮産米の改良増殖を図る為めには如何なる方法に拠つたらよかろうか」とあるように、産米の改良増殖が最重要課題としてあげられていた（「正に開かれんとする産業調査会に対して」『朝鮮及満州』一九二一年九月）。

予算の獲得

水野政務総監は、一九二二年度予算編成にあたって、①教育の拡張充実、②産業の開発、③交通機関の整備、④地方公共団体の発達、⑤治安の維持および衛生設備の完成などの基本理念を提示し、予算総額一億五千万円の第四四議会を通過させる。その際、寺内総督時代に財政の独立という観点から、国庫補給金を廃止する予定であったものを一千万円出させ、さらに二千万円の公債募債と産業調査会に関する経費五万円の追加予算獲得を実現し、米穀法に関連して米価調節のため朝鮮に常平倉案を提示するなど、積極的に動きまわる。また同行した半井清文書課長は、朝鮮の活動写真を用いて朝鮮の宣伝・紹介に努めたという（「朝鮮統治秘話（六）」『東洋』一九三三年七月、「水野政務総監と語る」『朝鮮公論』一九二二年四月）。このように、予算編成に際しては、政務総監や財務局長はほとんど東京に滞在したままで、政友系代議士に働きかけたり、旧総督府官吏経験者などのルートを利用しつつ、折衝にあたっていく。

表7－5はこの間の総督府官吏の人数と俸給額の推移を追ったものである。一九一八年から一九年にかけて人員・俸給ともに急増しており、また一人当たりの俸給額も二〇年に急増し、以後も九〇〇円台で推移している。警察官の二万人への増員や「加俸」の底上げ、朝鮮人官吏の日本人官吏と「同一」の俸給令化などを裏づけるものであったといえよう[11]。そしてその趨勢は、人員で二三年、俸給額で二二年をピークに以後漸減していく。つまり、水野政務総監下で急増した人員が、有吉政務総監下で整理が進められたということである。これについては、二二年六月に成立した加藤友三郎内閣下で行財政整理が進められる一方、有吉の回顧によれば、「内鮮融和」の観点から関税撤廃を実施したため、二五〇万円の収入減を来すのをカバーすべく、行政整理を行い、歳出を削減したことによるという（『朝鮮統治の回顧と批判』朝鮮新聞社、一九三六年）。

表7-5　総督府官吏数と俸給の変遷

（金額は円）

	人員	俸給年額	1人当たり
1918	11,081	7,273,400	656
19	25,202	12,482,045	495
20	28,253	25,380,993	898
21	29,902	28,139,978	941
22	31,076	29,556,694	951
23	31,413	28,349,677	902
24	28,572	26,709,462	935
25	29,194	28,366,139	972
26	29,217	27,920,479	956
27	30,107	29,370,405	975
28	30,847	30,345,427	984
29	31,252	30,928,078	990
30	31,720	31,581,742	996
31	31,029	29,154,321	940

資料：『朝鮮総督府統計年報』各年より作成.

産米増殖計画それ自体は、川東［一九九〇］や河合［一九

表7-6　産米増殖関連技師の部署異動

年　月	三井栄長	等級	綾田豊	等級	池田泰治郎	等級
1918.5	農商工部農務課	4(5)	農商工部農務課	4(6)	総督官房土木局土木課	5(7)
19.5	同上	4(5)	同上	4(6)	同上	4(6)
20.7	殖産局農務課	3(4)	殖産局農務課	3(5)	殖産局農務課	4(5)
21.7	殖産局農務課	3(3)	殖産局土地改良課	3(4)	殖産局土地改良課	3(4)
23.7	同上	3(2)	同上	3(3)	同上	3(3)
26.7	同上	3(1)	東洋拓殖土地改良部	?	殖産局水利課長	3(2)
経歴	山梨生，1907農科大卒		1882香川生，1907農科大卒		1883岡山生，1908農科大卒	

資料：表7-2，および『朝鮮及満州』1926年8月，1927年9月，『朝鮮公論』1923年10月より作成．

八六］の研究で明らかなように、一九一九年一月時点で、臨時国民経済調査会からの要望により、農業土木専門の上野英三郎東大教授の指導のもとに、朝鮮総督府農商工部技師であった三井栄長と総督官房土木局技師の池田泰治郎が立案したものであった(12)。また、小原新三農商工部長官の回顧では、三井とともに彼の後輩格の綾田豊も参加し、灌漑排水の便により三千万石まで増産する根本策を樹てたという（前掲『朝鮮統治の回顧と批判』）。彼らは、それぞれの部署における中堅的技師であり、表7-6に示すように、その後も総督府殖産局の技師として、三井は農務課に、綾田・池田は土地改良課に在籍し、産米増殖計画の実施に携わっていく。

灌漑排水設備を充実化し、第一期（一九二〇年から一五カ年）には九〇〇万石の増産をはかるとする計画の実施にあたっては、当然のことながら予算的裏づけが必要であるが、表7-7に示すように、一九二〇年度に関しては「耕地改良等」として五九万円が計上され、翌二一年度からは二〇〇万円から三〇〇万円台の予算を獲得し、もっぱら「灌漑及開墾事業助成費」として消化されていく。もっともその額は、土地改良事業費総額一億六八〇〇万円の一カ年平均一一二〇万円の約二〇%ていどにすぎず、さらに二二年の三四九万円で頭打ちとなっている。それは、先にみた行財政整理や関税撤廃による減収と、日本国内での食糧増産政策との競合からもたらされたものと考えられるが、その結果は、改良事業の主な実行主体である水利組合の負担をますます大きくさせることになっていった(13)。

この産米増殖政策は、一九二〇年から二五年の間で、とくに土地改良事業の着手

表7-7　総督府予算と耕地改良及拡張費　(単位：円)

年　度	特別会計歳出総額	同指数	耕地改良等予算額	内調査費	灌漑及開墾事業助成費	監督奨励費
1919	93,026,893	145	81,090	81,090	—	—
20	122,331,297	187	590,059*	181,599	423,070	—
21	148,414,003	231	2,604,585	240,559	2,260,000	104,026
22	155,113,753	242	3,490,401	430,397	2,900,000	160,004
23	144,768,149	226	2,767,532	422,783	2,200,000	144,749
24	134,810,178	210	3,283,234**	438,589	2,700,000	144,645
25	171,763,081	268	3,869,454	353,334	3,305,000	211,120
26	189,470,101	296	5,012,730	202,380	4,307,000	503,350
27	210,852,949	315	5,992,818	202,380	5,169,000	621,438
28	217,690,321	340	6,104,818	202,380	5,281,000	621,438
29	224,740,305	351	5,608,105	184,872	4,812,000	611,233
30	208,724,448	326	4,974,705	10,366	4,332,000	632,339
31	207,782,798	324	4,716,357	10,068	4,109,000	597,289

注：　1. 総歳出額の指数は1918年を100とした数値である.
　　　2. ＊1920年分は決算額，＊＊1924年分は実行予算額.
資料：『朝鮮総督府統計年報』各年より作成.

・竣工率は六割前後であり、また耕種法の改良や施肥の増加という面でも見るべきものがなかったとされるが、耕地拡張改良基本調査に関してはほぼ朝鮮全域にわたって実施し、その後の事業推進に資することになったという。これに関して西村殖産局長は、「練達した事務的手腕と緻密なる計数的頭脳も多年の豊富なる経験とを以て篠原、田中、黒木、岡崎、郡、等の俊髦を駆使して着々朝鮮産業の各分野に亙り詳密なる調査研究を遂げ、画期的大方針案の作成に邁進した」（前掲「朝鮮統治秘話（十三）」『東洋』一九三四年一〇月）と評されているように、資料の収集と統計の是正に多大の犠牲を払ったという。しかし、その結果は多くの朝鮮人自作小農民を地力の衰弱と高金利負担によって破綻させていくことにもなり（林省三「水利組合の発達と鮮自作小農の破綻」『朝鮮地方行政』一九二四年四月）、西村の主張は後半には、「産米の改良進歩はどうしても農家の自覚に待つ」（「朝鮮の農政根本策に就て」『朝鮮及満州』一九二三年一月）などのように、朝鮮農民の自助努力に期待するというような方向に収斂してしまうのである。

許認可関連事項

この時期における許認可関連の政策としては、まず会社令の撤廃をあげることができる。同令は、併合直後の一九一一年一月より実施され、二度の改正を経て、とくに第一次大戦末期の起業ブームの際には、ほとんど実質的な意味をなさないまでになっていたが、それでも総督府の認可事項として厳然たる位置を占めていた。それが二〇年四月に「併合以来殆ト十年其ノ間朝鮮人経済力ノ発展著シク会社企業ニ対スル一般ノ理解進歩シ内地企業家亦朝鮮事情ヲ周知スルニ至リ本令ノ存置ハ既ニ其ノ必要ナク」(『朝鮮総督府施政年報』一九二二年)ということで廃止されるが、それについては、民間企業家の要望をくんだ政友会的利益誘導策が背景にあったということができよう。

しかし、取引所・保険業・無盡業・有価証券の売買もしくは仲介業等については特殊の取締を要するので、法規の制定されるまでは会社令の適用を存続するとされた。そしてとりあえず一九二〇年四月に「市場規則の改正」がなされ、以後これに準じつつ市場開設に際して許認可権が継続される。『朝鮮及満州』誌上には、「政友会と釜山取引所新設問題」(一九二一年四月)という記事が出され、政友会は「殖民地を喰物にするように貶さるる」などと指摘されたりもする。そして、斎藤総督も水野総監も「おいそれと承知すまい」という同誌の予測とは逆に、取引所は京城・釜山・大邱・群山・木浦・鎮南浦・元山・新義州・江景に次々と開設されることになる。これらがすべて、総督府中の政友会系官僚によって認可されたものであったとすることはできまいが、少なくともそれ以前に比して判定は甘くなり、それだけ政友会系官吏や「朝鮮系代議士」の暗躍する機会も増加したことは疑いない。その場合、国政選挙を実施していない朝鮮における利権の伸長が、ただちに政友会の党勢拡大につながるものではなかったが、各選挙区と朝鮮との経済的関係緊密化の一階梯であると宣伝することによって、党勢拡大につなげていったということができよう。

二　「憲政会内閣」期の人事と政策

（1）総督・政務総監人事

一九二四年六月、護憲三派が選挙で大勝し、議会第一党となった憲政会の総裁加藤高明が首相に任命される。それにともない、斎藤総督交替の案も出たが、「政友系ではあるが、政党としての色彩が濃厚ではなく、又加藤首相との個人関係の上に於て別に悪い方で無」く、また「殖民地の方だけでも一時動揺させずに置きたい」（釈尾東邦「総督府高官連の異動評」『朝鮮及満州』一九二四年一〇月）というような中央政界の事情で、総督は留任することになる。

一方政務総監は、政友寄りとみられていた有吉から、憲政会の下岡忠治に交替する。有吉にしてみれば、水野の敷いた治水事業などの政策を踏襲したが、それさえも公債の打ち切りで思うように実行できなかったことなどが辞任の要因であったという（前掲「有吉前政務総監を訪う」）。他方下岡は、護憲三派内閣で入閣候補であったが、勢力関係から政友会の横田千之助が司法大臣に入ったことで、入閣を果たせなかったという事情があった。そこで下岡は台湾総督を望んだといわれるが、それも果たさず、けっきょく朝鮮政務総監に甘んじることになったわけである（三峰会編刊『三峰下岡忠治』一九三〇年）。下岡の在任は病死する一九二五年一一月までの、わずか一年四カ月にすぎなかったが、のちにみるいわゆる「産業第一主義」のかけごえのもとで、行財政の整理と朝鮮「開発政策」を進めていく。

下岡没後の政務総監の後任に関しては、加藤首相はのちの台湾総督上山満之進を、憲政会は前拓殖事務局長で朝鮮総督府土地調査局総裁の経験もあった衆議院議員の俵孫一を推したが、斎藤総督が前内務次官の湯浅倉平を推したことによって、これが通ることになる。その経緯は湯浅の伝記に詳しく、方針としては下岡路線を踏襲しつつ、下岡時代の憲政色を和らげる存在として、憲政系ではあるが「不偏不党」を標榜した湯浅が選ばれたということのようである（林茂『湯浅倉平』一九六九年、湯浅倉平「地方官憲の党弊」『憲政』一九二三年八月）。

（2） 局長・課長人事

下岡は、秘書官として、一九一八年東大法科卒で内務属から関東庁警視を歴任していた小河正儀を配置し（前掲『朝鮮統治の回顧と批判』）、湯浅にかわってもそのまま継続する。両政務総監のもとで実施された部局長・課長人事は、表7−8のような構成であった。とくに二五年、二六年の人事で、法務・通信を除く大部分の部局で部局長を入れ替え、しかもその多くを日本本国に仰いでいる。また、課長クラスの新任も総督官房・殖産・警務で多く、とくに新設の山林部・鉄道局では大幅に陣容を入れ替え、いずれも本国にその人材を仰ぐという方式であった。

経済関係のポストとして具体的には、殖産局長には秋田県の知事職にあり拓殖局勤務の経験のある池田秀雄を招聘する。池田は憲政系で、ここでもまた下岡の説得によりいわば口説き落とされて就任したという。一九二五年三月の満鉄移管解除直後の鉄道部長には、直営論者でその実現に大きな功績があったといわれる弓削幸太郎が就任する（「興味ある直営後の鉄道局長問題」『朝鮮及満州』一九二五年一月）。弓削は官制改革以前からの総督府官僚であり、学務課長などを歴任し、直前にも鉄道部長の職にあった。もっとも鉄道専門官僚というわけではなかったので、その後新設なった鉄道局の新局長には、北海道鉄道管理局で経験豊富な大村卓一を抜擢している。

殖産局の課長人事では、表7−9に示すように、農務課長に渡辺豊日子を固定する一方、土地改良課長→開墾課長

表7-8　下岡・湯浅政務総監就任前後の部局長・課長人事

部局＼年月	1925年1月現在				1926年7月現在				1927年7月現在			
部　局	部局長	課長	留任	新任	部局長	課長	留任	新任	部局長	課長	留任	新任
政務総監	新(1)	—	—	—	新(1)	—	—	—	留(1)	—	—	—
総督官房	—	5(4)	1	4(4)	—	5(4)	2(2)	3(2)	—	5(4)	5(4)	0
内務局	留	4(1)	2(1)	2	新	4(1)	3(1)	1	留	4	3	1
学務局	新①	3(1)①	0	3(1)①	留①	3(1)①	3(1)①	0	留①	3①	3①	0
財務局	新(1)	2	1	1	留(1)	4(1)	2	2(1)	留(1)	4	4	0
殖産局	新(1)	6(4)	4(3)	2(1)	留(1)	7(5)	3(2)	4(3)	留(1)	4(4)	4(4)	0
山林部	未設置				新(1)	3(3)	0	3(3)	留(1)	3(3)	3(3)	0
土地改良部	未設置				未設置				新(1)	3	—	3
法務局	留(1)	2(2)	0	2(2)	留(1)	2(2)	2(2)	0	留(1)	2(2)	2(2)	0
警務局	新(1)	4(3)	3(2)	1(1)	留(1)	4(3)	1	3(3)	新(1)	4(2)	3(1)	1(1)
逓信局	留(1)	7(5)	5(4)	2(1)	留(1)	6(4)	5(3)	1(1)	留(1)	6(4)	6(4)	0
専売局	留	3(1)	1	2(1)	新	3	0	3	留	3	3	0
鉄道部→局	新(1)	7(2)	—	7(2)	留(1)	7(3)	6	1(3)	留(1)	7(3)	7(3)	0
合　計	10(7)①	43(23)①	17(10)	26(13)①	11(8)①	48(27)①	27(11)①	21(16)	12(9)①	48(22)①	43(21)①	5(1)

注　：（　）内は1919年9月以降日本本国よりの就任者数．○内は朝鮮人．
資料：『旧植民地人事総覧』第4，5巻より作成．

に湯村辰二郎、水利課長に池田泰治郎を抜擢する。また、安達房治郎は一九二四年に下岡に呼ばれる形で帝都復興院物資供給課長から殖産局商工課長に就任し、開墾課ができるとその課長に、さらに土地改良部ができるとその部長に就任するというように、新ポスト、すなわち産米増殖政策の中枢ポストを歴任していく（「産米増殖案実行に関係する人々」『朝鮮及満州』一九二六年八月、「総督府土地改良部の幹部」同上、一九二七年九月）。前段階で産米増殖計画の立案に関わった三人の技師のその後の異動を追ったのが前掲表7-6である。もっとも抜擢されたのは、二六年に殖産局水利課長になった池田泰治郎であり、「朝鮮に於ける水利通」として京都大学の水利講座の講師も担任したという（前掲「産米増殖に関係する人々」）。綾田豊は、朝鮮の水利開墾に相当の経験を有していたが、後輩の池田に課長の座を奪われ、東洋拓殖株式会社の土地改良部に転任し、技術課長となった（同上）。[14] 三井栄長はあいかわらず農務課技師として技術畑を歩んでいく。

なお下岡は、学務局長に初めて朝鮮人李軫鎬を抜擢する。彼は日本亡命歴をもつ親日派であった。そしてその傘下の

表7-9　産米増殖更新政策の担当者（1926年現在）

氏　　名	役　　職	生年出身	前　　　歴	役　　割
池田秀雄	殖産局長	1880佐賀	朝日新聞→拓殖局→秋田県知事	立案計画の首脳者
渡辺豊日子	農務課長	1885熊本	各県事務官→総督府事務官	各種農事上の改善
安達房治郎	開墾課長	1884愛知	官海後洋行→帝都復興院	主脳官庁で局扱い
池田泰治郎	水利課長	1879岡山	朝鮮総督府農商工部土地改良課	貯水池監督水利通
湯村辰二郎	土地改良課長	1892宮城	朝鮮総督府農商工部→総督官房	成案作成

資料：白頭巾「産米増殖案実行に関係する人々」『朝鮮及満州』1926年8月，70～72ページより作成．

宗教課長には常に朝鮮人を登用し、また高文試験に受かっていなくても奏任官にするという特別任用令の範囲を広め、朝鮮人を広く登用していく[15]。もっとも李局長の就任については、一九二一年以来置かれていた地方の民情査察のための朝鮮人事務官が、行政整理のため廃止された代替という側面もあった（萩原彦三『私の朝鮮記録』一九六〇年：六九）。また、出身大学は東大法科が大部分である点はかわらないが、内務官僚は政務総監・警務局長ポストにとどまり、その他の局・部長は朝鮮生え抜きを含め、多様な経歴となっている。

（3）経済政策の策定と実施

以下では、この時期とくに力点がおかれた産米増殖更新計画に関連する事項にしぼって検討してみよう。

統治方針と部局再編

下岡政務総監の方針は、既述の「産業第一主義」というものであったが、その内容は、産米一千万石の増産、そのための反当収量の五割増しと干拓・水利改善、収繭高の五倍化、陸地綿の二倍化（その具体的施策についてはふれていない）、この後二者を基礎とする工業化、インフラとしての鉄道など交通機関の発達、治山治水と水利事業の完成をめざすというものであった（前掲『三峰下岡忠治』）。

こうした観点は、その基礎が下岡自身の農商務省農務局長時代の経験にもとづいていたといえる。下岡の伝記によれば、農務局在職四年の間に、「帝国農政の根本的調査を行い、普通農事・蚕糸業・土地改良及び畜産に関する三〇カ年計画を確立し、時の調査機関たりし生産調査会の議に附した」とあり、その際の研究と体験が、「後年朝鮮全道を踏査して、特に産業第一主義を高調し、帝国の人口食糧政策に一大礎石を据えた」としている。産米増殖計画更新の直接的な要因は、河合［一九八六］が指摘するように、日本内地開墾の不調や国際収支上の問題があったといえるが、帝国内での自給体制の構築を射程にいれた発想を、下岡は若い頃から保持していたということができよう。

かくして、一九二六年には殖産局に水利課と開墾課を新設する一方、山林部を独立させ、治山・治水の実をあげていこうとする。また同年、朝鮮経営に専念する方針に転換した東洋拓殖会社に土地改良部をおき、朝鮮土地改良株式会社とともに三五万町歩のうち一〇万町歩の土地改良設計・監督を代行させる。(16) その一方、総督官房内ではスリム化をはかり、土木部を廃止して内務局に土地課・建築課を新設し、行政改革を推し進める。また、鉄道直営＝鉄道局設置に関しても、総督府としては経費節減という意図が大きかったようであり（「鉄道局所場長会議」『朝鮮』一九二五年六月）、結果的には大村局長の手腕により、当初目標の六〇〇万円を年々上回る収益をあげていく。

湯浅政務総監期は下岡路線の継承であったが、当初開墾局独立案が出されていたものを、一九二七年五月に土地改良部を独立させ、そこに土地改良課・水利課・開墾課をおき、技師十余人、技手百人近い人材を配していく（前掲「総督府土地改良部の幹部」）。

予算の獲得

上記の部局再編や産米増殖更新にあたっては、当然のことながら予算的裏付けが必要となってくる。時あたかも行財政整理が推進されているのであって、その問題を下岡総監以下のスタッフはどう切り抜けたのであろうか。

一四カ年で八二〇万石増収しようという産米増殖更新計画は、土地改良に際しての企業者の負担を大幅に軽減するために、政府斡旋資金や国庫補助金を増額したことに特徴がある。総額三億三二五万円におよぶ資金の内訳は、総督府補助金六五〇五万円、企業者調達金三九四八万円、政府斡旋資金一億九八六九万円（半額は預金部資金より、半額は東拓及び殖銀の社債による）であった。この資金のうち、まず総督府補助金と設計監督班や地方庁職員の設置といった人件費に関しては、第五一議会を通過させねばならなかったが、財政緊縮の折からこれを通すには、朝鮮産米以外の外国米を輸入した場合、年額七、八千万円の正貨流出ということになり、朝鮮産米増殖計画はその対応策だと説得したことがあげられる。さらに低利資金の融通に関しては、大蔵省預金部にかけあい、七分四厘ていどで借り出すことを得たとある。

この計画立案の首脳者となったのは池田殖産局長といわれるが、実質的な成案者は土地改良課長の湯村辰二郎であり、また大蔵省等との交渉にあたったのは、この湯村と開墾課長の安達房治郎であった。(17) もっともその骨子は、前段階の計画の不十分であった点を補う形で作られていったのである。

産米増殖計画関連政策

この時期は、産米増殖政策遂行に関わる諸政策があいついで制定される。まず、一九二七年九月、農事改良低利資金融通により、販売肥料消費高の激増が予測され、日本本国その他より不良あるいは不正肥料の流入が少なくない折から、これを取り締まるべく、製造営業者・移入輸入業者・売買営業者に関して道知事の免許制とするという、肥料取締令が公布される（池田秀雄「肥料取締令の発布に就て」『朝鮮』一九二七年一〇月）。

さらに一九二七年一二月、朝鮮土地改良令が公布される。それは、土地改良事業の進捗にもかかわらず、その法規が完備していなかったため、内地の耕地整理法によりつつ制定したものである。これによって「土地改良」や「施行者」などの規定が明確になって交換分合が促進され、また公有水面や国有未墾地に対する事業着手についても及ぶことが明記される（安達房治郎「朝鮮土地改良令の制定に就て」『朝鮮』一九二八年二月）。さらに水利組合令を改正し、水利組合が農事改良に関する施設もなしうることを規定する（松村松盛「土地改良令及改正水利組合令の実施に就て」『朝鮮』一九二八年七月）。

次に朝鮮取引所に関しては、下岡総監は産米増殖政策の内実をあげるべく、京城に有力な米穀取引所をおき、倉庫業も兼営させ、朝鮮米の権威ある公定相場を示させ、同時に各開港地に倉庫を増設し朝鮮米廉売の弊を矯正する案を打ち出した。しかしこれでは仁川取引所の死命を制するとして反対論が多数出たため、仁川米豆取引所と京城株式現物取引市場をそれぞれ米豆と株式に分業し、両者を合併する案が持ち上がることになる。しかし仁川側はこれに対して、「合併は移転の前提」として町総代・青年団まで繰り出して反対運動を展開する。こうしてこの時期も合併は無期延期という結末になる（阿部薫編『朝鮮取引所史』一九三五年、一〇～一三ページ）。[18]

なおこの間、それまで任意団体として活動してきた朝鮮農会に関して、一九二六年一月、湯浅政務総監のもとで朝鮮農会令が発布され、翌二七年に郡・島二二〇、道一三、そして中央農会（会長湯浅政務総監・副会長朴泳孝）の結成をみることになる。この組織を通じて、「自発的に農業の改良発達を図る」とされているが、農会に対する行政官庁の指導・監督は強化され、そのことを通じて、産米増殖計画や産蚕百万石計画等を推進していこうとしたのである（湯浅倉平「朝鮮農会長の就任に際して」『朝鮮農会報』一九二七年四月、池田秀雄「朝鮮農会機関雑誌発刊を祝して」同誌）。

こうした傾向は、地方官庁の監督下に推進しようとした、先の産米増殖更新計画にもみることができるものである。

三　田中内閣以降の人事と政策

（1）政権の交替と主要ポスト人事

一九二七年四月、第一次若槻内閣が倒れ、政友会の田中義一内閣が成立するのと時を同じくして、斎藤総督がジュネーブ国際軍縮会議に出席する。それを機に、総督辞任説も囁かれたが、このときは陸軍大将宇垣一成が臨時総督に就任する。帰国後斎藤は、田中の辞職勧告を受け入れ（加藤［一九九八］）、同年一二月、約八年にわたる総督の座を山梨半造に譲る。山梨は元陸軍大臣で、田中首相とは竹馬の友で相談相手ともいわれていた。党派的にも政友系であったことはいうまでもない。[19] 大陸膨張路線を探る田中首相にとって、斎藤が残した種々の懸案事項（満州朝鮮人・朝鮮人徴兵・地方自治・参政権・内鮮混同教育等の諸問題）を解決する役割を担うものとして、また朝鮮総督府における政友会の影響力強化という面からも期待されたのである。[20]

政務総監には池上四郎が選定された。池上は年齢すでに七〇歳を過ぎ、大阪市長退任後は引退同然の状態であった。その抜擢は、ひとつには関西政友会開拓の功労という点が田中義一首相の推すところとなったとか、大阪での豊富な経験、中央に対する十分な押しの利き方、広い度量などが指摘されている（「池上政務総監物語」『朝鮮公論』一九二八年一一月、「後任政務総監問題」同誌一九二九年五月）。池上は一年四カ月在任し、一九二九年四月に病没する。また山梨総督の評判もすこぶる悪く、「満州問題」も進捗せず、田中内閣の倒壊は必至の情勢となっていた。そういうなかでの前関東庁長官児玉秀雄の政務総監就任は、斎藤前総督の推薦によるところであり、政党色の薄い無難な人事という側面が強かった（「児玉新総監を迎う」『朝鮮公論』一九二九年七月）。

田中内閣は一九二九年七月に倒れ、かわって立憲民政党の浜口雄幸内閣ができると大田への道庁移転等、疑獄事件の渦中にあった山梨総督は更迭される。そして、浜口の熱心な説得もあって、総督にはふたたび斎藤実が就任する（中村進吾『朝鮮施政発展史』一九三六年）。内閣交替にともない政務総監更迭も囁かれたが、斎藤が総督に復帰したことで児玉も留任ということになる（「朝鮮官場異動総まくり」『朝鮮地方行政』一九二九年十二月）。

なおこの時期、朝鮮総督府にとって権限上の大きな問題として、一九二九年六月の拓務省の設置があった。その際、「拓務省朝鮮除外同盟会」などによる反対運動が展開し（「拓務省問題と五団体の反対運動」『朝鮮公論』一九二九年六月）、結局、浜口首相・松田拓相・斎藤総督のあいだで協議がなされ、（一）拓務大臣は朝鮮総督を監督する権限なし、（二）拓務大臣は朝鮮総督に関する事務につき主務として補弼する、（三）朝鮮総督より上奏裁可を乞う場合の文書は内閣総理大臣のほか拓務大臣をも経由するを相当とする、という形で決着し、官制改革は行わないこととなった。しかしその後、拓務省より加俸削減論が出されるなど、さまざまな対立と矛盾を生んでいくことになる（「朝鮮総督と拓務大臣」『朝鮮地方行政』一九二九年一〇月）。[21]

（2）　局長・課長人事

この間の人事は、山梨総督下で、池上を政務総監に据えたのに象徴されるように、政友会系の巻き返しがなされ、また同じ政友会系ではあっても、原敬＝水野以来の東北閥の払拭もめざされていく。

これをまず秘書官についてみれば、山梨・池上ライン下では、当初秘書課長に外事課長兼任の松村松盛をおく一方、

表7-10　児玉政務総監就任前後の部局長・課長人事

年月	1928年7月現在				1929年8月現在				1930年1月現在			
部　局	部局長	課長	留任	新任	部局長	課長	留任	新任	部局長	課長	留任	新任
政務総監	新(1)	—	—	—	新(1)	—	—	—	留(1)	—	—	—
総督官房	—	4(3)	0	4(3)	—	5(4)	3(3)	2(1)	—	6(3)	2(2)	4(1)
内務局	留	4(1)	3	1(1)	留	4(1)	4(1)	0	新	3(1)	1	2(1)
学務局	留①	3(1)①	0	3(1)①	新	3(2)①	2(2)	1①	新	3(2)①	2(1)①	1(1)
財務部	留(1)	3(2)	0	3(2)	留(1)	3(1)	2(1)	1	新	3(3)	1(1)	2(2)
殖産局	新	4(3)	2(2)	2(1)	留	4(3)	2(2)	2(1)	新(1)	4(2)	1	3(2)
山林部	留(1)	3(3)	2(2)	1(1)	新(1)	3(3)	3(3)	0	留(1)	3(3)	3(3)	0
土地改良部	新(1)	3(1)	2	1(1)	留(1)	3(1)	3(1)	0	新(1)	3(2)	2(1)	1(1)
法務局	留(1)	2(2)	2(2)	0	留(1)	2(2)	2(2)	0	新	2(2)	2(2)	0
警務局	留(1)	4(3)	2(1)	2(2)	留(1)	3(3)	3(3)	0	新(1)	4(3)	0	4(3)
逓信局	新(1)	7(5)	6(4)	1(1)	留(1)	7(5)	6(4)	1(1)	留(1)	5(4)	2(1)	3(3)
専売局	新(1)	3(2)	0	3(2)	留(1)	3(3)	2(2)	1(1)	留(1)	3(3)	3(3)	0
鉄道局	留(1)	7(2)	6(1)	1(1)	留(1)	6(3)	6(3)	0	留(1)	6(3)	6(3)	0
合　計	12(9)①	47(28)①	25(12)	22(16)①	12(9)	46(31)①	38(27)	8(4)①	12(8)	45(31)①	25(17)①	20(14)

注　：（　）内は1919年9月以降日本本国よりの就任者数．○内は朝鮮人．
資料：『旧植民地人事総覧』第5巻より作成．

元読売新聞記者で鳩山一郎の推薦を受けた依光好秋を総督秘書官本官とし、元国民新聞記者で田健治郎元台湾総督の秘書官の経験のある尾間応雄を嘱託秘書官として機密費の出納を担当させ、政務総監秘書官には元大阪府学務課長を勤めた福士末之助をあてる等、体制を整える（「歴代の総督府秘書官」『朝鮮及満州』一九二八年二月）。逆に、斎藤総督と同郷で秘書官であった藤原喜蔵は平安南道内務部長にとばされる。

各部局全体の動きについて表7－10によってまずみてみよう。一九二八年一月の微移動を経て、二八年七月には局長では五ポスト、課長では約半数の二二ポストの新任者をみる。そして、局長、課長ともに日本本国からの新任者が多くを占めることになる。とくに総督官房・学務・財務・専売といったところが大幅に入れ替わり、それも本国からの新任を迎えるというケースが多くなっている。二九年八月は斎藤総督となったが、総督官房と殖産局で若干の移動がみられたていどであり、本格的な移動は三〇年一月ということになる。この二度の移動によって、部局長は逓信・専売・鉄道の現業三部局を除いて総入れ替えとなり、また総督官房と殖産局の課長も総入れ替えとなる。

経済関係の部局についてみると、殖産局長の池田秀雄が罷免される。これは池田が下岡の直系で旧憲政系と目されたことによっていた。かわって就任した今村武志は黄海道知事からの転任で、彼は宮城県＝二高出身であり、この人事は山梨・池上ラインではなく、いわゆる朝鮮二〇年組と呼ばれるグループであった。同じ二〇年組の生田内務局長の推挙によるものであったという。土地改良部長は下岡に呼ばれた安達房治郎を咸鏡北道知事に押し出す一方で、秘書課長の松村松盛を招聘する。この松村も東北閥ではあったが生き残り、斎藤総督下では殖産局長となる。さらに岡崎水産課長（宮城県）は全羅南道内務部長へ、土地改良課長であった湯村辰二郎（宮城県）も忠清北道内務部長へと、中央から地方への配転があいつぐ。(22)あたかも、産米増殖政策立案・実行グループの一掃ともいい得るような異動であった。

ところで、一九二九年八月に斎藤総督が就任すると、上述のように再度異動が繰り広げられるが、今度は斎藤と同郷ではあっても浅利警務局長が退任となり、児玉の配下にあり彼が推薦しようとした神田純一の内務局長案も実現しない（前掲「朝鮮官場異動総まくり」）。徐々に本国招聘組や情実組が減り、朝鮮総督府生え抜き組や居残り組が台頭してきたことをうかがわせる。

（3）　経済政策の策定

この時期の経済政策に関しては、山梨総督にあっては、「朝鮮の民情を基調とせる実際生活に即する政治を行う」（朝鮮総督府『施政三十年史』一九四〇年、二三二ページ）とうたいつつ、引き続き進行中の産米増殖計画関連や懸案事項の実現が、前段階とは一新したスタッフでめざされていく。

すなわち、まず一九二八年四月、池上政務総監は産米増殖政策の内実をはかり小農民救済のための勧農資金貸付案＝勧業共済組合案を発表する。これは、総額六〇〇万円、無担保で小農民に低利資金（二〇〜五〇円）を供給して小農救済をはかるとともに、農業を奨励する社会政策的施設であったという（「山梨総督の新政策」『朝鮮及満州』一九二八年五月）。そしてこれを発案したのは池上総監で、それは東京や大阪で実施している細民対象の資金融通の応用であったという（前掲『施政三十年史』二三四ページ）。また小作調査委員会を設置して小作慣行の調査を行い、道による改善をはからせ、斎藤総督期の「小作官制度」につなげていく（「山梨総督と池上政務総監」『朝鮮及満州』一九二八年六月）。

この時期、長い間の懸案事項であった、朝鮮取引所に関する法令が制定される。すなわち、総督に就任した山梨は、着任早々取引所令発布につき言及し、一九二八年度予算に取引所制度調査費を計上する。そして商工省より、日本本国での取引所法改正案策定に携わった藤田取引課長、永田・島両監督官を嘱託に任命し、調査にあたらせた。かくして、一九三一年五月、斎藤総督下に朝鮮取引所令が公布をみ、翌年一月から施行とされる。その結果、仁川と京城は合併して株式会社朝鮮取引所とし、その他商業の売買取引所として釜山・群山・木浦・鎮南浦・大邱取引所が正式に認可される。後者はすべて本国の取引所法に準じて会員組織としたが、朝鮮取引所に関しては、このとき再び合併問題で揺れ、結局それぞれ既存の組織はその満期日（仁川は一九三九年、京城は一九四〇年）まで認め、かつ仁川取引所はその移転を認めないとすることで解決をはかったという（「朝鮮取引所令と其の運用」『朝鮮』一九三一年一月、前掲『朝鮮取引所史』、山本達雄先生伝記編纂会編『山本達雄』一九五一年、四〇五ページ）。

さらに金融恐慌以後の経済立て直しを模索する浜口内閣の路線に沿って、朝鮮でも合理化運動が展開される。たとえば、『朝鮮公論』の一九三〇年四月号には「朝鮮統治と合理化号」として特集を組み、官庁事務の能率増進や産業部面においても「科学的方法の利用を奨励し各企業に規律と統制を与え以て全企業の合理化を図る」べしとし（児玉秀雄政務総監)、具体的に、①機械の利用、②規格と名称の統一、③経営の合理化、④企業の統制、⑤金融制度の改善、⑥販路の拡張保全と鮮産奨励などをあげていく(松村松盛殖産局長)。そして、同誌の同年一〇月号と、同じく『朝鮮地方行政』誌一〇月号には「国産品愛用特集」をくみ、斎藤総督以下、児玉政務総監、松村殖産局長の記事を掲載し、国際愛用によって正貨の海外流出を防ぎ、国内産業の振興を助け、失業者を救済することをめざしていく。

なおこの時期、児玉政務総監のきもいりにより、総督府予算を二分し、教育衛生土木産業等直接民衆の福祉に関係のあるものは、国の予算からはずして朝鮮地方費でまかない、その収支に関しては民選議員による朝鮮評議会で決定しようとする案がもちあがる。生田内務局長のもとに成案がなり、斎藤総督が要路にかけあうまでになったが、実現はしなかった(萩原彦三前掲書:五九)。他方、一九二九年以降、生産地に農業倉庫を開港地に米穀倉庫を設置し、朝鮮米の価格と移出数量の調節をはかるということは実現するが、総じて、原首相が敷いた「内地延長主義」を基本とする朝鮮統治方針は、容易に改善されなかったのである。

おわりに

以上にみてきたところをまとめるならば、朝鮮総督府の人事異動をみると、きわめて中央政界の動きと連動しているということができる。ちょうど一九二〇年代は、政友会と憲政会・民政党のあいだで政権の変動が激しく、それに対応して、総督・政務総監から部局の課長クラスにいたるまで激しく交替し、多くの新任者を日本本国から招聘したり、あるいはまた朝鮮の地方へ押しやったりをくりかえしていく。
その場合の人選にあたっては、党派はいうまでもなく、それ以外に出身地域や出身校、そして官界、とくに内務省でのつながり、それに個人的なつながりが複雑にからんで展開した。しかし「外地」勤務は、とくに本省あるいは本国勤務でスタートしたものには、必ずしも希望する任地ではなく、いわば口説き落とされる形で就任することが多かった。十分な「加俸」やその後の「引き立ての約束」でもなければ、あえて志願するようなポストとはほとんどの高等官は考えていなかったのである。

もっともそうした状況のなかで、政務総監人事についてみれば、政友会色の濃厚な水野のあとは有吉が、憲政会色の濃厚な下岡のあとは湯浅が、さらに政友会色の濃厚な池上のあとは児玉というように、順次政党色の濃から淡への移行がくりかえされていく。その辺に一定のバランスがとられていたということもうかがうことができよう。

こうして、総督府による政策が立案・実施されていくのであるが、たとえば産米増殖計画のような場合、実際の農業技術に精通したものでなくては立案は不可能であり、したがって主として中堅ないしベテランの技師が対応していくことになる。もっともその成案にあたっては、本国からの新任事務官が担当し、それらを参事官室で審議し、内閣法制局と交渉し決定するというものであった（萩原前掲書、二五、二六、七九ページ）。したがってまた萩原がいうように、一九一九年の官制改革以降の諸政策は、日本本国で実施済みの政策の焼きなおしである場合が多く、必ずしも朝鮮の内情を理解した内容にはなっていなかったのである。

一九二〇年代後半以降になると、いわば総督府生え抜きや残留組が事務官レベルで徐々に力をつけ、「適材適所」といわれるような人事も増加していくことになる。そして独自財政の模索や、朝鮮事情を勘案した政策も立案をみるようになる。しかし「内地延長主義」が統治方針の本流であるあいだはそうした政策がすんなり通ることは少なく、通ったとしても官吏による強力な指導・監督の下で実施されることが多く、朝鮮民衆にとっては圧迫・抑圧感を強める結果となっていった。その一方、「山梨総督疑獄事件」を筆頭に、巨額の財政資金を散布する水利事業など、大小の利益誘導とそれにまつわる経済界との癒着はけっして少なくなかった。また、財務関連部署にいた官吏の、半官的企業への天下りも頻繁であり、(23)基本的に当時の高等官にとって植民地朝鮮は、致富源泉ないしキャリア蓄積の場として位置づけられていたのである。

【注】

(1)　もっともその場合でも、原敬は朝鮮産米増殖を副次的施策としてしか位置づけず、それが本格化するのは、内地開墾事業が進展せず国際収支問題が顕在化する二〇年代後半以降であったという。

(2)　とくに川北［一九九五］は西村殖産局長の発言のなかにその点を見出している。なお、「農工併進」政策は一九三一年以降の宇垣総督下で実現することになる。

(3)　このほか、第三条「総督ハ天皇ニ直隷シ委任ノ範囲内ニ於テ陸海軍ヲ統率シ及ビ朝鮮防備ノ事ヲ掌ル」も削除され、長官を局長とするほか、後掲表2のように、各部局の名称変更がなされた（『法令全書』一九一九年、「勅令」三八六号）。

(4)　政務総監は台湾・関東州の民政長官に相当し、副総督の役割を担うものであった。

(5)　尚友倶楽部・西尾林太郎編『水野錬太郎回想録・関係文書』山川出版社、一九九九年、一一六〜一二三ページ、および「朝鮮統治秘話（一）」『東洋』一九三三年二月、六八〜七四ページ。総督武官制廃止にともなう軍隊指揮権や水野の政治的立場については、西尾林太郎「官僚政治家・水野錬太郎」前掲『水野錬太郎回想録・関係文書』所収、を参照のこと。

(6)　このののち守屋が任をはずれたあとも、斎藤総督の秘書官には、松村松盛（宮城県志田郡）、藤原喜蔵（岩手県水沢町）と、いずれも東北出身者が就任する。

(7)　具体的には、とくに警察関係として、たとえば、高等警察課事務官として山口安憲（課長）・藤原喜蔵・田中武雄が、警務局事務官として丸山鶴吉・白上佑吉・時永浦三、そして京畿道警察部長に千葉了等が就任したのである（『朝鮮地方行政』第八巻第四号）。また、第三代平安北道知事の飯尾藤次郎は、水野総監の推挙により熊本県の内務部長から転官したというが、有吉時代には黄海道知事に左遷される。さらに、当時大阪の内務部長であった柴田善三郎は、赤池の直接の説得により学務局長を承諾したという（前掲「朝鮮統治秘話（二）」八七〜八八ページ）。

(8) 以下、各官僚の経歴については、『朝鮮及満州』や『朝鮮公論』中の記事、及び秦郁彦・戦前期官僚制研究会編『戦前期日本官僚制の制度・組織・人事』東京大学出版会、一九八一年を参照した。

(9) 湯村辰二郎の伝記によれば、高文試験上位者は内務・大蔵へ行き、湯村の場合は試験官でもあった松本烝治教授に相談に行ったら、ちょうど朝鮮総督府より新卒者を五名ほど斡旋して欲しいという依頼があり、一九一八年に京城へ行くことにしたという（井上則之『朝鮮米と共に三十年　湯村辰二郎半生の記録』一九五六年、二一〜二二ページ）。

(10) やはり同上書によれば、「洋行」はそれまでの苦労をねぎらう意味の慰労旅行であったという。湯村の場合、旅費八千五百円、自弁の小遣い三千円を持参し洋行している（四七ページ）。

(11) 朝鮮総督府及び所属官署在勤者の「加俸」については、一九一三年の改正によれば、本俸の十分の四（高等官）から十分の八（判任官・月俸十九円以下）を支給するなどの基準があった（『法令全書』一九一三年「府令」一九八〜一九九頁）。そして一九一九年末にかけて、低所得層や地方在勤者への増給措置があいついでなされていく（『法令全書』一九一九年「府令」）。さらに「恩給法」によって、朝鮮在勤三年以上の者は、一年につき半年増加という特典もあった。このため一九二〇年代には、財政負担の面からも、また「一視同仁」政策の面からも、加俸の廃止・削減論がくりかえされていく。

(12) なお、上野英三郎「朝鮮の土地改良事業」『朝鮮彙報』一九一九年七月、三五〜四八ページも参照のこと。

(13) 朝鮮銀行理事井内勇「土地開拓と資金の問題」『朝鮮公論』一二巻一号、一九二四年一月、一三ページ。そこでは某識者談として、「幹線水路位は宜しく国費支弁すべし」という説を引用している。

(14) 彼は一九二六年末、東拓京城支店で朝鮮人の流弾をあび負傷し（「京城の二十年党」『朝鮮及満州』一九二七年四月、一二〇ページ）、一九三〇年には事業不振の責任をとらされ辞任している（『朝鮮公論』一九三〇八月、七四ページ）。

(15)　この措置については、英断ではあるが時期尚早として批判の対象とされている（「朝鮮官海の異動短評―鮮人学務局長は問題である―」、「朝鮮の時事数題―鮮人の学務局長―」『朝鮮及満州』二〇六号、一九二五年一月、一八八～一八九、一九七～一九八ページ）。

(16)　『東洋拓殖株式会社三十年誌』一九三九年、一二四ページ。ただし同部は、一社に統一する方が便利であるとして、米価の低落を契機として、一九三一年に土地改良株式会社に引き継がれる。土地改良株式会社については、高山峰雄編刊『朝鮮土地改良株式会社誌』一九三六年を参照のこと。

(17)　以上の経緯は、池田秀雄「三十五万町歩の土地改良と八百万石の米を収穫する大計画」『朝鮮及満州』一九二六年八月、二六～二七ページ、同「帝国の食糧問題と朝鮮産米増殖計画」『朝鮮』一九二六年一月、二九～三八ページ、「総督府の各課長の品評（其二）」『朝鮮及満州』一九二六年五月、五九ページ、湯村辰二郎「世の誤解を解く」『朝鮮公論』一九二六年六月、六六～七一ページ、安達房治郎「更新せる産米増殖計画」『朝鮮』一九二六年八月、二一～四〇ページを参照した。

(18)　なお、湯村辰二郎は「朝鮮穀物取引所令」や「朝鮮農業倉庫令」の草案を作成したが、在任中は日の目をみなかったという（前掲『朝鮮米と共に三十年　湯村辰二郎半生の記録』二五ページ）。

(19)　釈尾東邦「斎藤総督の辞任説と後任説」『朝鮮及満州』一九二七年十二月、二～六ページ。なお同誌は、後任に、政党臭味が薄いとして宇垣一成を推している。

(20)　実際山梨は、記者の質問に対して、熱心に田中首相の対支政策の弁明につとめたという（「山梨総督の朝鮮観と対支政策観」『朝鮮及満州』一九二八年九月、十二ページ）。

(21)　拓務省の設置と歴代内閣の関わりについては、岡本［一九九八］、加藤［一九九八］を参照のこと。ただし加藤のいう拓務省の「党利党略道具論」については、とくに朝鮮総督府に関連する場合には、内閣ごとのさらに詳細な検証が必要であろう。

(22)　「総督府本府及地方官大移動中の人物月旦」『朝鮮及満州』一九二八年四月、七三ページ。なお、斎藤総督復帰後、湯村は殖産局農務課長に、岡崎も山林部長に就任している。

(23) 具体的には、河内山楽三財務局長の朝鮮火災保険社長、和田一郎財務局長の朝鮮商業銀行頭取、矢鍋永三郎理財課長の朝鮮殖産銀行理事、松井房次郎感鏡南道知事の朝鮮米穀倉庫会社社長、吉村謙一郎海事課長の朝鮮郵船専務などをあげることができる(『朝鮮公論』一九二七年十月、『朝鮮地方行政』一九三〇年十二月)。

【参考・引用文献】

有馬学[一九八八]「東拓時代の野田卯太郎」西南地域史研究会編『西南地域の史的展開　近代篇』思文閣出版。

井口和起[一九九二]「朝鮮総督府の農村支配に関する覚書―重松高昇修『朝鮮農村物語』を素材に―」後藤靖編『近代日本社会と思想』吉川弘文館。

李ヒョンナン[一九九〇・八]「第一次憲政擁護運動と朝鮮の官制改革論」『日本植民地研究』第三号。

岡本真希子[一九九八]「政党政治期における文官総督制――立憲政治と植民地統治の相剋」『日本植民地研究』第一〇号。

加藤聖文[一九九八・三]「政党内閣確立期における植民地支配体制の模索―拓務省設置問題の考察―」『東アジア近代史』創刊号。

金子文夫[一九八六]「一九二〇年代における朝鮮産業政策の形成」原朗編『日本植民地研究』第一〇号。

河合和男[一九八六]『朝鮮産米増殖計画』未来社。

川北昭夫[一九九五]「一九二〇年代朝鮮の工業化論議について」鹿児島経済大学地域総合研究所編『近代東アジアの諸相』勁草書房。

川東竫弘[一九九〇]『戦前日本の米価政策史研究』ミネルヴァ書房。

姜東鎮[一九七九]『朝鮮支配政策史研究』東大出版会。

黒瀬郁二[一九八五・一]「第一次大戦期における東洋拓殖会社の再編成」『鹿児島経大論集』二五巻四号。

黒瀬郁二[一九八七・二]「一九二〇年代における東洋拓殖会社の外資導入と海外投資」『鹿児島経大論集』二七巻四号

朝鮮銀行史研究会編［一九八七］『朝鮮銀行史』東洋経済新報社。

高橋泰隆［一九九五］『日本植民地鉄道史論』日本経済評論社。

平井廣一［一九九七］『日本植民地財政史研究』ミネルヴァ書房。

朴慶植［一九七三］『日本帝国主義の朝鮮支配』青木書店。

Lynn Hyung Gu［一九九八］'Ariyoshi Chûichi and Colonial Period Korea'『国際東方学者会議紀要』（東方学会）第四三冊。

第8章　植民地台湾の官僚人事と経済官僚

波形　昭一

はじめに

植民地台湾における官僚は、日本内地の中央官庁や地方官庁の官僚とは本質的にその位置づけが異なる。植民地は帝国議会も地方議会もなく、したがって直接的には政党とか議員とかが存在しない特殊世界であり、そこでのすべてが官僚によって取り仕切られている世界である。総督を頂点にいただく植民地の官僚は、政治・立法・行政・司法・警察などすべての権能を担う、他が口を差し挟むことのできないオールマイティな存在であり、それだけにまた破格の特別待遇を受けていた(1)。「植民地は内地と異り、在住者の発言権もないのだから凡て官吏の頭一つ。発展もすれば向上もし、その反対に停滞もすれば堕落もする。」〔小川、一九二五・五：七九〕とは、いいえて妙のある表現である。いいかえれば、植民地は「官僚政治」という統治形態しか選択肢のない世界であった。

第一大戦期までは本国（内地）自体も基本的には官僚政治体制であったから、本国と植民地の間に政治システムとしての軋轢は生じなかった。しかし、ワシントン体制のグローバル化、さらに社会主義と民族運動の連動化が急激に進行する大戦後の国際状況下にあって、本国の政治システムは否応なく「政党政治」へ転換せざるをえなくなる。ここに本国内地と植民地台湾との間に政治システム上の不整合が生じ、両者の関係は不安定化するにいたった。わが国最初の本格政党内閣としての原内閣は、こうした不整合・不安定を軌道修正するため、台湾に対しては漸進的「内地延長主義」を掲げて文官総督制と地方自治制の導入、さらに三一法の改廃などの諸弥縫策を展開した。しかし、政党内閣が「憲政の常道」を御旗に政党政治の本来性を主張すればするほど、政党の存立基盤たる議会の重みは増すのであって、植民地にのみ旧態依然たる藩閥官僚政治の生き残りのごとき「総督政治」「官僚政治」を押しつけ、議会への途を閉ざすのは説得力に乏しくならざるをえない。たとえ総督を武官から文官へ衣替えしても、弥縫策はしょせん弥縫策にすぎず、台湾人による台湾議会設置請願運動(2)が一九二一年から三四年まで、まさに政党内閣期の全期間にわたって展開されたのはこのゆえである。

一方、この不整合性・不安定性は台湾における統治者側の日本人にもおよんでくる。政党内閣が政党政治の本来性を強化すればするほど、官僚政治は相対的に後退せざるをえない。本国内地では「官僚の政党化」ですますことができても、官僚政治がすべての植民地台湾にあってはそれではすまされない。植民地で官僚の政党化が深まれば、その結果は植民地統治の否定につながりかねないからである。事実、詳しくは後述するように、台湾の総督・官僚政治は政党内閣期の後半、内地の政争に巻き込まれて麻痺状態に陥った。ちなみに、一九三〇年代初頭に沸き起こった日本人による総督任期制請願運動や総務長官留任運動は、この麻痺状態から総督・官僚政治を呼び覚まし、内地の政党政治を遮断した形で台湾の政治システムを維持しようとする、統治者側の「苦悶」であった。

政治の不安定・動揺は、当然、経済に波及する。官僚の政党化は総督・官僚政治の根幹を揺さぶり、しだいにその統治者能力を脅かす。ある政党の統治者能力が失墜したとしても、曲がりなりにも議会制政治が保証されている内地であれば、他党がこれに取って代わればすむことである。たとえ行政官僚のすげ替えがあっても、それで大勢が揺らぐほどの影響はないであろう。しかし、植民地台湾の官僚は、前述したように、単なる官僚ではない。政治家と官僚を兼務する存在であった。したがって、政治の動揺は直ちに行政の動揺につながり、経済政策の一貫性を妨げ、あるいは政策対応の遅延性をもたらす可能性が大きい。事実、政党内閣期における台湾経済の運営には、そうした政治上および行政上の動揺が影響していたように思われる。

以下、本章では右に述べた問題関心にもとづいて、政党内閣期の台湾における総督・官僚政治の危機、それにともなう総督府官僚の人事状況および経済官僚の政策理念の展開過程を考察する。

一　台湾の行政機構と高等官の履歴構造

(1)　台湾の行政機構と官吏構成

台湾行政機構の中核、つまり台湾総督府は数次にわたる機構改正を経ながらも、その骨格は一九一九年まで親任武官総督（陸海軍大将もしくは中将）を長とする民政部・陸軍部・海軍幕僚の三者鼎立から成り立っていた。

第一世界大戦後、わが国初の本格政党内閣たる原内閣が成立するにおよんで、植民地台湾の行政機構も大きく転換する。一九一九年八月の台湾総督府官制改正によって、これまでの総督資格制限条項「総督ハ親任トス陸海軍大将若ハ中将ヲ以テ之ニ充ツ」が「総督ハ親任トス」と改められ、ここに文官総督実現の途が開かれた。つまり、軍政（陸軍部と海軍幕僚）が総督府機構から完全に分離され、民政一本化へ改編されたわけである。ただ、民政一本化それ自体がもはや民政部存続の意味をなくしたところから、民政部の名称は撤廃され、かつ「民政長官」も「総務長官」と改称された。と同時に、それまで民政部の下に構成されていた財務局・通信局・殖産局・土木局・警察本署・地方部・法務部・学務部の四局一署三部制が、新たに内務局・財務局・逓信局・殖産局・土木局・警務局・法務部の六局一部制に改組された。こうした総督府機構の改正にともない、二〇年七月、地方官官制の改正もおこない、これまで台北庁、宜蘭庁など一二庁からなっていた台湾の行政区分を、大きく台北州・新竹州・台中州・台南州・高雄州・台東庁・花蓮港庁の五州二庁（のちに澎湖庁が加わり五州三庁）に整理統合するとともに、さらに台北・台中・台南の三市および四七郡、一五五街庄をおくこととなった。

その後、伊沢多喜男総督期の一九二四年一二月に一大行政整理を企図する総督府官制の改正が断行された。土木・逓信の両局と法務部を廃止し、これにともない内務局に土木課を、総督官房に法務課を設置するとともに、付属官署として交通局を新設し逓信局と鉄道部（従来から付属官署）を統合した。つまり従来の六局一部制を四局制へ整理・統合したのである。また、地方官官制も改正され、基隆・高雄の二市が加わり五市となった。さらに二六年一〇月、内務局から文教課が分離独立して文教局となり、総督府は総督官房および内務・文教・財務・殖産・警務の五局に再編された。そのほか所属官署（法院、交通局、郵便局、専売局、税関、諸学校、図書館、医院、中央研究所など）の改編もあるが、ここでは割愛する。

ところで、そもそも植民地統治は軍事力と行政権力を背景にしたものであるから、植民地では統治側官吏の多いのは通例であるが、わが国の植民地統治においてはとりわけその傾向が強かった。たとえば、一九二〇年の国勢調査［台湾総督官房臨時国勢調査部、一九二四：八一～九三］によって在台日本人の職業別構成をみると、総数七万四七〇四人（本業者のみ、家族や無業者は除く）のうち工業一万八六〇九人（二四・九％）、商業一万五六〇二人（二〇・九％）、次いで官吏が一万三三七八人（一七・九％）と三番に位置している。また、男性（六万三八五三人）だけに限っていえば、官吏は一万三一八九人（二〇・七％）で工業に次いで二番であり、これに軍人六三四一人を加えれば三〇・六％で一番となる。植民地台湾では、日本人社会に関する限り、まさに「石を投げれば役人に当たる」状態であった。

一口に植民地官吏といっても、その人員構成は天と地ほどの階級差から成り立っていた。たとえば、地方州庁官吏を除く台湾総督府・所属官署官吏だけでこれを階級（官等）別にみると、一九二〇年では［台湾総督官房調査課、一九二二：六九三～七〇一］、勅任官一九人、奏任官三六七人、奏任官待遇五人、判任官二八〇七人、判任官待遇六二九人、嘱託三五二人、雇員三九〇三人、傭員五九八四人の合計一万四〇六六人である。このうち奏任官以上の高等官（奏任官待遇は高等官に入らない）は、官吏全体の二・七％にすぎない。三三年では［台湾総督官房調査課、一九三五：七一一～七二三］、全官吏一万二八四三人のうち高等官は五五四人（四・三％）である。二〇年と三三年では高等官の割合に若干の差はあるが、いずれにしても高等官がきわめて少数のエリート官吏であったことに変わりはない。しかも、これは地方州庁官吏を除いた数字であり、地方州庁にこそ奏任官待遇以下が多かったから、これを含めた台湾全体でみれば、高等官の希少性はさらにいっそう高まる。ちなみに地方州庁も含めた台湾の全官吏中、高等官は二〇年で一・七％、三三年で二・二％である。したがって、局長や州知事などの勅任官は、まさに殿上人のごとき存在であった。一般に「官僚」というとき、それはこの奏任官以上の高等官を指す。

台湾人官吏にとって、高等官は殿上人からさらに雲上人へと昇天する。資料の制約上、一九三五年の統計［台湾総督官房調査課、一九三九：五五〇～五五二］で例示すれば、台湾の全官吏四万三五三七人のうち台湾人官吏は一万三一三八人（三〇・二％）であり、七割は日本人官吏で占められていた。さらに台湾人の高等官となると、全台湾人官吏の〇・〇八％、全高等官九〇二人中の一・二％という、いわば存在の意味さえないような人数である。奏任官はわずか一一人にすぎず、勅任官は一人もいなかった（台湾人官吏で最初の勅任官は一九三七年高等官二等になった杜聡明。ただし行政官ではなく台北帝大医学部教授。杜は台北医専卒・京大研究科修了で台湾人最初の医学博士）。矢内原忠雄がかつて、日本の植民地行政は「官僚的行政」であり、しかも「上級官吏のみならず下級吏員に至るまで多く本国人を以て充当せられ原住者に対して地位を与へる事極めて少きこと」［矢内原、一九四八：二九六］に特徴があると喝破したとおりである。

（2） 高等官の履歴構造

政党内閣期における高等官の履歴構造について分析を試みよう。分析対象は、田総督期の一九二〇年から中川総督期の三三年までの一四年間における総督府の局長・参事官・課長・所長、各州の知事・部長・課長・署長、各郡の郡守、各市の市尹（市長に相当）・課長とする（ただし、法院・学校・医院・軍など、行政との関係が比較的縁遠い官署の高等官は除いた）。この条件にそった台湾の高等官を台湾経世新報社編『台湾大年表』（第四版、一九三八年）掲載の「文武職員」によって調べると、総数七三九人を抽出することができる。そのうち生年、生地・原籍地、出身校、卒業年次、文官高等試験・文官普通試験（以下、高文・普文と略称。なお、ここでは行政科試験のみに限定し、司法科・外交科試験は除く）合格の有無および年次、渡台年次、渡台前の経歴、渡欧米経験など何らかの手がかりが判明した者は四四七人を数え（これらの調査文献は後掲表8－1の注2を参照）、これを高文合格者二一四人、普文合格者二一人、その他二〇二人の三グループに分け（以下、便宜上それぞれを高文官僚、普文官僚、技能官僚と略称）、それぞれの学歴、職種、最終職位、政党系列などを検出してみたい。

まず第一に、官僚分析にとって重要な項目である学歴についてみてみよう。学歴別構成を出身校別および高文・普文合格時期別にみたのが表8－1である。高文官僚の出身校は圧倒的に東京帝国大学（以下、大学名は略称ないし通称を用いる）である。高文官僚二一四人中、実に四人に三人の割合に近い一六二人（七二・三％、うち法学部一五六人、経済学部六人）を数え、とりわけ第一次大戦前に高文試験に合格した高文官僚中、同大学卒業者の占める割合は高い。次に多いのは京大であるが、一九人でとくに目立つ数ではなく、また私立大学は中央・明治・早稲田・法政・日本・専修の六大学を合わせてもわずか一九人にすぎない。戦前システム（一八九四〜一九四七年）の高文合格者総数九五六五人のうち東大出身者は五九六九人（六二・四％）［秦、一九八三：一七］であるから、時期設定の点でややズレがあり断定的にはいえないが、植民地台湾の高文官僚に占める東大出身者の比率は全国平均より高い傾向にあったことになる。

普文合格者はわずか二一人にすぎず（普文合格者の実数はもっと多かったと思われるが、高文合格者のように確認すべき記録資料がないため、その実態把握は現在のところ不可能である）、かつその過半が出身校不明である。そのため、この人数からなんらかの傾向を導き出すのは無理かもしれないが、あえていえば、中学校卒業者のうち上昇志向のたくましい者がこれに属

表8-1　高文・普文合格高等官の学歴

	合格時期						
	〜1904	1905〜09	1910〜14	1915〜19	1920〜24	1925〜29	計
【高文合格者】							
東大	10	18	51	17	31	35	162
京大		2	4	6	3	4	19
東京商大			2		2	3	7
中大	1	2		1	2		6
高等師範			1	1	4		6
明大					3	1	4
中学校			1			3	4
法大	1	2					3
逓信管理学校		1	1			1	3
早大	1	1		1			3
日大						2	2
高校						1	1
専大	1						1
不明				1	2		3
計	14	26	60	27	47	50	224
【普文合格者】							
明大	1						1
中学校		1	2	2			5
練習所	1						1
商業学校				1			1
不明	3	4	4	2			13
計	5	5	6	5			21

注：1. 東大・京大の学部別合格者は，東大が法学部156名，経済学部6名，京大がそれぞれ16名，3名。高等師範は東京高等師範5名，広島高等師範1名.
2. 大園市蔵編『台湾人物誌』谷沢書店，1916年，同編『台湾の中心人物』日本植民地批判社，1935年，橋本白水『台湾之官民』上編，台湾案内社，1919年，田中一二『台湾の新人旧人』台湾通信社，1928年，永岡芳輔『在京一年有半』実業時代社台湾支社，1929年，林進発編『台湾官紳年鑑』民衆公論社，1932年，台湾新民報社編『台湾人士鑑』同社，1934年，同社編『改訂台湾人士鑑』同社，1937年，原幹洲編『南進日本之第一線に起つ新台湾之人物』勤労と富源社，1936年，新高新報社編『台湾紳士名鑑』同社，1937年，太田肥洲編『新台湾を支配する人物と産業史』台湾評論社，1940年，秦郁彦『戦前期日本官僚制の制度・組織・人事』東京大学出版会，1981年，などにより調査.

資料：台湾経世新報社編『台湾大年表』（第4版，台北印刷，1938年）掲載の「文武職員」欄より調査対象とすべき高等官を抽出した.

表8-2　技能官僚（高文・普文合格者以外）の学歴と職種

学歴			職種						
出身校	人数	学部・学校	技術	医療	教育	司法	警察	その他	不明
東大	27	工 13，法7，農4，理2，哲1	14		1	4		5	3
京大	8	工4，理1，医1，法1，経1	3	1		1		1	2
東北大	5	農3，工2，	4		1				
九大	1	工1	1						
私大	10	早大３，東洋協会3，明大2，その他2			1		1	8	
高専	4	札幌農2，長崎高商1，仙台高工1	1		1			2	
医専	5	金沢2，長崎2、京都1		5					
師範	11	東京高師3，広島高師2，その他6			7		1	3	
高校	3	二高医1，三高土1，五高工1	2	1					
中学校	17					3	6	8	
専門	4	商業2，農業1，農林1	1		1		1	1	
海兵	2							2	
尋常小学校	2						2		
郵便通信	2	（東京郵便通信学校）	2						
練習所	7	台北警察官及司獄官練習所）					7		
その他	6		1	1			2	2	
不明	88		3	2		2	37	18	26
計	202		32	10	12	10	57	50	31

資料：表8-1に同じ．

していたということできよう。また、普文合格時期一九二〇～二九年における普文官僚がゼロなのは、普文合格者の高等官への道のりがいかに険しく、長年月を要したかを物語っている。

高文・普文官僚以外の高等官、いわば技能官僚の学歴と職種をみたのが表8－2である。これに属する者は二〇二人で、そのうち学歴不明者が八八人もあり、やや母集団が少ないため判然としたことはいえないが、傾向的にはいちおう分析可能な数字であろう。その上でのことであるが、出身校は、東大出身者が多いとはいえ圧倒的な数ではなく分散的であり、むしろ出身学部や出身校の専門性にその特色があったといえよう。この点は、職種をみるとより明瞭である。たとえば、技術・医療・教育・司法・警察など一般職とは異なる専門職の色彩が強く、東京・京都・東北・九州の四帝大は技術職に集中している。また、医専出身者は医療分野に、師範出身者は教育分野に、といった具合に専門性をうかがうことができる。これに対して、私大出身者は専門職というより一般職の傾向が強く、また中学校卒業者は一般職のほか警察畑の傾向が強い。なお、学歴不明者八八人の職種に警察畑が多数を占めているところからみて、これには中学校卒業者のほか尋常小学校卒業者が多く含まれていたのではないかと推測される。

第二に、高文官僚、普文官僚、技能官僚が最終的にどれくらいの職位にまで上り詰めたのかを考えてみたい。この課題は本来的には完全な退官者だけに絞って分析すべき性質のものであるが、これは技術的に不可能なため、本分析の対象期間内（一九二〇～三三年）における官僚それぞれの最終職位を整理して一定の結論を導くことにした。したがって、当該期間内に退官した年配の官僚以外に、未退官の若い官僚をも含めざるをえなかった。そうした前提のうえで最終職位をみたのが表8－3であるが、高文官僚、普文官僚、技能官僚の間には明らかな相違がある。まず高文官僚についてみると、若いときには州・庁の課長や郡守、次いで総督府の課長ないしは州の部長を経て、最終的には総督府の局長、州の知事へと上り詰める、というのが最も理想的な出世コースであったことがわかる。内地から直接着任することの多かった総務長官（田総督時代の賀来佐賀太郎を除く）は別格として、台湾の高等官の憧れは局長、州知事（いずれも勅任官）であり、技能官僚にも若干名はいたが、圧倒的に高文官僚の独壇場であった。

一方、普文官僚は州・庁の課長ないし郡守、市尹が最高職であり、高文官僚とは雲泥の差があった。ただ一人、例外的な出世頭がいた。一九〇〇年に渡台して直ちに総督府警察官となり、その後、普文合格（〇一年）、警察官及司獄官練習所卒業（〇三年）のあと郡守、総督府警務局理蕃課長を経て、ついに二六年花蓮港庁長（高等官四等五級）に昇進した中田秀造（一八七六年生まれ、福島県出身）がいる［大園、一九一六：二四〇～二四一。橋本、一九一九：一〇六～一〇七］。だが、中田のケースは例外中の例外であった。

ところで、技能官僚には、前述のように高文官僚並みの学歴者と普文官僚並みの学歴者の両方が含まれ、専門職的な傾向が濃厚だったところから、また別の特徴がみられる。たとえば技能官僚は、総督府の部長、課長、所長、州・

表8–3　高等官の最終職位

職位		高文（合格時期） ～1904	1905～09	1910～14	1915～19	1920～24	1925～29	計	普文	技能	合計
総督府	総務長官	4	2	1				7			7
	局長・総長	6	8	20	1			34		2	36
	税関長	1	1	1				3			3
	部長		1	2	1	1	1	6		6	12
	審議室事務官			2				2		1	3
	課長		6	12	12	25	7	62		39	101
	所長									10	10
	郵便局長									4	4
州・庁	州知事	3	4	10	4			21		4	25
	庁長			2	2			4	1	4	9
	支庁長									2	2
	部長	1	4	6	3	9	2	25			25
	課長			2	2	10	20	34	4	65	103
	警察署長						1	1	1	9	11
郡・市	郡守			2		1	15	18	11	45	74
	市尹				2	1		3	3	9	15
	市助役						4	4	1	2	7
計		14	26	60	27	47	50	224	21	202	447

注　：工場長，養殖場長，支局長は所長に含む．
資料：表8–1に同じ．

庁の課長、郡・市の郡守、市尹などで多数を占め、また地方現場に接近するほど強く、現業職に近づくほど強かったことをうかがわせる。この技能官僚にあっては、学歴は尋常小学校卒業でも、警察官吏には奏任官の下位クラス、たとえば警察署長までの途は開けていたことを示している。

第三に、高等官の中軸をなす高文官僚の出身省庁別系譜と政党系列をみたのが表8–4である。高文官僚二二四人中、もともと内務・大蔵・逓信・農商務・拓殖など内地の中央官庁を出身母胎とする者が一〇四人、一方、総督府および台湾地方庁からスタートした者が九八人とほぼ拮抗している。前者については内務省系が圧倒的多数を占める。これは内務省の地方局、警保局、土木局などの系列が植民地統治に必須の条件だったからであると思われるが、これも第一次大戦前の高文合格者に当てはまる傾

表8-4　高文合格高等官の出身省庁と政党系列

	高文合格時期						
	～1904	1905～09	1910～14	1915～19	1920～24	1925～29	計
内務省	6	10	35	8	8	5	72
大蔵省	1	4	5	1	2		13
逓信省	4	1	1	1	1	2	10
農商務省	2	2					4
拓殖局				2		3	5
他の外地		1	5	1			7
台湾総督府	1	7	10	12	25	28	83
台湾地方庁			2		2	6	10
その他		1	2	2	7	3	15
不明					2	3	5
計	14	26	60	27	47	50	224
政友会系	4	6	7	4	2		23
民政党系	3	4	8	3			18
計	7	10	15	7	2		41

資料：表8-1に同じ.

向であって、大戦後の政党内閣時代に高文試験に合格した比較的若い官僚層はスタート時点から台湾勤務の者が多くなる。要するに、第一次大戦を境にして、内地とは無縁な、いわば台湾生え抜きの中堅高等官が急速に増大したことを知ることができる。

しかも、この傾向は、台湾の高文官僚と政党とのつながりにも反映していたようである。支持政党の判明する官僚を個別に拾い上げるのはきわめて困難な作業であり、二二四人中四一人(3)しか確認できなかった。政党別では政友会系二三人、民政党系一八人で、それほど差はない。しかし、興味深いのは、第一大戦前の高文合格者と大戦後の高文合格者との間には、政党に対する反応度の点で決定的な差があったことである。前者が政党に敏感だったのに対して、後者はほとんど無反応に近い。この隔たりは、両者の年代差にもとづく職位や思想などの違いに由来したと推測できるが、それ以上に、大戦後に高文試験を合格した若手中堅官僚層には当初から台湾勤務の者が多くなり、内地中央との人脈関係が稀薄であったことに最大の理由があったと考えられる。

要するに、一九二〇年代の政党内閣期における台湾の官僚は、つねに「内地」の政局模様を帰巣本能的に意識せずにはいられない「戦前派」と、むしろ内地政局の「外地」台湾への悪影響を自己防衛的に意識せざるをえない「戦後派」とに大別できるようである。植民地台湾の役人社会でも、内地と共通する高等官と判任官の階級的境界はあったが、さらに高等官内部にも内地からの天下り組と台湾生え抜き組との境界があり、かつ台湾生え抜き組から局長が出にくいという事情もあって、両者の間に何らかの感情的対立があったと思われる(4)。

なお、当該時期における台湾人高等官についてみると、高等官七三九人のうち三人を数えるのみである。分類でいうと高文官僚二人、技能官僚一人である。高文を通った最初の台湾人高等官は劉明朝（一八九五年生まれ、台南出身）で、八校（名古屋）を経て一九二二年に東大法学部を卒業し、二三年総督府属となるとともに高文合格も果たす。以後、専売局翻訳官や新竹州勧業課長を歴任して三一年殖産局水産課長に昇進した。あとの二人は二四年に東京商大を卒業し高文に合格した劉茂雲（一八九五年生まれ、台中出身）と二三年京大経済学部を卒業して官界に入った李讃生（一八九〇年生まれ、台北出身）である。これら台湾人高等官の出世速度に民族的差別があったかどうかは即断できないが、ただ、三人の経歴に州の勧業課長や総督府殖産局の山林課長が多いところからみると、出世コースに一定の枠がはめられていたと考えざるをえない(5)。

二　高等官人事の政争化と経済官僚

（1）　総督・総務長官・局長人事の政争化

政党内閣期の内地では官僚人事の政争化がすさまじかったが、そのことが、官僚が主役の植民地台湾に影響しないはずはない。一般に「武官総督から文官総督へ」といわれるが、もっとわかりやすくいえば「軍人総督から官僚総督へ」と表現すべきであろう。文官総督の場合は、たとえ親任官であっても総督自身が官僚なのであって、政党政治に対して超然としていることはできず、その影響はさらに総務長官、局長などの「高官」人事にもおよんでいく。原内閣成立から犬養内閣崩壊までの政党内閣期約一四カ年の間に一二回の組閣をみた。そして、この間に総督八人、総務長官七人（安東貞美・明石元二郎両総督期の民政長官から田健治郎総督期の総務長官まで引き続き務めた下村宏を除く）が誕生したから、組閣回数に比べれば総督と総務長官の任期は多少は長かったことになる。

しかし、田総督以前の武官総督期、とりわけ児玉源太郎総督と後藤新平民政長官（一八九八年六月まで民政局長）のコンビ成立以降の武官総督期（一八九八年三月～一九一九年一〇月）に比べた場合、見方がまったく変わってくる。ちなみに総督ごとの在任期間を月数でみると、児玉九八カ月、佐久間佐馬太一〇八カ月、安東三八カ月、明石一七カ月（明石は死去のため短命総督で終わった）に対して、文官総督期になると、田の四八カ月は別格として、内田嘉吉一二カ月、伊沢多喜男二二カ月、上山満之進二四カ月、川村竹治一三カ月、石塚英蔵一八カ月、太田政弘一四カ月、南弘にいたっては三カ月弱というありさまであった。長くても二年、とくに田中義一内閣期以降は政友・民政両党の政争が激しく、せいぜい一年から一年半にすぎない。

この傾向は総務長官の在任期間にも投影していた。田総督期の賀来佐賀太郎三八カ月、伊沢・上山両総督期の後藤文夫四五カ月まではよかったが、それ以降になると河原田稼吉一四カ月、人見次郎一七カ月、高橋守雄三カ月、木下信九カ月というように頻繁な交替劇に明け暮れた。とくに浜口民政党内閣の太田総督期における総務長官人事は最悪で、高橋守雄は就任後わずか三カ月で警視総監に転じ、替わって木下信が総務長官に就任した。その木下長官にしても、第二次若槻民政党内閣が短命であったため、わずか九カ月で更迭という始末であった。この辺の詳しい経過はのちにふれる。

また、総督と総務長官を中央省庁の系列で整理してみると、田・内田両総督が逓信官僚、賀来総務長官が農商務官僚であったが、加藤高明内閣下の伊沢総督期から内務官僚が圧倒的に多くなる。伊沢・上山・川村・石塚・太田・南の六総督のうち、石塚（法制局）と南（内閣）を除く四総督が内務官僚、総務長官は後藤・河原田・人見・高橋・木下・平塚の同じく六人のうち、人見（農商務省）のほかはすべて内務官僚で占められた。ちなみに、武官総督期の民政局長・民政長官は水野遵から始まり曾根静夫・後藤新平・祝辰巳・大島久満次・内田嘉吉（内田は総督になる前の一九一〇年八月～一五年一〇月に民政長官を務めた）・下村宏の七人を数えるが、このうち内務省衛生局長であった後藤のほかは水野が外務省、曾根が拓殖務省、祝が大蔵省、大島が法制局、内田と下村が逓信省というように、民政長官人事への内務省の影響力はほとんどなく、内務官僚の総務長官が多くなるのは加藤高明内閣下の伊沢総督期に入ってからである。台湾総督府官僚の人事交替をめぐる政争が激化するのは、実にこの時期からであり、それは局長人事に如実にあらわれた。

一九二〇～三二年（三二年以降の中川総督期は除く）における局長（交通局総長を含む）の人事異動は延べ人数で五三人を数え、そのうち約半数の二五人が内地から直接の天下り局長であった。この数字は、すでに前の人事異動時に天下り局長として来台した者が他の局長に転任した場合を除いた数字であるから、実質的な天下り局長はもっと多くなる。ともあれ問題なのは、この天下り局長が伊沢総督期の二四年九月から激増したことである［伊沢多喜男伝記編纂委員会、一九五一：一四八～一四九］。田・内田総督期の二〇年九月～二四年八月における局長就任件数は一六件で、そのうち天下り局長は三件にすぎなかった。ところが、二四年九月～三二年三月には局長就任件数三七件中、天下り局長は二二件にも上った。ちなみに総督別に天下り状況をみると、伊沢総督期が七件中六件、上山総督期が八件中一件、川村総督期が四件中三件、石塚総督期が八件中三件、太田総督期が五件中五件、南総督期が五件中四件である。

石塚総督期は天下り件数が相対的に少ないため、一見穏やかであったように思われるかも知れないが、実際はそうではない。事実、石塚総督初期の一九二九年八～九月には台湾総督府七局、つまり内務・文教・財務・殖産・警務・

交通・専売の七局（交通局と専売局は所属官署）のうち、財務局を除く六局の局長（交通局は総長）が入れ替わった。ちなみに、内務局長（豊田勝蔵→石黒英彦）、文教局長（石黒英彦→杉本良）、殖産局長（内田隆→百済文輔）、警務局長（大久保留次郎→石井保）、交通局総長（丸茂籐平→白勢黎吉）、専売局長（常吉徳寿→池田蔵六）といった具合である。前任局長のうち石黒が文教局長から内務局長に横滑りしただけで、豊田、内田、大久保、常吉、丸茂の五人は依願免本官となっている。また、総督や総務長官に直結する総督官房については、課長級以上の上級高等官九人全員が入れ替わっている。これは、後にも先にも例のない総入れ替え人事であった。局長人事が穏やかだったのは上山総督期の前半（第一次若槻内閣期）くらいのものである。

ところで、一九三一年一月、石塚総督が霧社事件の責任をとって人見総務長官とともに辞任し、替わって関東庁長官の太田政弘が総督に、兵庫県知事の高橋守雄が総務長官にそれぞれ就任したが、このあたりから総督府の官僚人事が常軌を逸するまでに政争化し、これに対する世論もまた厳しさを増してきた。その経緯はおおよそ次のようである。

政権は同じ民政党の掌握するところであったが、浜口内閣総辞職による第二次若槻内閣成立の余波を受けて、一九三一年四月、高橋総務長官が任期わずか三カ月で退任し（警視総監に転任）、長崎県知事の木下信が新長官に就任した。木下はすでに二四年から二八年にかけて台湾総督府の内務・土木・文教の三局長と交通局総長を歴任した、いわば里帰り的な台湾通内務官僚であったから、そうとう期待されたはずである。しかし、これまたわずか九カ月の在任期間で終わってしまった。というのは、同年一二月に政権が政友会（犬養内閣）に移ったためであるが、このとき（三二年一月）政府は総務長官の直属の上司である総督、つまり太田総督になんらの相談もなく、強引にも木下総務長官と井上英警務局長を休職処分にしたのである［唐沢、一九三五：二一三～二一七］。ともに勅任官であり、総務長官の休職処分は前例のないことであったという。後任には兵庫県知事や東京府知事などを歴任し、二九年七月の浜口内閣成立で依願免本官になっていた政友会系内務官僚の平塚広義が就任した。政権が替われば、まず総督の交替があり、そのうえで総務長官が交替するのが従来の一般的・慣例的な順序であった。政党内閣期におけるこれまでの歴代総督は、政権交替があれば直ちに辞表を提出したが、太田総督はこれをおこなわなかった。業を煮やした政府は従来からの手順を無視した。そのために太田総督は逆に居座りを決め込むなど、事態はこじれにこじれたが、太田総督もついに三二年三月に辞任し、南弘が新総督に就任した。

ところが、この南総督も、就任早々に未曾有の大人事異動を敢行した挙げ句、わずか三カ月足らずの在任期間で辞任してしまった。五・一五事件で犬養内閣が崩壊し、そのあとを承けた斉藤挙国一致内閣の逓相に転任したのである。替わって新総督に就任したのが中川健蔵であり、中川は民政党系内務官僚であったから、これまでの例にならって平塚総務長官の更迭が予想された。ここにいたって台湾では州協議会や各種実業団体、報道機関などが中心になって総務長官留任運動が沸騰し、運動が実って平塚長官の留任が実現するや、これがさらに総督任期制請願運動へと発展した。総督と総務長官の交替は、これを送り出す内地側には当然の措置と受けとめられても、迎える側の台湾にとっては局長以下の高等官すべてに影響がおよぶ一大事変であり、総督の任期制についてはすでに早期から問題になっていた。一九三二年八月、運動は「台湾総督の地位に関する請願書」を議会提出するまでに発展したが、結局は貴族院請願委員会で不採択となる。なお、この点の詳細は岡本真希子氏の研究［岡本、一九九八・七：七］を参照していただきたい。

（2） 経済官僚の人事異動

それでは、総督任期制の請願運動にまで発展した政党内閣期の状況は、総督府の経済官僚の人事にどのように影響したであろうか。ここでは財務局と殖産局の人事異動に注目してみたい。

まず、総督府高等官（局長・部長・課長クラス）の人事異動を留任・交替・新設の三つに分け、それを主要分署別に比較してみよう。表８－５によると、分署別にそうとうの違いのあったことがわかる。人事異動が頻繁な、つまり交替が留任を大きく上回っているのは総督官房と警務局である。一方、人事異動の少ない、つまり留任が交替を上回っているのが内務局、財務局、交通局、殖産局であり、専売局は留任と交替がほぼ均等である。概して、総督・総務長官の交替が直接反映する総督官房、また内務省警保局の影響が強かった警務局などに人事異動の頻繁さ、すなわち政争的人事の可能性を感じる。ただし、内務省の地方局に近い総督府内務局はむしろ逆の傾向がみられる。これは内務局分署の特性、つまり概して技術系部門が多く、それだけに政治的影響がおよびにくかったことと、いわゆる選挙の施行されない植民地台湾では政党による票争奪戦の必要がなかったからであろうと思われる。

ところで、経済部門としての財務局と殖産局の高等官人事は概して穏やかである。ともに専門職性の濃い部局であるためであろうが、とくに財務局にその傾向が強い。これは内地の内務省と大蔵省との対比についてもみられる傾向で［水谷、一九九九：一六八～一七二］、経済官僚は概して政党の介入に相対的に距離をおくことのできる立場にいたといえよう。一九二〇～三三年における財務局の高等官は、末松偕一郎、阿部滂、大沢清高、辰野亀男、岡田信、富田松彦、池田蔵六、古木章光、阿部嘉七、菊池武芳、石川重男、前田稔靖、角田広次、中屋重治、名和仁一、中田栄次郎、奥田達郎、中島一郎、坂口主税、本多保太郎、玉手亮一、江藤昌之、山岸金三郎の二三人を数える。財務局はポストが少ないため（一九二四年まで財務・主計・税務・金融・会計の五課、以後、会計課が総督官房に移り四課となる）、高等官の数も他局に比べて少ないが、それにしても財務局の人事交替は概して穏やかであったといえよう。

財務局高等官の履歴を調べると、高文合格年次が第一次大戦前の者には大蔵省出身者が多いが、それ以降は総督府生え抜き型が多くなり、同時に出身校も東大に偏らない傾向になる。とくに注目したいのは、同一出身地で、しかも年齢の近い者の組み合わせが多いことである。たとえば、阿部滂・大沢清高・辰野亀男は長野県、前田稔靖・中屋重

分署別人事異動件数

局		殖産局				警務局				専売局				合計				
新設	計	留任	交替	新設	計	留任	交替	新設	計	留任	交替	新設	計	留任	交替	新設	計	
1	13	8	4	2	14	5			5	6	1		7	39	14	4	57	①
2	15	8	6	1	15	2	3		5	2	5	4	11	34	23	7	64	②
	14	12	3	2	17		5		5	7	4		11	42	20	2	64	③
1	15	11	5		16	2	3		5	8	3	2	13	48	15	4	67	④
3	13	4	4		8	1	4		5	1	5		6	17	23	7	47	⑤
	13	7	1	2	10	4	1		5	4	2		6	39	8	5	52	⑥
	13	4	5		9	2	3		5	1	5		6	25	24	1	50	⑦
3	15	3	6		9		5		5	3	3		6	24	24	4	52	⑧
3	18	6	3	2	11	4	1		5	4	2		6	30	21	6	57	⑨
	18	5	5	1	11	2	3		5	2	4		6	31	24	1	56	⑩
	18	1	10		11	1	4		5	2	4		6	19	36	2	57	⑪
	17	4	7		11	2	3		5	1	4		5	22	31		53	⑫
3	20	8	2		10	4	1		5	4	1		5	44	8	3	55	⑬
16	202	81	61	10	152	29	36		65	45	43	6	94	414	271	46	731	

治はともに京大出身で福岡県、中田栄次郎・奥田達郎は広島県、中島一郎・坂口主税は熊本県、江藤昌之・山岸金三郎は福岡県といった具合である。偶然かも知れないが、財務局にはなにか縁故的人事の傾向がありえたかもしれないとの憶測にかられる。

　ところで、一九二〇～三三年における財務局長は末松偕一郎、阿部滂、富田松彦、池田蔵六、岡田信のわずか五人にすぎない。在任期間は末松が三年（一九一八年より）、阿部が六年、富田が四年（死亡）、池田が一年、岡田が四年（三五年まで）であり、池田を除けば局長在任期間は概して長い。政党内閣期の財務局長としては阿部と富田に代表されるが、阿部は総督府生え抜きの財務局官僚であり、「彼の如きは予算編成に精しく徴税に明るきものにして其重宝台湾に肩を並ぶるものあらずと云ふも蓋し過褒に非るべし」［橋本、一九一九：一八六］と評されたくらいである。富田は、もとは大蔵省出身だが、二二年総督府財務局主計課長として渡台し、その五年後に財務局長に昇進した局長である。したがって富田は、天下り型と生え抜き型の中間型局長といえよう。その意

表8-5　高等官の主要

総督	年月	総督官房				内務局				財務局				交通	
		留任	交替	新設	計	留任	交替	新設	計	留任	交替	新設	計	留任	交替
①田健治郎	1921.7	2	3		5	5	2	1	8	3	2		5	10	2
②同上	22.7	2	3		5	8			8	1	4		5	11	2
③同上	23.7	4	1		5	6	1		7	5			5	8	6
④内田嘉吉	24.7	2	3	1	6	7			7	5			5	13	1
⑤伊沢多喜男	25.7	2	2	2	6	2	1	2	5	3	1		4	4	6
⑥上山満之進	26.8	4	2	3	9	4	1		5	4			4	12	1
⑦同上	27.8	4	4	1	9	1	3		4	2	2		4	11	2
⑧川村竹治	28.9	2	6	1	9	4			4	3	1		4	9	3
⑨石塚英蔵	29.8		8	1	9	2	2		4	2	2		4	12	3
⑩同上	30.8	3	5		8	3	1		4	2	2		4	14	4
⑪太田政弘	31.8	2	5		7	1	3	2	6	1	3		4	11	7
⑫中川健蔵	32.8	1	6		7	4			4	1	3		4	9	8
⑬同上	33.8	7			7	4			4	3	1		4	14	3
合　計		35	48	9	92	51	14	5	70	35	21		56	138	48

注　：「年月」はその年月現在との意味であり，人事異動のあった時点との意味ではない．
資料：台湾経世新報社編『台湾大年表』第4版，台北印刷，1938年，掲載の「文武職員」欄より作成．

味で財務局には、政党内閣期に限ってのことだが、課長から局長への昇進コースがあった（阿部は税務課長から、富田は主計課長からそれぞれ財務局長に昇進）、と限定つきではあるがいえそうである。ということは、財務局長の任期が相対的に長期であり、内地の政権交替に巻き込まれる可能性が比較的軽微であったことを物語っているといえよう。しかし、一方では中田栄次郎のような財務局を知り尽くした生え抜き組の長期課長型の者もいて、それが財務局を支えていた。

これに対して、殖産局の高等官人事にはどのような特徴があったか。同じ一九二〇～三三年における殖産局の高等官は四五人で、財務局のおよそ二倍である。学歴的には初期のころは私大出身者も多かったが、しだいに東大が大勢を占めるようになる。ただ、東大でも法学部だけでなく工学部、農学部、経済学部などの出身者が混入しており、高文官僚が多数を占めたとはいえ技能官僚も少数ながら含まれていた。また、初期のころには農商務省系の天下り組が多かったが、それも時代を経るにしたがい財務局と同じく台湾生え抜き型が多くなる。

殖産局の高等官のうち、局長経験者は高田元治郎、喜多孝治、片山三郎、高橋親吉、内田隆、百済文輔、殖田俊吉、中瀬拙夫の八人であり、財務局長に比べて殖産局長の在任期間は短い。たとえば、一番長い喜多で三カ年、内田、高橋にいたっては一カ年で辞めている。この点は、高田と中瀬を除き、他の局長はすべて内地からの天下り局長だったことと深く関連していたとみてよい。逆に課長は総督府生え抜き組が多く、しかも中瀬を例外としてほとんど長期課長型ないし万年課長型という特徴がえられる。今川淵、浅野安吉などがこれに当たる。こうした特徴は所長、工場長など現場型技能官僚についてもみられる。生え抜き組から局長になった中瀬にしても、一九二〇年殖産局庶務課長になって一三年後の三三年、ようやく念願かなって局長に昇進したのであり、実質的には長期課長型に近い。

たとえば、中瀬について、「中瀬拙夫君は……はるかに十数年の昔、大学を出たてホヤホヤの属官時代から台湾総督府の殆んど各部局事務に精通し、近年は殖産局特産課長として殖産局の中瀬か中瀬の殖産局かと謳はれたものだ。歴代の局長をリードし、その知脳《ママ》と精緻ぶりに最近退官した前殖産局長百済文輔君など君の前に一目も二目も置いてゐたものだ」〔永岡、一九三一：二三七〕との人物評価があり、これは生え抜き組がいかに殖産行政に通じていたかを物語っている。

要するに、財務局と殖産局を対比すると、局長については財務局の生え抜き型、殖産局の天下り型というタイプ分けはできようが、課長に関してはいずれも生え抜き組が中核をなし、これが実質的な行政力をもっていたと推測できる。殖産局長の任期が短いということは、ある意味では局長をサポートする課長の存在が堅固であってはじめて可能なことである。したがって、財務局と殖産局との局長人事の相違を過大視すべきではなく、むしろ両局における生え抜き組課長群の実質的な行政力に注目すべきであろう。

なお、参考までに財務局官僚と殖産局官僚の政党系列を記しておけば、財務局の場合は政友会系が岡田信、民政党系が末松偕一郎、阿部嘉七、殖産局の場合は政友系が喜多孝治、政所重三郎、今川淵、殖田俊吉、松岡一衛、民政党系が百済文輔である。これらは政党系譜が判明した者だけに限られているから、あまり一般化はできない。殖産局の方が「官僚の政党化」にやや接近し、しかも政友会寄りの傾向にあったといえそうだが、このうち生え抜き組は今川だけであり、生え抜き組の多くの課長は政党とは距離をおいていたとみてよかろう。そこで、次に財務局と殖産局の施策およびその背景となっている政策理念を検討してみたい。

三　経済官僚の政策理念

(1)　一九二〇年代前半の金融政策理念

第一次大戦後における財務局の金融施策で顕著なのは、公設質舗の設置奨励に象徴される社会政策的な施策の展開である。一九一九年一一月に勅令第四八五号「台湾総督府地方庁ニ於テ質舗ヲ設クルコトヲ得ルノ件」、同年一二月に律令第一一号「台湾総督府地方庁ノ設クル質舗ニ関スル件」、および翌二〇年六月に府令第三七号「公設質舗業務規則」が公布された。わが国における公設質舗の嚆矢は、一二年に宮崎県の一小漁村に創設された細田村営質庫であるといわれるが［杵淵、一九四〇：一一九五］、法的整備としては二七年公布の公益質屋法をまたねばならなかったのであり、その意味では台湾の方が内地に先行していた。台湾の公設質舗制度は、第一大戦末期の一八年八月、財務局税務課長の阿部滂が南洋視察した際の調査報告がきっかけで、その後の調査研究を経て実現したという［井出、一九三七：六七二］。ここには「内地であれば今迄のしきたりとか、方法に捕はれるが、そこが植民地の遺り好いこと《（ママ）》で、よいと思つたらすぐ実際に応用する」(6)といった植民地統治に特有な一面をうかがうことができよう。

一九二〇年六月、台北市大和町に公設質舗が開設されたのを皮切りに、二七年までに台中市・基隆市・嘉義市・新竹市・台南市・高雄市などの主要都市に公設質舗がつぎつぎと設置され、さらに三〇年代に入ってからも台北市（御成町と新富町）・屏東市・彰化市をはじめ台東・苗栗・宜蘭・豊原・埔里の各街に設けられた。また、小資融通機関として一九年に澎湖窮民籌済会、二四年から三五年までに台南庶民信用組合、台北庶民信用組合、台中商工庶民信用組合、新竹庶民信用組合もそれぞれ設立された［杵淵、一九四〇：一一九五］。

ところで、こうした財務局の社会政策的施策の背景には、どのような政策理念があったのであろうか。総督府の機関誌『台湾時報』に掲載された財務局関係の論説にそれを求めてみたが、現況報告的なものが多く、当時の財務局官僚がどのような政策理念の下に金融行政に取り組んでいたのかを知りうるものはきわめて少ない。ただ、わずかながら政策理念の明確な論説がみられるので、これを検討してみよう。

その一つは、一九二〇年当時、財務局事務官であった前田稔靖の論説である。前田は次のようにいう。「従来経済問題として世上に論議せられ、講究せたれつゝあるものは、多くは如何にして富を獲るかの問題であつて、その凡ては資本家階級の富に関する擁護と見て差閊へない……乍併国家は国民生活と離れては存在の理由を失ふものであつて、而もその国民の大多数は今日の所無産者階級に属するものとするならば、経済問題も亦民衆化して、啻に資本主義経済に止まらず、所謂民衆経済の方面に進んで来るの必要がある。……一般国民を基礎とする時に於て鞏めて鞏固なる国家の発展を期することが出来るのである。之の意味に於て金融問題に就ても、下級金融機関を整備して所謂金融の民衆化を成就せしむることは国家の喫緊事でなければならない」［前田、一九二〇・七：八］。

もう一つは、一九二六年当時、財務局金融課長であった中田栄次郎の論説で、中田は資本主義の現状を次のように激しく批判する。「茲に論ぜんとするは直接に産業開発の為にするに非さる金融政策の問題、社会的経済的革新の方法としての金融政策の問題である。マルクス学派の口吻を真似る訳ではないが、現代は実に金融資本全盛の時代である。……現在の資本主義的社会経済組織の一大弊害は不労所得の発生である。……不合理なる不労所得の発生はそれ丈社会の負担である。之資本家が正当の理由なくて社会の負担に於て其の私利私欲を達成するものにして最排斥すべきものである。……然るに投機に走る虚業家の輩が徒に一攫千金を夢みて好況時代に資本の濫費をなし、これが為に反動期に於ける財界の地位を益々困難ならしめ、社会に於ける生産力の萎微《ママ》を来して顧みざるが如きは誠に重大なる国家的損害である。即斯くの如き徒輩懲罰の意味に於ても反動期に厳重なる金融政策を用ゐて虚業家一掃の方針に出づること亦必要なり……財界反動期に厳重なる金融政策を執行するは即一面に於て社会の行詰を打開し、社会の重心を物より人へ移し社会に一味の清涼剤を寄与する所以でなければならぬ。」［中田、一九二六・八・九～一三］。

前田稔靖と中田栄次郎の主張には社会主義ないしマルクス主義の影響、あるいは少なくとも社会政策的な政策理念が強く反映している。両者の高文合格年次は、前田が一九一五年（同年・京大法学部卒）、中田が二〇年（一七年・東大経済学部卒）である。前田が戦中派とすれば中田は戦後派であるが、年齢的にはそう差はなく、両者とも内地の政争関係には一定の距離感をもっていた年代層である。とくに中田栄次郎は、東大卒業後、横浜中外貿易㈱や中国洋針㈴など民間会社勤務の経験があり、二〇年、高文試験に合格するや台湾総督府に赴任した変わり種である。財務局事務官（七等一〇級）を振り出しに二一年から二八年まで金融課長を務め、その後、内務局・殖産局・総督官房の各課長および高雄税関長を歴任して、三六年退官後は台南南部無尽㈱の相談役になっている［台湾新民報社、一九三四：一五〇。新高新報社、一九三七：一五四～一五五］。まさに政党内閣期における台湾総督府の生え抜き型官僚の典型である。中田の政策理念とそれにもとづく金融施策とが、とりわけ二〇年代前半には見事に同一歩調で進行していたように思われる。

(2) 一九二〇年代前半の産業政策理念

一方、一九二〇年代前半における殖産局の産業施策を特徴づけるのは、農業基本調査の開始と農業倉庫の普及事業である。殖産局が台湾農政上の基本資料を得るため農業基本調査を開始したのは大戦末期の一九一八年であったが、この時点ではいまだ試験的な段階で、本格化したのは二〇年からである。この調査は第一～四次(一九二〇～四二年度)にわたるきわめて長期かつ大規模なものであった[一橋大学、一九八五:八六]。調査結果は合計四五冊からなる『農業基本調査書』としてまとめられているが、それらを通覧して気づくことは、三〇年前後を画期に調査対象が大きく変化していることである。概略的にいえば、二〇年代は主要農作物(米、苧麻、甘藷、茶、養豚、バナナなど)の栽培戸数、作付面積、生産収量、耕種法など増産・品質改良の調査が主であり、三〇年代になると生産費、収支、金融、負債、生計費など農家経営状況が主要な調査対象となっている。要するに、本章が分析対象とする二〇年代の調査は主要農作物の増産と品質改良が目的となっている。

殖産局のこうした政策傾向は、農業倉庫の設置奨励政策にも反映している。台湾の農業倉庫制度は内地の農業倉庫業法(一九一七年法律第一五号)を導入したもので、総督府は一九二〇年度から農業倉庫建設補助金の交付を開始するとともに、二一年に律令第八号「農業倉庫業に関する律令」、二二年に勅令第五二一号「農業倉庫業法ヲ台湾ニ施行スルノ件」、さらに二三年に府令第二号・農業倉庫業法施行規則などの法的整備をおこなった。これによって二二年から二五年までに潮州(高雄州)・羅東(台北州)・西螺(台南州)・桃園(新竹州)・屏東(高雄州)・台南(台南州)・中壢(新竹州)の各農業倉庫が農会経営の下にそれぞれ開業した。注目したい点は、台湾における農業倉庫開設の狙いである。農業倉庫の機能は一般的に農産物の貯蔵、販売、担保金融、産米改良の四機能にあるが、高温多湿の台湾では産米の乾燥調製を改善して米質の向上をはかるため、とくに産米改良機能が重要視されたことである［今川、一九二一・一〇：七～一九。川野、一九四一：二七三］。したがって、台湾における農業倉庫施設の整備は単なる社会政策にとどまらず、すぐれて米穀の増産・品質改良政策のあらわれであった。

それでは、殖産局のこうした施策は、台湾産業に対する同局官僚の現状認識と将来展望にどうかかわっていたのであろうか。殖産局長の各種会議での挨拶が一九二二年から二九年にかけて『台湾時報』に多く掲載されているので、これらから殖産局の政策理念を検討してみたい。局長の挨拶とはいえ、実質的には課長クラスの意見が盛り込まれたであろうから、財務局と対比しても齟齬はないものと考える。

一九二〇年代前半、つまり田・内田総督期に殖産局長を長く務めた喜多孝治の主張をみてみよう。喜多殖産局長は、たとえば二二年七月の全島勧業課長会議における訓示のなかで、「時世変遷は今や台湾産業政策に画期的革新を要求するの域に到達せり。……台湾の産業政策は今や従来に比して一層合理化すべき必要に迫られつゝあるを観るなり。徒らに行き懸りに囚はるゝことなく、打切りを要する施設は此の際断然之を打切りて整理をなし、拡張又は新設を要するものは敢然之を行ふの方途に出づべきなり」［喜多、一九二二・九：二五～二六］と述べている。さらに二四年一〇月の全国新聞協会大会では、砂糖・茶・米・樟脳など台湾の主要「産業の状況は、事実に於て過去に於けるが如き著しき比率を以て増産せざるに至れり。随つて世上往々にして本島産業の行詰りを」云々するが、これは「行詰りにあらずして、正さに本島『産業政策の転換期』に遭遇したるに過ぎざるを知る。……平面的粗放的に進みたる産業又進み得たる産業は、当さに其の道を転換せざるべからず。即ち之を立体的周《ママ》約的に転換せざるべからず」［喜多、一九二四・一二：一四］と主張する。

喜多殖産局長の挨拶には、台湾産業の「革新」「合理化」「転換」あるいは「画期的」「立体的」「集約的」などの言葉が頻出する。ただ、その内容に立ち入ってみると、糖業・米作・製茶などを基軸にした台湾産業の全面的な構造変革を迫るものではなく、その合理化・効率化を主張するにとどまっていることがわかる。その意味で喜多局長の政策理念は、第一次世界大戦期に構想され、戦後になって花開いた農業基本調査や農業倉庫奨励策の延長線上にあったといえよう。

(3) 一九二〇年代後半の理念転換

これに対して一九二〇年代後半になると、財務・殖産両局の政策理念に変化がみられるようになる。まず財務局の場合からみてみよう。

中田栄次郎金融課長は明らかに、金融政策の重点を社会政策から産業政策の方向へとシフトさせている。すなわち、「現在の金融機関のみを以てしては本島農業生産上に、一面更に集約的なる施設を行ひ、他面積極的に未墾地の開発、其の他新規産業の発達を期することは到底至難にして……長期資金供給の充実、換言すれば長期資金供給機関整備問題は、実に現時の台湾産業上の一大重大問題にして、本島産業開発の為には先ず第一着手として之が解決を為さゞるべからざること多言を要せざる所ならむ」[中田、一九二七・一・九]と述べ、産業開発のための金融政策の重要性を強調する。事実、総督府財務局では一九二五年ごろから朝鮮殖産銀行にならった農業金融機関ないし拓殖金融機関の新設を構想し、内地中央と折衝していた(7)。ただ、田中金融課長のいう長期産業資金とは、当時台湾で有望視されていたパイナップル缶詰工業への資金供給も含まれてはいたが、基本的には自作農助成資金、灌漑・排水工事資金、水産業資金、養豚事業資金など従来型の産業資金のことであり、その量的増大は主張するものの、産業金融の構造転換の必要を主張するにはいたっていない。

ともあれ、予算上の問題や既設特殊銀行との関係から、この構想は難航したようであり、一九二七年の金融恐慌で結局は頓挫したらしい。金融恐慌以降、財務局は台湾銀行をはじめ地場銀行の整理に追われたためか、積極的な金融施策を打ち出さなくなった。

一方、殖産局の認識には大きな変化があらわれた。たとえば片山三郎殖産局長は、一九二七年五月開催の第一一回全島実業大会に出席して、「外国貿易に至ては従来と同様未だ輸入超過の状勢を脱する能はざる次第でありまして……此の趨勢を転換し進んで海外輸出貿易を盛ならしむるの途は、一に本島工業の発達に俟つの外なき次第である……本島産業界に於ては従来……農産及び之れを原料とする農産加工業に傾注せられ来つた……然しながら翻て南支南洋と云ふ大原料生産地と大消費地とを兼ねたる、広大なる地域を間近に控へたる本島の位置《ママ》に鑑みまするときは、本島は一面に於て将来之れを工業化すべき重大なる使命の存する」ところであるが、「唯だ工業の発達には動力及び交通運輸の条件が先決問題である」とのべ、「南支南洋」を原料調達基地とする工業立国論・輸出立国論への構造転換を論じている［片山、一九二七・六：四〜五］。

一九二八年三月、当時の殖産局長高橋親吉は第一二回全島実業大会で、「各種工業原料を有利に輸入し、之に加工し更に割安を以て輸出する方策を樹つることが、我が台湾の為採るべき最良の自衛方法」であるが、「唯此に最も遺憾に思ふのは、工業の発達に欠く可からざる諸条件、即ち資本及動力労力其他運輸機関等の諸施設が未だ整備せざることであります。殊に動力に於て、最も利便なる電力の供給」力を解決することが最重要課題であると論じ［高橋、一九二八・五：五］、さらに高橋は別に論説を寄せて、台湾の「農業は今や其満開の域に達して居る……既に壮年の域に達した如く思はれる農業には従来の様な飛躍的発展を望めない。……此農業の後を継いで発展すべきは工業であるといふことである。即ち『農業から工業へ』の時代に面してゐると云ふことである。……吾等の手の届く処に南支那、南洋方面の如き、原料の供給地ともなり無限の需用《ママ》地たるべき土地を控えて居るのである」［高橋、一九二八・九：五五］と説くのである。

要するに、片山三郎、高橋親吉など一九二〇年代後半の殖産局長は、もはや特産物あるいは農産加工業を基軸とする従来型の産業構造では台湾経済の閉塞状況を打開できない、今後は速やかに「南支南洋」を原料調達基地とする工業化への構造転換、いわば「加工貿易立島論」を主張するのである。

一九二〇年代前半には財務・殖産両局とも、第一次大戦期から引き継がれた社会政策的あるいは増産・改良政策的な政策理念にもとづく経済政策を着実に遂行した。しかし二〇年代後半になり、長期不況から脱出できないまま従来型産業の不振・伸び悩みが明らかになると、政策理念の転換を迫られるにいたった。財務局官僚は、従来からの農産加工型産業を前提にした資金規模の量的拡大、そしてそれを実現するための金融機構改編という認識段階にとどまってはいたものの、政策理念を社会政策的なものから産業政策的なものへと重心移動させつつあった。一方、殖産局官僚の政策理念には、こうした理念転換がより鮮明に、つまり「加工貿易立島」型の産業構造＝「工業化」をめざし、それを実現するためのインフラ整備事業、とくに動力開発＝水力発電事業の緊急性を訴えるという方向転換が鮮明にあらわれてきたのであった。

おわりに

以上、財務局と殖産局の政策理念を材料に、政争に明け暮れる政党内閣期の植民地台湾で、いわゆる経済官僚がいかなる人事状況におかれ、どのような政策対応をとろうとしていたかを考察してきた。最後に表8－6によって、当時の台湾経済の実状を生産額と貿易額の推移から概観し、経済官僚の政策理念にどれほどの実効性があったのか、も

表8-6　台湾経済指標

（単位：100万円）

年次	生産額							貿易額		
	合計A	工業B	B/A％	農業	水産業	林産	その他	計	対日	対外
1915	171	54	31.5	76	3	2	5	129	101	28
16	222	89	40.1	88	4	1	6	177	130	47
17	303	124	40.9	131	5	2	7	234	173	61
18	331	112	33.9	175	8	2	7	244	177	67
19	431	130	30.2	252	9	10	11	333	233	100
20	454	189	41.7	202	9	12	11	389	293	96
21	395	138	34.9	201	10	11	10	286	222	64
22	387	143	37.0	186	10	11	13	276	209	67
23	431	173	40.1	193	14	11	13	308	240	68
24	524	204	38.9	254	16	11	13	387	298	89
25	580	207	35.7	308	17	12	15	449	345	104
26	558	201	36.0	292	16	13	17	435	324	111
27	524	186	35.5	272	17	14	21	433	323	110
28	592	225	38.0	294	19	16	17	439	347	92
29	642	264	41.1	302	21	14	15	477	379	98
30	578	247	42.8	259	17	12	15	410	342	68
31	482	205	42.6	210	13	11	13	366	316	50
32	571	228	39.9	279	14	10	14	405	356	49
33	531	225	42.3	238	16	10	15	434	381	53
34	596	234	39.2	293	17	13	19	521	456	65

資料：台湾総督府殖産局編『第十七次台湾商工統計（昭和十二年）』1939年，1～2ページ，『台湾総督府第三十八統計書（昭和九年）』1936，517，544ページ，より作成．

しなかったとすれば、それはなにに基因したのかを確認しておきたい。

生産額をみると、まず合計額では大戦期の異常なまでの膨張から戦後は一転して縮小に転じ、一九二四年は関東大震災による内地からの需要で大きく伸びるものの、その後は停滞的で、政友会内閣期に一時急増したが、また民政党内閣の緊縮財政期には縮小してそのまま世界恐慌に巻き込まれる。とくに問題なのは、台湾経済工業化の将来を託すべき工業生産額が総生産額の三〇～四〇％にとどまり、いっこうに五〇％ラインに上昇していかなかったことである。

また、貿易額の推移もこれとほぼ同一の傾向にあった。関東大震災後の二、三年は対内地移出の急増で貿易額全体も伸びるが、その後は一進一退の状況となり、しかも日貨排斥の影響を受けて対外輸出入貿易は急落の一途をたどり、対内移出入貿易への依存度をいっそう強めている。要するに、工業生産の伸び悩みのなかで、結局は従来型の農産加工産業（糖業）と農産物（米穀）に依拠したまま内地日本経済への依存性を高めていっている。

一九三一年当時、殖産局商工課長に転じていた中田栄次郎は、こうした台湾経済の閉塞状況を深刻に受けとめつつも、「併しながら、工業の各種類に亘つて仔細に点検するならば、本島工業が本年度に入つて質的に漸く一大転換を行ひ、工業立島の準備時代に入らんとしつゝあることを明確に看取し得るであらう」［中田、一九三一・一二：七六］と希望的観測をのべている。しかし、台湾経済の実態は経済官僚の政策理念などとは無縁に推移したというほかはなく、「台湾の産業のうちに工業がや、著しい形態において導入せられたのは、実に、わが国経済が準戦時段階にはいつた時期においてゞあつた」［台湾経済年報刊行会、一九四一：四六八］。

すでに早期から、台湾経済工業化の必要が総督府の枢要な地位にある経済官僚によって叫ばれながらも、その実現が政党内閣期が終焉した三〇年代後半をまたねばならなかったのはなぜか。それには種々の要因があげられようが、多分に政友・民政の政争が影響したといえる。台湾工業化には動力問題の解決が最優先課題だとする殖産局官僚、とりわけ生え抜き組中堅官僚の政策理念が、総督・総務長官・局長人事の政争化の渦中で生かされなかったこと、これが最大の要因であったと思われる。すなわち、日月潭水電開発事業の紆余曲折(8)には、長引く慢性不況下での資金調達難という要因も影響したであろうが、最大の要因は政党内閣期における「官僚の政党化」にあったといわざるをえない。ただ、この点の研究は後日を期したい。

【注】

（1） 植民地の官吏（判任官以上）にはいくつかの特別待遇が与えられていた。主要なものの一つは加俸制度である。朝鮮台湾満州樺太及南洋群島在勤文官加俸令（一九一〇年勅令第一三七号）で総督は俸給額の十分の五、その他高等官は十分の五以内、判任官は十分の八以内が加俸される規定になっていたが、その額は総督が定めるのが決まりで、台湾では台湾総督府職員加俸支給細則（一九二一年訓令第五二号）により実際は普通高等官十分の五、判任官十分の六が加俸された。もう一つは恩給支給年限の短縮である。恩給法（一九二三年法律第四八号）第九一条によって、三カ年以上引き続き台湾に在職した者は在職一カ月につき半カ月を加算されたから、本来なら在職一五年のところを一〇年で恩給支給年限に達することができた（広松良臣『帝国最初の植民地台湾の現況』台湾図書刊行会、一九一九年、一二九～一三〇ページ）。また、これは台湾の気候的条件からの措置であろうが、勤務時間の点で六月一日から九月三十日までは午前八時出勤、正午退勤という恵まれた環境にあったという（宮地硬介『榕樹の蔭』新高堂、一九三三年、三四～三六ページ）。

（2）　台湾議会設置運動に関する研究としては、若林正丈「大正デモクラシーと台湾議会設置請願運動」春山明哲・若林正丈『日本植民地主義の政治的展開　一八九五―一九三四年』アジア政経学会、一九八〇年、同「台湾議会設置請願運動」大江志乃夫ほか編『岩波講座・近代日本と植民地』6、一九九三年、劉夏如「植民地の法制化過程と台湾総督府評議会（一八九六～一九二二）―総督政治・法制官僚・地方名望家」『東アジア近代史』創刊号、一九九八年三月を参照。

（3）　ここで政友会系・民政党系（憲政会系）としてあげたのは次の官僚である（高文合格年）。政友会系＝竹内友治郎（一八九八）、賀来佐賀太郎（一九〇〇）、平塚広義（一九〇二）、喜多孝治（一九〇三）、常吉徳寿（一九〇五）、名尾良辰（一九〇五）、吉岡荒造（一九〇六）、丸茂藤平（一九〇八）、岡田信（一九〇九、民政→政友）、河原田稼吉（一九〇九）、田端幸三郎（一九一一）、堀田鼎（一九一一）、竹下豊次（一九一二）、今川淵（一九一三）、小浜浄鉱（一九一三）、大久保留次郎（一九一三）、殖田俊吉（一九一四）、川副龍雄（一九一六）、平島敏夫（一九一八）、松岡一衛（一九一九）、政所重三郎（一九一九）、佐々波外七（一九二〇）、王野代治郎（一九二二）。民政党系＝末松偕一郎（一九〇一）、川崎卓吉（一九〇三）、人見次郎（一九〇四）、後藤文夫（一九〇八）、宇賀四郎（一九〇八）、梅谷光貞（一九〇八）、豊田勝蔵（一九〇九）、百済文輔（一九一〇）、石垣倉治（一九一〇）、木下信（一九一一）、阿部嘉七（一九一二）、井上英（一九一二）、友部泉蔵（一九一二）、本山文平（一九一二）、西沢義徴（一九一三）、平山泰（一九一五）、川村直岡（一九一八）、高橋秀人（一九一八）。

（4）たとえば、次のような回顧談がある。「昭和十八年、高橋（高橋衛……引用者）先生は、主計課長から財務局長に就任された。実はそれまで、台湾総督府財務局長のポストは大蔵省出身者の指定席のようだった。ずっと以前のことは私は知らないが、高橋先生以前の、岡田信、嶺田兵造、中島一郎の三代の局長はいずれも大蔵省出身者であったからである。私は嶺田、中島の両局長に仕えたが、いずれも立派な方で尊敬もしていたが、台湾はえぬきの財務局長が生まれてもよいのではないかと思っていたので、高橋先生が財務局長に就任されたときはほんとうに嬉しかった。」（安井常義「高橋先生の思い出」高橋衛伝記出版の会編『高橋衛伝』同会、五九一ページ）。

（5）台湾人官僚に対する差別的処遇についてふれたものとして、黄昭堂『台湾総督府』教育社、一九八一年、一六四～一六五ページ、呉文星『日據時期台湾社会領導階層之研究』正中書局（台北）、一九九二年、一九七～二〇九ページ、張徳水『激動！　台湾の歴史は語りつづける』雄山閣出版、一九九二年、五六ページなど参照。なお、台湾人の高文司法科合格者および行政・司法両科の合格者が案外多い（劉克明『台湾古今談』新高堂書店、一九三〇年、一三〇ページ以下参照）。

（6）小川兼四郎「台湾を一巡して」『憲政公論』一九二五年六月号、一〇一ページ。同様の趣旨のことであるが、次のような見方もあった。「本島では古くから内地の理想とする所を行つて来た。……其の然るを得た所以は、植民地の委任立法制が与つて力ありし事を忘れてはならぬ……思ふに委任立法制の下にありては、凡ての立法権は総督に委任されてあるので、本島の民情に適従しない不利不便の法令は、自由に短日月の間に之を改廃することが出来るのである、そこで本島在住者と最も利害関係の深い税制の如きは、内地にありては其の改廃に少くも数年を要するものを、本島では短時日の間に頗る手軽に改廃が出来る」（今村義夫『台湾之社会観』実業之台湾社台南支局、一九一九年、一五〇～一五一ページ）。

（7）『台湾日日新報』一九二五年一一月一三日、一七日、二一日、一二月九日、など参照。

（8）日月潭水電工事の紆余曲折については、さしあたり台湾総督府交通局逓信部編『台湾の電力』一九三五年、佐藤吉治郎（夜牛）『日月潭工事外債の為替差損問題』台湾新聞社出版部、一九三二年、を参照されたい。

【参考・引用文献】


伊沢多喜男伝記編纂委員会編［一九五一］『伊沢多喜男』羽田書店。

井出季和太［一九三七］『台湾治績志』台湾日日新報社。

今川淵［一九二一・一〇］「台湾農業倉庫に就て」『台湾時報』第二七号。

大園市蔵編［一九一六］『台湾人物誌』谷沢書店。

岡本真希子［一九九八・七］「政党政治期における文官総督制―立憲政治と植民地統治の相剋」『日本植民地研究』第一〇号。

小川兼四郎［一九二五・五］「我観台湾」『憲政公論』第五巻第五号。

片山三郎［一九二七・六］「本島産業の転機」『台湾時報』第九一号。

唐沢信夫［一九三五］『台湾島民に訴ふ』新高新報社。

川野重任［一九四一］『台湾米穀経済論』有斐閣。

喜多孝治［一九二二・九］「台湾の産業政策に就て」『台湾時報』第三八号。

喜多孝治［一九二四・一一～一二］「台湾産業の転換期に立ちて」『台湾時報』第六二号。

杵淵義房［一九四〇］『台湾社会事業史』徳友会。

台湾経済年報刊行会編［一九四一］『台湾経済年報』第一輯、国際日本協会。

台湾新民報社調査部編［一九三四］『台湾人士鑑』同社。

台湾総督官房調査課編［一九二二］『台湾総督府第二十四統計書』大正九年。

台湾総督官房調査課編［一九三五］『台湾総督府第三十七統計書』昭和八年。

台湾総督官房調査課編［一九三九］『台湾総督府第四十一統計書』昭和一二年。

台湾総督官房臨時国勢調査部編［一九二四］『第一回台湾国勢調査（第三次臨時台湾戸口調査）集計原表（州庁ノ部）』一九二〇年一〇月一日調査。

高橋親吉［一九二八・五］「台湾産業界の状勢」『台湾時報』第一〇二号。

高橋親吉［一九二八・九］「台湾の産業」『台湾時報』第一〇六号。

田中載吉［一九二七・二］「台湾殖産銀行設立の急務」『台湾時報』第八七号。

永岡芳輔（涼風）［一九三二］『涼風筆戦録』実業時代社。

中田栄次郎［一九二六・八］「社会的経済的革新の方法としての金融政策」『台湾時報』第八一号。

中田栄次郎［一九二七・一］「台湾に於ける長期金融機関整備の必要」『台湾時報』第八六号。

中田栄次郎［一九三一・一二］「商工界」『台湾時報』第一四五号。

橋本白水［一九一九］『台湾之官民』上編、台湾案内社。

秦郁彦［一九八三］『官僚の研究』講談社。

一橋大学経済研究所日本経済統計文献センター編［一九八五］『日本帝国領有期台湾関係統計資料目録』同センター。

前田稔靖［一九二〇・七］「台湾に於ける信用組合の効果」『台湾時報』第一三号。

水谷三公［一九九九］『官僚の風貌』中央公論社。

矢内原忠雄［一九四八］『帝国主義研究』白日社（『矢内原忠雄全集』第四巻、岩波書店、一九六三年、再録）。

あとがき

本書は「日本官僚史研究会」における共同研究の成果である。本研究会は、一九九〇年初夏に長野県八ヶ岳に立地する渋谷隆一先生の別荘において最初の研究会をもったことから始まり、九九年夏の山梨県石和温泉における合宿研究会まで、ある年は隔月に、ある年は四半期ごとに、またある年は春・夏の合宿という具合に、ゆるやかな研究会としておよそ一〇年の間継続してきた。

もともと本研究会は、渋谷隆一編著『明治期　日本特殊金融立法史』（早稲田大学出版部、一九七七年）および同編著『大正期　日本金融制度政策史』（早稲田大学出版部、一九八七年）における共同研究者の渋谷隆一、波形昭一、齊藤壽彦、迎由理男の四人に、早稲田と駒沢の大学・大学院で渋谷先生の直接の指導を受けてきた堀越芳昭、日塔悦夫が加わって始められた。途中で日塔は参加できなくなったが、それまでの立法史・政策史の研究から官僚史の研究へさらに一歩踏み出すことをねらいとしていた。しかし、官僚史の研究となると、内務省（渋谷）、大蔵省（迎、齊藤）、農商務省・農林省（堀越）、植民地・台湾（波形）だけではその全体像を把握することが困難であり、その後、植民地・朝鮮の木村健二、農商務省・商工省の根岸秀行、鉄道省の高橋泰隆、内務省の大日方純夫が参加することによって戦前期における経済官僚のほぼ全体を網羅することができるようになった。

本書の共同研究者は、金融史、植民史、経営史、産業組合史、鉄道史、社会史等、それぞれの研究分野は異にしていたが、それまでの個人研究において、絶えず問題となりつつ持ち越され、隠されたテーマとして留保され、温められてきたのがこの「官僚史研究」であったのである。「官僚国家」日本における経済制度および経済政策は、単なる媒介以上の機能をもったこの官僚制を通じて成立・展開していったのであって、それぞれの社会経済上の研究は官僚制にメスを入れることが不可欠であるという共通の認識にもとづいていた。

時あたかも、一九九一年の「バブル崩壊」とともに顕在化した大蔵官僚・厚生官僚の不祥事、省庁再編問題の進展、そして近年の警察官僚・農林官僚の腐食構造は、われわれの研究の現代的意味を少なからず高めるものとなった。「官僚国家」日本の官僚制の特徴は、「社会・福祉官僚」ではなく「経済官僚」が支配的・主導的であること、また官僚制の本来的機能たる「補完的地位」を越えて「主導的・支配的地位」にあるところに求められるならば、その起源は戦前期に溯ることができるのであり、その特質構造は基本的に今日まで継承されてきているということができる。そうであるならば今日の官僚制度の改革は、「経済官僚」から「社会・福祉官僚」への転換、官僚の「主導的・支配的地位」から「補完的地位」への転換であるとすることができる。しかし、それが実現するためには、単に省庁再編で解決するものではなく、官僚制度の構造的変革、その機能の改革にいたらなければならない。そして究極的には、社会経済を担っている各経済主体が自律的地位を確立することによるのでなければならない。

このような研究上の問題意識と現代的意義は大なり小なりわれわれの共通認識であった。しかし、その意義が大きければ大きいほど、強大な官僚制度のどこまでを解明しえたのかというと、大変心もとない思いを禁じえない。その判断は読者に委ねる以外にないであろう。

ところで本書の出版は、ちょうど渋谷先生の古稀・退職の時期と重なることになり、共同研究の成果であるとともに、先生の古稀記念を兼ねることになった。本書は、が渋谷先生のご指導によるものであり、共同の成果であるけれども、残念ながら先生の官僚史に関する研究論文（「陸軍省の経済改革構想」）は、先生のご意志により掲載しないことになった。本書を上呈することによって先生の学恩に少しでも報いることができるならば、これほどの慶びはない。

最後に、本書のような地味な研究書の出版を快く引き受けていただいた、日本経済評論社の栗原哲也社長の英断に心より御礼申し上げたい。また研究会にも出席し、編集上の労を惜しまれなかった宮野芳一氏に記して謝意を表したい。

（堀越　芳昭）

【ヤ行】

【ラ行】

【ワ行】

【ナ行】

【ハ行】

【マ行】

【タ行】

【カ行】

【サ行】

人名索引

【ア行】

【マ行】

【ヤ行】

【ラ行】

【ワ行】

【ナ行】

【ハ行】

【サ行】

【タ行】

事項索引

【ア行】

【カ行】

執筆者一覧（執筆順）

迎《むかい》　由理男《ゆりお》（第1章）

1948年生まれ．北九州大学経済学部教授．

主要著作　「預金部・簡易生命保険資金の動員」伊牟田敏充編『戦時体制下の金融構造』日本評論社，1991年．「太田清蔵と太田系企業」『福岡県史　近代研究編　各論㈡』西日本文化協会，1996年．

堀越《ほりこし》　芳昭《よしあき》（第2章，あとがき）

1944年生まれ．山梨学院大学経営情報学部教授，商学博士（早稲田大学）．

主要著作　『協同組合資本学説の研究』日本経済評論社，1989年．『英国協同組合法の提案と法案』（監訳）協同総合研究所，1998年．

根岸《ねぎし》　秀行《ひでゆき》（第3章）

1953年生まれ．朝日大学経営学部教授．

主要著作　「幕末開港期における生糸繰糸技術転換の意義について」『社会経済史学』53巻1号，1987年．「アパレル産業における海外展開と構造変動」『グローバル化時代の地場産業と企業経営』成文堂，1995年．

高橋《たかはし》　泰隆《やすたか》（第4章）

1946年生まれ．関東学園大学経済学部助教授，商学博士（早稲田大学）．

主要著作　『日本植民地鉄道史論』日本経済評論社，1995年．『昭和戦前期の農村と満州移民』吉川弘文館，1997年．

大日方《おびなた》　純夫《すみお》（第5章）

1950年生まれ．早稲田大学文学部教授，文学博士（早稲田大学）．

主要著作　『自由民権運動と立憲改進党』早稲田大学出版部，1991年．『日本近代国家の成立と警察』校倉書房，1992年．

齊藤《さいとう》　壽彦《ひさひこ》（第6章）

1945年生まれ．現職・千葉商科大学商経学部教授．

主要著作　『金本位制下の在外正貨』国際連合大学，1981年．「国際金融行政と地方銀行」地方金融史研究会編『戦後地方銀行史［Ⅱ］』東洋経済新報社，1994年．

木村《きむら》　健二《けんじ》（第7章）

1950年生まれ．下関市立大学経済学部教授．

主要著作　『在朝日本人の社会史』未来社，1989年．「朝鮮進出日本人の営業ネットワーク――亀谷愛介商店を事例として――」『近代アジアの流通ネットワーク』創文社，1999年．

波形《なみかた》　昭一《しょういち》（第8章，まえがき）

1941年生まれ．獨協大学経済学部教授，商学博士（早稲田大学）．

主要著作　『日本植民地金融政策史の研究』早稲田大学出版部，1985年．『近代アジアの日本人経済団体』（編著）同文舘，1997年．

近代日本の経済官僚

2000年6月1日　第1刷発行

編著者　波　形　昭　一
　　　　堀　越　芳　昭

発行者　栗　原　哲　也

発行所　株式会社　日本経済評論社

〒101-0051　東京都千代田区神田神保町 3-2
電話 03-3230-1661　FAX 03-3265-2993
印刷・新栄堂　製本・協栄製本

近代日本の経済官僚（オンデマンド版）

2004年11月26日　発行

編著者　波形　昭一
　　　　堀越　芳昭

発行所　株式会社　日本経済評論社
〒101-0051　東京都千代田区神田神保町3-2
電話　03-3230-1661　FAX　03-3265-2993
E-mail: nikkeihy@js7.so-net.ne.jp
URL: http://www.nikkeihyo.co.jp/

印刷・製本　株式会社　デジタルパブリッシングサービス
URL: http://www.d-pub.co.jp/

AC226

乱丁落丁はお取替えいたします。

Printed in Japan
ISBN4-8188-1634-5